Sremann!

Hantehant!

Doofbrot!

Gisela Szagun
Das Wunder des Spracherwerbs

Gisela Szagun

Das Wunder des Spracherwerbs

So lernt Ihr Kind sprechen

Mit Illustrationen von
Eva Wagendristel

BELTZ

www.beltz.de

Umschlaggestaltung: Federico Luci, Odenthal
Umschlagfoto: Mauritius, Mittenwald
Illustrationen: Eva Wagendristel, Berlin
Satz: WMTP GmbH, Birkenau
Druck und Bindung: Druck Partner Rübelmann, Hemsbach
Printed in Germany

ISBN 978-3-407-85770-5

Inhalt

Wolf weg!

Wie man sich ein System schafft …

Kind, zweieinhalb Jahre, und Mutter spielen »Kochen mit Nudeln«:

Kind: *Mehr Nudelns.*
Mutter: *Mehr Nudeln.*
Kind: *Das ein Nudeln.*
Kind: *Das ein weggefahren.*
(Fährt eine Nudel im Spielzeuglaster weg und schaut dann wieder auf alle Nudeln)
Kind: *Da sind die Nudelns.*
Mutter: *Nudeln, hm.*

Vorwort

Kleine Kinder schaffen es in einer Zeitspanne von zweieinhalb bis drei Jahren, die grundlegende Grammatik ihrer Muttersprache zu erlernen und auch einen grundlegenden Wortschatz aufzubauen. Das ist eine Leistung, vor der wir mit Bewunderung stehen. Und noch mehr: Man kann ein Kind kaum daran hindern, seine Muttersprache zu lernen. Es liegt einfach in der Natur der Menschen, eine Sprache zu erwerben. Wir sind »das sprechende Säugetier«. Wir möchten miteinander kommunizieren, und schon kleine Babys möchten das auch. Sie werden in eine soziale Umwelt geboren, in der fast ständig geredet wird. So bleibt es dann nicht aus, dass auch sie sehr bald in die Sprache einsteigen. Und wenn sie einmal damit angefangen haben, heben sie schnell ab, und es dauert nicht lange, bis wir uns mit einem kleinen Kind richtig unterhalten können.

Am Institut für Psychologie der Universität Oldenburg beschäftigt sich ein Forscherteam seit vielen Jahren mit dem Spracherwerb bei Kindern. Je mehr man sich damit beschäftigt, desto mehr erscheint der Spracherwerb als ein Wunder. Ein ganz und gar rätselhaftes Wunder ist es jedoch nicht. Wir können einiges darüber sagen, wie es vonstatten geht. Und das möchte ich – auf eine allgemeinverständliche Art – mit diesem Buch weitergeben.

Sprache ist eine der wichtigsten menschlichen Verhaltensweisen. Leider lassen sich viele erwachsene Menschen von grammatischen Ausdrücken, also von der Vorstellung der Systematik in der Sprache, die Grammatik nun einmal beinhaltet, abschrecken. Das ist schade, denn die Systematik ist nicht nur faszinierend, sie ist auch gar nicht schwer. Außerdem können wir sie alle – zumindest für unsere Muttersprache. Und noch etwas: Sie ist nicht vollständig. Grammatik ist zwar ein System, aber ein unvollkommenes. Zumindest das sollte Sie beruhigen. Es ist so ähnlich wie bei Ihrer Lieblingsmusik: Da gibt es bestimmte rhythmische und melodische Elemente, die immer wiederkehren, auch in leicht abgewandelter Form. Grammatik ist so schön wie Ihre Lieblingsmusik.

Damit können Sie sicher in den Spracherwerb einsteigen und weiterlesen.

Oldenburg und London, im August 2006

Gisela Szagun

Einleitung

Der Spracherwerb ist in letzter Zeit zum Thema geworden. Zwar leider über Negativschlagzeilen, die uns glauben machen wollen, dass Kinder heute schlechter sprechen als früher und dass viele von ihnen spracherwerbsgestört sind, aber möglicherweise haben derartige Schlagzeilen doch ein breites Interesse dafür geweckt, wie denn der Spracherwerb bei Kindern verläuft. Denn um zu wissen, ob ein Kind spracherwerbsgestört ist, muss man ja erst einmal wissen, wie der Spracherwerb normalerweise verläuft.

Damit haben sich Forscherteams in vielen Ländern seit Anfang der 60er Jahre des vorigen Jahrhunderts intensiv beschäftigt. Ihre Arbeiten sind empirische Forschungen, die auf Analysen der gesprochenen Sprache kleiner Kinder beruhen. Die Forscher gehen dabei so vor, dass sie Tonaufzeichnungen der Sprache kleiner Kinder anfertigen. Das sind meist mehrstündige Aufnahmen, die in regelmäßigen Abständen von einigen Wochen über den Zeitraum des grundlegenden Spracherwerbs aufgezeichnet werden. Dieser grundlegende Spracherwerb fällt etwa in die Altersspanne zwischen ca. einem bis vier Jahren. Die Tonaufnahmen halten das Sprechen der Kinder in alltäglichen Situationen fest. Man nennt diese Sprachproben »spontanes Sprechen«, weil es ein Sprechen in natürlichen Situationen ist, und nicht etwa ein Sprechen, bei dem die Kinder aufgefordert werden, die Äußerung eines Erwachsenen bloß nachzuahmen. Die Tonaufnahmen des spontanen Sprechens werden in mühsamer Kleinarbeit mit Hilfe eines computergestützten Systems verschriftet. Derartige Transkripte bilden also die Basis der Analysen der Sprache der Kinder. Die Analysen beschäftigen sich mit den grammatischen Strukturen, dem Wortgebrauch oder auch der Aussprache der Kinder. Aus diesen Analysen werden die Veränderungen und das Fortschreiten der sprachlichen Fertigkeiten über die Zeit deutlich.

Sie können sich sicher vorstellen, dass das Verschriften von vielen Stunden gesprochener Sprache sehr lange dauert. Nach wie vor muss es per Hand eingetippt werden, wenn auch das computergestützte System einige Hilfen bietet. Man rechnet zwischen 10 bis 25 Stunden Arbeitszeit pro Stunde gesprochener Sprache. Das ist natürlich auch davon abhängig, wie viel ein Kind spricht und wie geübt der Transkribierer ist. So sind derartige Forschungen sehr aufwendig und benötigen viele Transkribierer. Weil das Sammeln spontaner Sprechdaten so aufwendig ist, kann man in einer Forschungsarbeit nur wenige Kinder untersuchen. Es gibt aber mittlerweile für einige Sprachen, z. B. amerikanisches und britisches Englisch, so viele Forschungsarbeiten, dass man auf alle Kinder verallgemeinern kann.

Auch für Deutsch gibt es spontane Sprechdaten von genügend Kindern, um allgemein Gültiges über den Verlauf des Spracherwerbs sagen zu können. Die größte Stichprobe deutschsprachiger Kinder stammt von unserem Forscherteam am Institut für Psychologie der Universität Oldenburg. Wir haben spontane Sprechdaten von 22 Kindern, die in regelmäßigen Abständen aufgenommen wurden, erhoben. Auf diesen Daten der »Oldenburger Stichprobe« basiert die Darstellung des Spracherwerbs in diesem Buch. Von diesen Kindern liegen insgesamt 212 zweistündige Sprechproben vor. Die Kinder sind dabei zwischen einem Jahr und vier Monaten (1;4) und drei Jahre und acht Monate (3;8) alt. Das ist eine Basis an Sprechdaten, die als repräsentativ für deutschsprachige Kinder angesehen werden kann.

Je mehr man sich mit dem Spracherwerb beschäftigt, desto mehr ist man erstaunt über die Leistung der kleinen Kinder. Da gibt es kleine Kinder, die nur zweieinhalb bis drei Jahre brauchen, um die Grammatik ihrer Muttersprache zu beherrschen. Und dabei scheinen sie sich noch nicht einmal anzustrengen. Sie pauken keine Vokabeln und auch keine unregelmäßigen Verben. Wie machen sie es dann bloß?

Ich hoffe, in diesem Buch eine Antwort auf diese Frage zu geben. Sicherlich ist die Antwort noch nicht vollständig – so wie kaum etwas, das Forscher herausfinden, jemals vollständig ist. Aber einiges haben wir doch über den Spracherwerb in Erfahrung bringen können.

In den ersten beiden Kapiteln wird dargestellt, was dem eigentlichen Spracherwerb im Sinne von Wörtern und Grammatik vorausgeht: wie Babys und Erwachsene über Melodie und Rhythmus kommunizieren, und welche erstaunlichen Fähigkeiten für die Wahrnehmung von Sprachlauten und Sprachrhythmen in kleinen Babys stecken. In Kapitel 3 geht es dann um den Erwerb von Wortschatz, während Kapitel 4 und 5 den Erwerb von Grammatik darstellen. In Kapitel 3 und 4 finden Sie am Ende jeweils eine kleine Merktafel zum Wortschatz- und zum Grammatikerwerb. In diesen Tafeln sind die wesentlichen Punkte noch einmal zusammengestellt. Sie sollen dazu dienen, Ihnen schnell eine Orientierung zu geben.

In Kapitel 5 werden – anhand des Erwerbs der Mehrzahl und der Artikel – die Mechanismen dargestellt, mit denen kleine Kinder Grammatik lernen. Kleine Kinder verfügen über ähnliche Lernmechanismen wie Erwachsene, aber bei ihnen kommt noch etwas dazu: Sie verfügen über eine besondere Sensibilität für das Erlernen einer Sprache. Wenn wir auch die exakten neurologischen Fakten nicht kennen, so spricht vieles dafür, dass das Gehirn von Kindern in der Zeit bis zur mittleren Kindheit über eine besondere Aufnahmefähigkeit für sprachliches Lernen verfügt. Man spricht in diesem Zusammenhang über eine »sensible Phase« für Sprache. Der sensiblen Phase für Sprache ist das Kapitel 6 gewidmet.

Etwas, das Eltern immer wieder wissen möchten, ist, ob ihr Kind eine »normale« Sprachentwicklung hat. Dem Thema Normalität ist in diesem Buch viel Platz gewidmet. Sowohl in Kapitel 3 wie in Kapitel 4 wird dargestellt, was man darunter zu verstehen hat – einmal für den Wortschatz, dann für die Grammatik. Nur soviel sei verraten: »normal« bedeutet nicht, dass alle Kinder in einem bestimmten Alter das Gleiche können. Was es bedeutet, werden Sie herausfinden. Und Sie werden noch etwas herausfinden: Individuelle Kinder unterscheiden sich sehr stark in ihrem Spracherwerb – sowohl was die Schnelligkeit wie was die Art und Weise angeht. Nicht das Gleiche, sondern die Vielfalt und die Unterschiedlichkeit sind die Wirklichkeit. Dem Thema der individuellen Unterschiede ist das Kapitel 7 gewidmet.

Viele Eltern möchten auch gerne wissen, wie sie den Spracherwerb ihrer Kinder fördern können. In Kapitel 8 wird die Rolle der Erwachsenen besprochen. Vielleicht sind Sie dann etwas ernüchtert. Auch Forscher hatten sich vom Einfluss der Sprache Erwachsener mehr versprochen. Allzu stark ist er jedoch nicht. Was und wie die Erwachsenen sprechen, ist eher zweitrangig. Wichtig ist, dass sie sensible Gesprächspartner sind.

Das Kapitel 9 widmet sich dem Thema von Sprechen und Denken. Beide sind so eng miteinander verquickt, dass wir sie kaum auseinander halten können. Hinter unserer Sprache steht unser Weltbild, und ohne Sprache können wir nur ein rudimentäres Weltbild aufbauen. Unsere abstrakten Begriffe sind nur mit Sprache möglich. Sprache ist ein unerlässliches Werkzeug nicht nur für unsere Kommunikation, sondern auch für unser Denken, und bei Kindern für ihre intellektuelle Entwicklung.

In Kapitel 10 wird das angesprochen, was den Spracherwerb in der letzten Zeit für eine größere Öffentlichkeit interessant gemacht hat: die Spracherwerbsstörungen. Hier gilt es zunächst Klarheit zu schaffen, was denn eine wirkliche Spracherwerbsstörung ist und was einfach nur schlechtes Deutsch. Auch mögliche Ursachen einer Spracherwerbsstörung werden erörtert. Ich hoffe, dass Sie nach diesem Kapitel dem vielfach verbreiteten Unfug der epidemieartigen Verbreitung von angeblichen Spracherwerbsstörungen begegnen können.

Am Schluss des Buches, in Kapitel 11, habe ich einige Fragen gesammelt, die mir häufig gestellt wurden, und beantworte sie. Danach findet sich ein Glossar, in dem Sie Fachausdrücke nachschlagen können. Ich habe mich auf ein Minimum an Fachausdrücken beschränkt, aber manche lassen sich nicht vermeiden.

Ebenfalls am Schluss findet sich zu jedem Kapitel eine minimale Anzahl von Literaturhinweisen. Wenn Sie also weiter lesen und in die Fachliteratur eintauchen möchten, so können Sie mit der angegebenen Literatur anfangen.

1 Babys mögen Melodie und Rhythmus

Lange bevor Babys anfangen zu sprechen, kommunizieren sie. Und wir Erwachsenen kommunizieren mit ihnen. Nicht nur das, wir haben sogar eine besondere Art von Kommunikationsmustern speziell für kleine Babys. Wir verändern unser Sprechen, so dass es besonders melodisch und gefühlsbetont wird. Die Kleinen ihrerseits sind auch nicht hilflos. Sie kommunizieren mit uns mit ihren Mitteln. Sie lallen und gurren, vokalisieren, und kommunizieren mit Bewegungen und Gesten. Und ihr Lächeln ist besonders geeignet, eine Verbindung zu anderen Menschen herzustellen. Was sich Erwachsene und Babys da so mitteilen, mag nicht exakt in Worten fassbar sein. Aber eines ist klar: Sie betreiben Kommunikation. Und meistens haben beide ihre Freude daran. Menschen sind nun einmal eine kommunikative Spezies. Sie brauchen die Kommunikation untereinander.

Alles übertrieben

Erwachsene sprechen mit Babys sehr melodisch und ausdrucksvoll. Sie übertreiben fast alles, was sich an melodischen und rhythmischen Merkmalen der Sprache findet. Nehmen wir die melodischen Konturen unserer Satzmuster: Wir senken die Stimme am Ende eines Aussagesatzes, aber wir heben sie am Ende einer Frage. In der Sprache, die wir an kleine Babys richten, findet sich die ansteigende Kontur – ähnlich wie in Fragesätzen – sehr häufig. Nicht nur neigen wir dazu, die Stimmlage am Ende von Sätzen zu heben, sondern wir sprechen mit Babys insgesamt in einer höheren Tonlage. Das trifft auf weibliche wie auf männliche Stimmen zu. In unserer Sprache mit Babys schöpfen wir die Sprechfrequenzen in ihrer ganzen Variationsbreite aus und wechseln obendrein noch schnell und häufig zwischen hohen und tiefen Tonlagen. Das macht unsere Sprechmelodie sehr abwechslungsreich und bewirkt, dass die Aufmerksamkeit des Babys gefesselt wird. Wechselnde Stimmlagen können sie besser wahrnehmen als gleichbleibende.

Auch die rhythmischen Strukturen des Sprechens verändern wir, wenn wir mit Babys sprechen. Wir machen längere Pausen zwischen Sätzen und Wörtern, und wir trennen Wörter und Silben deutlicher voneinander als wir das normalerweise tun. In unserer Alltagssprache sind Wortgrenzen oft nicht klar erkennbar, aber für Babys geben wir uns offensichtlich ein bisschen mehr Mühe. Wir sprechen insgesamt langsamer und mit klareren Grenzen zwischen den Wörtern. Das macht die rhythmische Struktur der Sprache deutlicher.

Diese besondere Art des Sprechens ist unabhängig davon, welche Sprache gesprochen wird. In Forschungsarbeiten mit verwandten Sprachen wie Englisch, Deutsch, Französisch und Italienisch, aber auch mit Sprachen anderer Sprachfamilien wie Japanisch und der Indianersprache Comanche wurde diese Art des Sprechens mit Babys nachgewiesen. Sie ist also nicht auf den europäischen Kulturkreis beschränkt. Auch sprechen die verschiedensten Personen mit Babys auf diese Art – so Mütter und Väter und auch Personen, die keine Eltern sind.

Wenn etwas so allgemein verbreitet ist, fragt man sich natürlich, warum wir das wohl tun. Der Grund ist, dass die übertriebenen melodischen Konturen und Sprachrhythmen den Vorlieben von Babys entgegen kommen. Babys können schon von Geburt an Tondauer, Tonintensität und Schnelligkeit des Tonanstiegs unterscheiden, und sie können Rhythmen unterscheiden. Daher sind sie für eine besonders melodische Sprache mit deutlichen Rhythmen sehr empfänglich. Und sie signalisieren uns dieses. Sie reagieren auf eine solche Sprache stärker. So hören sie ihr länger zu als der Sprache, die Erwachsene untereinander sprechen.

Obwohl Erwachsenen meistens nicht bewusst ist, dass sie mit Babys übertrieben melodisch und rhythmisch sprechen, merken sie unbewusst, dass sie damit die Aufmerksamkeit des Babys erhalten. Das Baby gibt etwas zurück – vielleicht seinerseits eine lautliche Äußerung oder ein Lächeln. Das wiederum wird von Erwachsenen als angenehm empfunden, und es verführt sie dazu, länger mit einem Baby zu kommunizieren. Kommunikation ist für Menschen nun einmal eine angenehme Sache. So entsteht ein Austausch zwischen Baby und Erwachsenem, der als angenehm empfunden wird, und der auch eine emotionale Nähe zwischen beiden herstellt.

Wie sprechen wir mit Babys?

- In höherer Tonlage;
- mit einem breiten Frequenzbereich der Töne;
- mit häufigem und schnellem Wechseln zwischen hoch und niedrig;
- mit ansteigender Satzmelodie;
- mit längeren Pausen;
- mit einer klareren Trennung von Wörtern als normalerweise;
- langsamer als mit Erwachsenen.

Einfache Botschaften

Es gibt aber noch mehr Merkmale, die die an Babys gerichtete Sprache auszeichnen. Manchmal finden sich wiederkehrende melodische und rhythmische Muster in ihr, die bestimmte Botschaften übermitteln. Das sind einfache, aber grundlegende und wichtige Botschaften. Vier solcher Muster werden unterschieden:

1) Anerkennung und Zustimmung:
Es wird breit, weich und insgesamt hoch gesprochen. Zunächst steigt die Stimme an, dann aber fällt sie ab.
2) Verbot und Warnung:
Es wird in tiefen, harten und abrupten Tönen gesprochen.
3) Aufmerksamkeit erwecken:
Es wird mit ansteigender Tonhöhe gesprochen, besonders am Ende.
4) Beruhigung:
Es wird mit weicher und tiefer Stimme in engem Frequenzbereich und leicht abfallender Tonhöhe gesprochen.

Auch diese stereotypen melodischen Muster finden sich in den verschiedensten Sprachen und Kulturen. Und Babys verstehen sie – zumindest in ihren Grundzügen. Das zeigen ihre Reaktionen, die der Botschaft entsprechen. So reagieren sie auf die weichen und ansteigenden Töne, die Aufmerksamkeit erwecken oder Zustimmung ausdrücken, mit einer Orientierung auf Menschen und die Umwelt hin. Aufmerksamkeit auf die Umwelt brauchen wir, wenn wir etwas Neues erfahren möchten, oder wenn eine Gefahr droht. Dagegen bewirken die starken und abrupten Töne des Verbots ein Schließen der Augen und Wegdrehen des Kopfes. Das stellt eine Abwehrreaktion dar. Ein Verbot ähnelt einer Drohung, und bei Drohung wenden wir uns ab und weichen aus. Die einfachen Reaktionen der kleinen Babys zeigen die Andeutungen der Verhaltensweisen, die der Botschaft angemessen sind. Schon Neugeborene können also in angemessener Weise auf die melodischen Muster reagieren. Babys müssen das nicht erst lernen. Die melodischen Muster vermitteln ganz elementare Botschaften, die kleine Babys von Geburt an verstehen, und auf die sie ebenfalls von Geburt an reagieren können. Hier findet eine elementare Kommunikation statt.

Die übertrieben melodisch-rhythmische Sprache, die wir an kleine Babys richten, verändert allerdings ihre Wirkung auf Babys im Laufe des ersten Lebensjahres. Babys lernen dazu. Und mit ihrem Lernen verändert sich die Wirkung dieser speziellen Sprache. Über die elementaren Reaktionen hinaus lernen Babys differenzierter auf die Botschaften der Sprachmelodie zu reagieren, und sie lernen auch, die Gefühle der Erwachsenen besser zu verstehen. Vier Monate alte Babys können schon solche Verhaltensweisen zeigen, die Erwachsene dazu bringen, mit ihnen in der übertrieben melodisch-rhythmischen Sprache länger zu sprechen. Erwachsene Anlächeln ist stets ein gutes Mittel und macht es wahrscheinlich, dass ein Erwachsener sich einem Baby zuwendet und mit ihm in der spezifisch melodischen Sprache redet. Fünf Monate alte Babys zeigen auf die stereotypen melodischen Muster noch ausgefeiltere Reaktionen. So reagieren sie auf das Verbotsmuster nicht mehr nur mit dem Schließen der Augen und Abwenden, sondern sie fangen an zu jammern. Auf das Muster der Zustimmung reagieren sie mit Lächeln oder Lachen. Vier bis fünf Monate alte Babys reagieren also auf die melodischen Muster mit entsprechenden emotionalen Verhaltensweisen.

Die melodischen Muster der Zustimmung und Beruhigung haben eine besonders positive Wirkung auf Babys. Sie können nämlich dazu führen, dass Babys aus einer zu hohen Erregung und Anspannung herausgeholt werden. Bei zwei bis vier Monate alten Babys kommt es vor, dass sie mit einer gebannten Aufmerksamkeit und hoher Erregung auf einen Gegenstand starren und diese Spannung als unangenehm empfinden, sie aber nicht selber lösen können, außer durch Weinen. Wenn aber eine menschliche Stimme in der Tonhöhe und Melodie der zustimmenden oder beruhigenden Sprache ertönt, kann das Baby das Spannungsniveau selber lösen und reagiert mit Lächeln und einer positiven Emotion, statt mit Weinen und Unbehagen. So regulieren die melodischen Muster in der Sprache der Erwachsenen die Erregung und die Gefühle von Babys.

Etwas älteren Babys gelingt es, die Gefühle der Erwachsenen aus ihrer Sprechmelodie zu erschließen. So richten acht Monate alte Babys ihr Verhalten nach dem emotionalen Ausdruck eines Erwachsenen, der über die Stimme und den Gesichtsausdruck gegeben wird. Das kann man an den Reaktionen von Babys in dem bekannten Experiment eines vorgetäuschten »Abgrunds« überprüfen. Hierbei wird ein Abgrund vorgetäuscht, über den ein Baby krabbeln kann – oder auch nicht. (In Wirklichkeit ist der »Abgrund« natürlich durch eine Glasplatte darüber gesichert). Die Mutter des Babys steht auf der anderen Seite. Wenn sie mit ängstlichem stimmlichen Ausdruck spricht und einen ängstlichen Gesichtsausdruck hat, so krabbeln Babys nicht über den Abgrund hinweg. Bei zustimmendem Reden aber krabbeln sie – jedenfalls die meisten. (Die anschließende Erfahrung, hineinzufallen, machen sie natürlich nicht!) Babys verstehen also die Gefühle, die Erwachsene ausdrücken, und sie richten ihre Handlungen danach. Bei dem Gefühlsausdruck der Erwachsenen spielt der stimmliche Ausdruck eine große Rolle. Babys brauchen sowohl den stimmlichen wie den Gesichtsausdruck, um die Gefühle angemessen zu deuten. Über den stimmlichen Ausdruck und die melodischen Muster in der Sprache haben Babys es gelernt, die Gefühle von Erwachsenen zu verstehen.

Gegen Ende des ersten Lebensjahres haben Sprachmelodie und Betonungsmuster eine Funktion für den Spracherwerb. Allmählich treten einzelne Wörter aus dem Strom der Rede heraus. Die übertriebenen melodischen Konturen und Betonungsmuster in der Sprache der Erwachsenen können Babys helfen, einzelne Wörter zu erkennen. Insbesondere die klare Trennung von Wörtern, das langsame Sprechen und die übertriebenen Tonhöhen bewirken dies. So gebrauchen Erwachsene manchmal übertriebene Tonhöhen und eine Betonung am Ende eines Satzes. Ein Beispiel wäre: *Guck mal, die Katze*, wobei das Wort *Katze* mit ansteigender Tonhöhe und besonderer Betonung gesprochen wird. Experimente haben gezeigt, dass 15 Monate alte Kinder Wörter besser verstehen, wenn sie mit einer leicht übertriebenen Betonung und mit Erhöhung der Tonlage gesprochen werden. Wenn Kinder allerdings 18 Monate alt sind, macht es nichts mehr aus, ob man übertrieben melodisch spricht oder nicht. Sie verstehen die Wörter gleich gut. Es scheint, dass die übertriebenen Tonhöhen und Betonungen ganz am Anfang des Spracherwerbs und daher eben nur vorübergehend hilfreich sein können, um Wörter zu erkennen.

Welche Funktion hat die übertrieben melodische Sprechweise?

- Sie vermittelt einfache Botschaften:
  - Anerkennung;
  - Erwecken von Aufmerksamkeit;
  - Verbot;
  - Beruhigung.
- Sie reguliert die Gefühle des Babys.
- Sie vermittelt dem Baby die Gefühle des Erwachsenen.
- Sie hilft beim Erkennen erster Wörter.

Uralte Muster

Die übertrieben melodische Sprechweise wird in den verschiedensten Kulturen und Sprachen praktiziert, wenn auch in unterschiedlich starker Ausprägung. Sie wird von Frauen und Männern praktiziert, von Eltern und von Nicht-Eltern. Es ist auch nicht notwendig in der Muttersprache des Babys zu sprechen, damit es auf die melodische Sprechweise reagiert. Babys reagieren auch darauf, wenn die melodischen Sprachmuster in einer anderen als ihrer Muttersprache – also der Sprache, die sie normalerweise um sich hören – ertönen. Es sind die melodischen und rhythmischen Qualitäten selbst, die eine Wirkung erzielen – unabhängig von der spezifischen Sprache.

Wenn ein Verhalten so allgemein ist und über verschiedene Kulturen und Sprachen beobachtet wird, vermuten Wissenschaftler seine Wurzel in der Entstehungsgeschichte der menschlichen Spezies. Man vermutet, dass die melodische Sprechweise mit der Entstehung der Spezies Mensch entstanden ist. Der Grund dafür ist, dass sie das Überleben der Spezies begünstigt hat.

Wie kann man sich das vorstellen? Die übertriebene Melodik im Sprechen kommt dem entgegen, was Babys mitbringen. Von Geburt an können Babys variierende Tonhöhen und höhere Tonlagen besonders gut hören, und sie können rhythmische Muster unterscheiden. Somit ist die übertrieben melodische Sprache für Babys gut wahrnehmbar. Weiterhin ist eine stark melodische Sprache gefühlsbetont. Sie drückt Gefühle aus und spricht Gefühle im Zuhörer an. Auch das kommt den Fähigkeiten kleiner Babys entgegen. Sie verstehen grundlegende Gefühle, während sie Inhalte von Wörtern und Sätzen noch nicht verstehen. Somit erleichtert die melodische Sprechweise die Kommunikation zwischen vorsprachlichem Kind und Erwachsenem. Gleichzeitig führt gut funktionierende Kommunikation zu länger anhaltender räumlicher und emotionaler Nähe zwischen Menschen. In der Zeit, in der die Spezies Mensch entstand, bot räumliche Nähe zu erwachsenen Mitgliedern einer Gruppe Menschen den Kleinen den besten Schutz vor Raubtieren. Aus der räumlichen Nähe wird durch das Kommunizieren eine emotionale Nähe. Diese wiederum hält eine Gruppe Menschen zusammen. Es war dieser Zusammenhalt in einer menschlichen Gruppe, der die Spezies stark genug machte sich zu behaupten. Daher betrachtet man das Kommunikationssystem der melodischen Muster als eines, das von der Evolution selektiert wurde und das das Überleben der Spezies Mensch begünstigt hat.

Man kann die Entstehungsgeschichte der einfachen melodischen Botschaften sogar über Speziesgrenzen hinweg betrachten. Wir sind nicht die einzige Spezies, die auf melodisch-rhythmische Muster reagiert. Ähnliche Grundtendenzen finden sich bei einigen anderen Säugern und werden sogar über Speziesgrenzen hinweg richtig gedeutet. Denken Sie an unsere Haustiere, die Hunde. Diese knurren in tiefen Tönen, wenn sie drohen. Sie bellen in hellen Tönen, wenn sie eine freundliche Annäherung ausdrücken. Auch in der an Babys gerichteten Sprache der Menschen hat das melodische Muster des Verbots bzw. der Drohung eine tiefe Tonlage und das Muster der Zustimmung und Anerkennung eine hohe. Derartige Ähnlichkeiten und die Tatsache, dass ein Verstehen über Speziesgrenzen hinweg möglich ist, lassen eine uralte gemeinsame Entstehungsgeschichte vermuten. Dann jedoch haben sich in der Entstehungsgeschichte der Menschen spezifisch menschliche melodische Muster herausgebildet. Und diese verstehen wir heute noch.

Wenn wir nun in unsere heutige Zeit zurükkehren, so mag die Frage entstehen, ob es denn günstig ist, besonders häufig übertrieben melodisch mit Babys zu sprechen. Wäre das besonders gut für die Entwicklung ihrer Gefühle und die Entwicklung der Sprache? Die Antwort darauf ist, sich gar nicht darum zu kümmern, ob und wie häufig wir in der speziellen Melodik für Babys sprechen. Wir tun es nämlich in angemessenem Maße ganz von alleine. Meistens merken wir es gar nicht. Vielleicht ist es Ihnen schon passiert, dass Sie eine Tonaufnahme Ihres Sprechens mit Ihrem Baby nach einiger Zeit wieder entdecken – dann, wenn Sie schon lange nicht mehr so übertrieben melodisch mit Ihrem Kind sprechen. Das kann eine Quelle des Amüsements und des Erstaunens sein. Möglicherweise erkennen Sie sich selbst kaum wieder. Die übertriebene Sprechweise ist ein Prozess, der unbewusst abläuft. Da diese Muster so uralt und tief in uns verwurzelt sind, brauchen wir uns keine Gedanken darum zu machen, hier etwas zu verbessern. Natürlich sprechen wir nicht immer mit Babys in der besonders melodischen Sprache. Wir sprechen auch so mit ihnen, wie wir mit Erwachsenen sprechen, und wir sprechen in der Anwesenheit von Babys mit anderen Erwachsenen und älteren Kindern. Babys hören also auch Sprache, die nicht die besonderen Sprechmelodien aufweist. Die spezielle Kommunikation mit Babys ist nur ein Teil des Erwachsenenlebens und geschieht nicht permanent. Um die Einzelheiten der Mischung brauchen wir uns keine Gedanken zu machen.

Eine weitere Frage mag sein, ob Mütter besser geeignet sind, mit Babys zu kommunizieren als Väter oder Personen, die keine Eltern sind.

In unserer Kultur wird die Betreuung von Kleinkindern fast ausschließlich von Müttern übernommen. Das liegt u. a. daran, dass die meisten Kinder in Kleinfamilien aufwachsen. In anderen Kulturen gibt es jedoch auch andere Muster. Das häufigste Muster auf der Welt ist die Betreuung von Kleinkindern durch mehrere Personen, die Mitglieder einer Großfamilie sind. So sind neben Müttern Großmütter, Tanten und ältere Geschwister in gleicher Weise an der Betreuung der Kleinkinder beteiligt. Wieder andere Formen der Kleinkinderbetreuung sind solche, in denen die Kinder in Tageseinrichtungen von Erziehern betreut werden und diese in gleicher Weise an der Erziehung der Kleinkinder beteiligt sind wie die Familienmitglieder. All diese Personen kommunizieren mit kleinen Babys gleichermaßen mit einer melodischen Sprechweise. Die Forschung liefert keine Belege dafür, dass Mütter dieses besonders gut können.

Was ist der Ursprung der melodischen Sprechweise?

- Sie ist ein altes Muster aus der Entstehungsgeschichte der Menschheit, das die Kommunikation zwischen Babys und Erwachsenen begünstigt hat.
- Daher gilt sie über verschiedene Kulturen und Sprachen hinweg.
- Wir setzen diese Sprechweise intuitiv in angemessenem Maße ein.

Vorsprachliche Dialoge?

In unserem Umgang mit Babys kann man auch das Gegenteil von dem beobachten, was bisher dargestellt wurde: dass wir uns nämlich nicht dem Baby anpassen, sondern mit diesem »Gespräche« führen, deren Inhalte vermutlich weit über das Verständnis eines Babys hinausgehen. Wir reden mit dem Baby und deuten seine Reaktionen als Antworten auf unsere Inhalte. Oder wir interpretieren Bewegungen und lautliche Äußerungen des Babys, als ob sie uns eine bestimmte inhaltliche Botschaft geben wollten.

Manche Forscher sprechen davon, dass Babys und Erwachsene vorsprachliche Dialoge führen. Wenn Babys einige Monate alt sind, kann man beobachten, dass sie abwechselnd mit einem Erwachsenen vokalisieren. Ein solches Verhalten ist dem späteren sprachlichen Dialog ähnlich, in dem zwei Personen abwechselnd Gesprächsinhalte austauschen. In speziellen Situationen in psychologischen Versuchslabors wurde die Kommunikation zwischen zwei und drei Monate alten Babys und ihren Müttern beobachtet. Man hat beobachtet, dass die Babys und Mütter ihre Hand- und Mundbewegungen gegenseitig imitierten, und dass die Mütter auf jede Bewegung und Vokalisierung des Babys eingingen. Das ist allerdings nicht weiter verwunderlich in einer Laborsituation, in der Mütter ansonsten nichts anderes tun können. Der Austausch solcher Bewegungen und Vokalisierungen wird so interpretiert, dass hier von beiden Seiten eine absichtsvolle Kommunikation stattfindet. Nicht nur der Erwachsene, sondern auch das Baby will etwas mitteilen. Sie teilen einen geistigen Zustand.

Allerdings besteht unter Forschern keine Einigkeit über diese Interpretation. Manche Forscher meinen, dass man Babys damit zu viel unterstellt. Sie sind noch nicht in der Lage, absichtsvoll eine Mitteilung zu machen. Dennoch unterstellen Eltern den Vokalisierungen und Bewegungen ihrer Babys oft bestimmte kommunikative Absichten. Sie interpretieren bestimmte Inhalte in diese Vokalisierungen und meinen, das Baby wolle diese Inhalte sagen. Das ist wahrscheinlich eine bewusste Täuschung und eine Art Spiel. Es bereitet Eltern Vergnügen, den Äußerungen ihrer Babys bestimmte Absichten und Inhalte zu unterstellen. Eltern selber nehmen derartige Deutungen vermutlich nicht für bare Münze, sondern betrachten den Austausch von Äußerungen als eine Art Spiel.

Andere Forscher wiederum haben versucht, bestimmte Verhaltensweisen von vorsprachlichen Babys als Vorläufer von Sprache zu deuten. Am Beispiel des Verlangens nach einem Gegenstand sieht das dann etwa so aus: Der erste Ausdruck dieses Verlangens ist Schreien. Daraus entwickeln sich Gesten, die das Verlangen nach dem Gegenstand ausdrücken und schließlich eine sprachliche Äußerung des Verlangens nach dem Gegenstand. Ein weiteres Beispiel ist das Hinweisen auf einen Gegenstand. Dieses wird zunächst so ausgedrückt, dass das Baby und ein Erwachsener gemeinsam auf den Gegenstand schauen. Dann entsteht eine greifende Geste des Babys nach dem Gegenstand, und diese wird immer zielgerichteter. Schließlich entsteht aus der zielgerichteten Geste das Zeigen auf den Gegenstand und aus diesem das Benennen des Gegenstandes.

Derartige Deutungen des Verhaltens vorsprachlicher Babys mögen angemessen sein. Nüchtern betrachtet, wissen wir nicht, ob Bewegungen, lautliche oder gestische Äußerungen von Babys wirklich die Bedeutungen haben, die wir ihnen geben mögen. Es bleiben Deutungen. Wenn Eltern dem kindlichen Verhalten solche Deutungen geben und dieses zu einer Kommunikation führt, die Baby und Eltern Freude bereitet, so liegt darin sicher eine positive Funktion für die Beziehung zwischen Baby und Eltern. Es kann für Erwachsene auch langweilig oder frustrierend sein, mit einem so wenig kompetenten Kommunikationspartner wie einem Baby zu interagieren. So schaffen sie sich eine Welt der Deutungen des Verhaltens von Babys. Derartige Deutungen machen die Kommunikation mit Babys interessanter für Erwachsene. Das wiederum führt dazu, dass der Erwachsene »dran bleibt«. Vermutlich ist das auch die eigentliche Funktion der Deutungen, die man dem kindlichen Verhalten gibt. Durch einen solchen kommunikativen Austausch, an dem beide Seiten ihre Freude haben, wird die emotionale Bindung zwischen Baby und Eltern gestärkt.

Führen Babys Gespräche mit Erwachsenen?

- Nicht im echten Sinne des Austausches von gedanklichen Inhalten.
- Erwachsene geben Bewegungen, lautlichen und gestischen Äußerungen von Babys manchmal inhaltliche Deutungen.
- Das bereitet Freude und stärkt die emotionale Bindung.

2 Frühe Sprachwahrnehmung: Vom Alleskönner zum Spezialisten

Wann kommt es nun zu »richtiger« Sprache? Wann und womit fangen Babys damit an? Babys produzieren zunächst einzelne sprachliche Laute, erst dann folgen Wörter und schließlich Sätze. Lange hat man gedacht, dass Babys die ersten Laute dadurch lernen, dass sie Laute nachahmen und ihre eigenen Lautproduktionen immer besser der Sprache, die sie um sich herum hören, angleichen. In den letzten 20 Jahren jedoch haben neue Methoden der Wahrnehmungsforschung bei Babys es ermöglicht, die Lautwahrnehmung von Babys zu testen. Dabei hat man festgestellt, dass Babys viele einzelne Sprachlaute unterscheiden können, schon lange bevor sie diese selber produzieren.

Neu muss es sein

Babys lieben Neuigkeit. Was sie interessiert, ist etwas Neues in ihrer Umgebung. Sie sehen einen neuen Gegenstand lange an, sie hören einem neuen Ton lange zu. Es ist im Übrigen eine allgemeine menschliche Eigenschaft, dass Neues unser Interesse erweckt, während gleichzeitig das Interesse an Bekanntem nachlässt. Auch Babys verhalten sich so. In der Psychologie spricht man davon, dass Menschen sich an bekannte Umweltreize gewöhnen und ihnen dann ihre Aufmerksamkeit entziehen, sich aber mit Interesse einem neuen Umweltreiz zuwenden. So schaut ein Baby ein neues Muster, das wir ihm zeigen, zunächst lange an. Nach einer Weile lässt das Anschauen nach, und das Baby wendet sich von dem Reiz ab. Das Interesse hat nachgelassen. Gewöhnung ist eingetreten. Bietet man dem Baby nun ein anderes, neues Muster zum Anschauen an, so schaut es dieses zunächst wieder lange an. Es tritt aus der Gewöhnung heraus, weil es bemerkt hat, dass es nun etwas Anderes zum Anschauen gibt – etwas Neues. Und das erweckt wiederum sein Interesse. Es orientiert sich weg von einem bekannten zu einem neuen Muster.

Die Tatsache, dass Babys sich so verhalten, erlaubt uns den Rückschluss, dass die Babys die zwei Muster voneinander unterscheiden. Würden sie sie nicht unterscheiden, würden sie sich dem zweiten Muster gar nicht zuwenden. Es würde bei der Gewöhnung bleiben. So verwendet man die Tatsache der Gewöhnung und Neuorientierung systematisch in Experimenten mit Babys, wenn man wissen will, ob Babys zwischen zwei ähnlichen Reizen überhaupt unterscheiden können. Dabei kann es sich um visuelle oder auditive Reize handeln. Die Experimente verfahren immer ähnlich. Man bietet dem Baby zunächst den einen Reiz an, bis Gewöhnung eingetreten ist und es nicht mehr hinschaut. Dann bietet man einen anderen, ähnlichen Reiz an. Schaut das Baby wieder lange hin, schließt man daraus, dass es den zweiten Reiz als unterschiedlich erkannt hat. Erweckt der zweite Reiz nicht sein Interesse, schließt man, dass es ihn nicht vom ersten unterscheidet.

Bei ihren Experimenten machen sich Forscher manchmal noch etwas anderes zunutze – nämlich dass Babys gerne saugen. Man gibt dem Baby einen Schnuller, der mit einem Kabel mit einem Computer verbunden ist. Der Computer zeichnet auf, wie stark das Baby saugt. Nun hört das Baby eine Silbe, z. B. die Silbe *ba*. Daraufhin saugt das Baby stärker, da ein Reiz angeboten wird und dieser sein Interesse und eine gewisse Erregung erzeugt. Ertönt nun *ba* einige Male hintereinander, verliert das Baby das Interesse an diesem Reiz, und die Intensität seines Saugens lässt nach. Das wird vom Computer aufgezeichnet. Nun bietet man einen neuen, aber recht ähnlichen Reiz an, nämlich die Silbe *pa*. Man möchte wissen, ob Babys die Laute *b* und *p*, die sich recht ähnlich sind, unterscheiden können. Was passiert? Das Baby saugt wieder stärker – und der Computer zeichnet auch dieses auf. Das stärkere Saugen ist ein Anzeichen dafür, dass *pa* etwas Neues für das Baby darstellt und somit sein Interesse wieder geweckt ist. Das Baby hat also einen Unterschied zwischen *ba* und *pa* gehört.

Die Alleskönner

Welche sprachlichen Merkmale können Babys wahrnehmen? Eine ganze Menge. Von Geburt an bevorzugen Babys menschliche Stimmen und sprachliche Laute. Sie hören ihnen länger zu als anderen Geräuschen. Sie orientieren sich also schon sehr früh auf Sprache und die Menschen in ihrer Umwelt hin. Sie können auch schon eine große Anzahl von sprachlichen Lauten unterscheiden. Das gilt für viele Konsonanten. Wie wir schon gehört haben, unterscheiden sie *b* und *p*, was über die Silben *ba* und *pa* getestet wird, in denen sich nur der Konsonant unterscheidet. Babys hören den Unterschied zwischen *b* und *p* bereits mit einem Monat. In der ersten Hälfte des ersten Lebensjahres können Babys auch noch eine Reihe weiterer Konsonanten unterscheiden. So hören sie einen Unterschied zwischen den Silben *ba* und *ga*, *ba* und *wa*, *ba* und *ma*, *ja* und *wa*, *ma* und *na* sowie *la* und *ra*. Sie können also die Konsonanten *b*, *p*, *g*, *b*, *w*, *m*, *n*, *j*, *l* und *r* gut hören.

Auch Vokale können kleine Babys in der ersten Hälfte des ersten Lebensjahres bereits voneinander unterscheiden. So hören sie einen Unterschied zwischen *a* und *i*, *i* und *u*, *a* und *o* sowie *u* und *ü*. Babys können auch lange von kurzen Vokalen unterscheiden, so ein langes *i* von einem kurzen *i*. Ein langes *i* findet sich im Deutschen im Wort *Igel*, ein kurzes im Wort *isst*.

Die interessante Frage ist, ob Babys nur die Laute unterscheiden können, die in der Sprache vorkommen, die sie um sich herum hören – also in ihrer zukünftigen Muttersprache – oder auch Laute anderer Sprachen, die in der Muttersprache nicht vorkommen. So gibt es im Deutschen den Vokal *ü*, im Englischen nicht. Die Untersuchungen, in denen getestet wurde, ob Babys *u* und *ü* unterscheiden können, wurden bei amerikanischen Babys durchgeführt, die um sich herum Englisch hören. Diese Babys konnten *u* von *ü* unterscheiden. Offensichtlich können kleine Babys auch Sprachlaute unterscheiden, die sie nicht in ihrer Muttersprache hören. Ihr feines Unterscheidungsvermögen basiert also nicht auf Erfahrung mit der Sprache, die sie um sich herum hören.

Worauf basiert es dann? Und was hat es zu bedeuten, dass ein bis sechs Monate alte Babys feine Unterschiede in sprachlichen Lauten hören können, ohne dass sie diese Laute vorher in ihrer Umwelt gehört haben? Werden sie mit universellen sprachlichen Fähigkeiten geboren?

Um diese Fragen zu beantworten, hat man zunächst viele Experimente in unterschiedlichen Kulturen und Sprachen durchgeführt, um herauszufinden, ob Babys wirklich Universalisten sind. Die Sprachen dieser Welt benutzen teilweise gleiche und teilweise unterschiedliche Laute. Um über den Kreis miteinander verwandter Sprachen hinauszukommen, hat man die Sprachwahrnehmung von Babys in sehr unterschiedlichen Sprachen untersucht. Bei Babys, die in englischsprachiger Umwelt aufwachsen, hat man untersucht, ob sie Lautkontraste hören können, die auf Englisch und anderen europäischen Sprachen nicht vorkommen. Bei Babys, die mit einer afrikanischen Sprache oder mit Japanisch aufwachsen, hat man untersucht, ob sie Lautkontraste hören, die in diesen Sprachen nicht vorkommen.

So gibt es in Kikuyu, einer afrikanischen Sprache, keinen Unterschied zwischen *b* und *p*. Aber vier Monate alte Kikuyu Babys hören den Unterschied zwischen *ba* und *pa* genauso wie amerikanische oder deutsche. Babys aus englischsprachigen Umgebungen können Unterschiede in Klicklauten hören, die auf Zulu, einer anderen afrikanischen Sprache, vorkommen. Sie können auch hören, ob der Konsonant *n* so gesprochen wird wie im Englischen oder als ein Nasal, wie er im Französischen und Polnischen vorkommt. Schließlich wurde bei japanischen Babys getestet, ob sie *l* und *r* unterscheiden können. Das ist eine Unterscheidung, die erwachsene japanische Sprecher nicht machen, und die ihnen auch schwer fällt, wenn sie eine Fremdsprache lernen, die diese Unterscheidung macht. Es zeigt sich, dass sechs Monate alte japanische Babys die Silben *la* und *ra* unterscheiden können. Sie hören also einen Unterschied zwischen *l* und *r*.

Es ist also tatsächlich so, dass Babys in der ersten Hälfte des ersten Lebensjahres eine Vielzahl von sprachlichen Lauten unterscheiden können. Ihre Fähigkeit, Lautkontraste zu unterscheiden, basiert nicht darauf, dass sie diese Kontraste aus der Sprache, die um sie herum gesprochen wird, gelernt haben. Denn kleine Babys können auch Lautkontraste hören, die in ihrer Muttersprache gar nicht vorkommen. Babys sind Universalisten. Sie haben die Fähigkeit, potenziell in einer Sprache vorkommende Laute wahrzunehmen.

Nun könnte das bedeuten, dass Babys mit einer Fähigkeit zur Wahrnehmung von Sprache geboren werden, die nur den Menschen eigen ist. Das ist aber nicht der Fall. Es stellte sich bald heraus, dass nicht nur Babys derartige Lautkontraste unterscheiden, sondern auch Makkaken-Affen und Chinchillas. Und auch manche Vogelarten können trainiert werden, sprachliche Lautkontraste zu unterscheiden. Das kann nur bedeuten, dass die Fähigkeit, zwischen sprachlichen Lauten zu unterscheiden, nicht auf einer speziell menschlichen Fähigkeit zur Wahrnehmung von Sprache beruht. Es ist eher so, dass manche Spezies – und die Menschen gehören dazu – über ein Wahrnehmungssystem verfügen, das ihnen erlaubt, akustische Reize fein zu unterscheiden. Und dazu gehören die Laute der menschlichen Sprache. Babys sind zwar Universalisten, aber das hat mit einem sprachlichen System weniger zu tun als mit einem akustischen. Es bedeutet nicht, dass sie mit sprachlichen Lauten geboren werden und damit schon über einen Teil der menschlichen Sprache verfügen. Es bedeutet, dass sie akustische Reize sehr fein unterscheiden können. Sie können auch nicht-sprachliche akustische Reize sehr fein unterscheiden. Ihre Fähigkeit, Sprachlaute fein unterscheiden zu können, ist Teil einer allgemeinen Fähigkeit zu feinen akustischen Unterscheidungen.

Welche Sprachlaute hören kleine Babys?

- In den ersten sechs Monaten können Babys sehr feine Unterschiede zwischen Sprachlauten hören.
- Sie können zwischen Sprachlauten unterscheiden, die es in ihrer Muttersprache nicht gibt.
- Sie haben so das Potenzial, jede Sprache der Welt zu lernen.

Sprachlaute sind Funktionsträger

Sprachen setzen sich zwar aus Lauten zusammen, aber das sind nicht unbedingt die Laute, die akustisch potenziell unterscheidbar sind. In einer bestimmten Sprache gibt es Lautkontraste, die wichtig sind und solche, die wir eher ignorieren. So stört es uns im Deutschen nicht, ob das Wort *rot* mit einem Zungen-*r* oder mit einem Zäpfchen-*r* gesprochen wird. Beim Zungen-*r* wird das *r* vorne mit der Zunge gerollt – ähnlich wie im Russischen – beim Zäpfchen-*r* wird es hinten im Mundraum gesprochen und klingt dem französischen *r* ähnlich. Dieser Unterschied in der Aussprache ist für uns belanglos. Wir verstehen das Wort *rot* in jedem Fall – unabhängig von der Aussprache des *r*. Aber was passiert, wenn jemand das lange *e* im Wort *Beet* kurz ausspricht? Es wird ein neues Wort daraus – nämlich das Wort *Bett*. Ähnlich ergeht es uns, wenn das *ü* in *fühlen* kurz gesprochen wird. Wir hören ein neues Wort – das Wort *füllen*. So sind manche Variationen in der Aussprache völlig belanglos, andere dagegen verändern die Bedeutung eines Wortes.

Damit sind wir bei einem wichtigen Prinzip der menschlichen Sprachen. Eine Sprache operiert mit Lauten, die eine Funktion haben. Sie haben die Funktion, zwischen Wörtern zu unterscheiden – so wie das lange und das kurze *ü* die Funktion haben, zwischen *fühlen* und *füllen* zu unterscheiden. Diese Eigenschaft der Laute als Funktionsträger erkennt man besonders gut, wenn man zwei Wörter vergleicht, die sich nur in einem Laut unterscheiden, dieser aber die Bedeutung des Wortes grundlegend verändert. So unterscheiden sich im Deutschen *Lampe* und *Rampe* nur durch einen Laut, sie haben entweder ein *r* oder ein *l* am Beginn des Wortes, ansonsten bestehen sie aus den gleichen Lauten. Der Unterschied zwischen *r* und *l* macht den Unterschied zwischen verschiedenen Wörtern aus, genauso wie der Unterschied zwischen einem langen und kurzen *ü* in dem Beispiel *fühlen* und *füllen*. Es sind diese funktionalen Laute, die Menschen einer bestimmten Sprache besonders gut hören.

Jede Sprache besteht aus einer bestimmten Anzahl solcher Laute, die Funktion tragen. Das variiert je nach Sprache zwischen 40 und 70. Andere lautliche Unterschiede werden von den Sprechern der Sprache entweder gar nicht gehört oder ignoriert. Wenn wir eine Fremdsprache lernen, kann es manchmal zu Missverständnissen kommen, weil wir die Lautkontraste übertragen, die in unserer Muttersprache gelten. Dagegen ignorieren wir die Lautkontraste, die in der Fremdsprache gelten. So macht das dem Deutschen nah verwandte Englisch einen Unterschied, ob ein Konsonant am Ende eines Wortes hart oder weich gesprochen wird, das Deutsche macht diesen Unterschied nicht. Deutsche Sprecher ignorieren in der Regel den Lautkontrast des Englischen, wenn sie englische Wörter übernehmen. So sprechen sie von *life* (hartes *f*) statt von *live* (weiches *v*) Sendungen, und sie sprechen *air bag* (weiches *g* am Ende) wie *air back* (hartes *k* am Ende) aus – womit sie aus einer Lufttasche »Luft zurück« machen. Noch schlimmer wird es, wenn sie im Restaurant *peace* (Frieden und mit harten *s* gesprochen) statt *peas* (Erbsen und mit weichem *s* gesprochen) bestellen. Das könnte den Kellner schon sehr erstaunen. Ebenso versetzt es deutsche Muttersprachler in Erstaunen, wenn ein Nicht-Muttersprachler von *Bußgeld* (langes *u*) statt Busgeld (kurzes *u*) spricht. Derartige Aussprachen stürzen uns in Unverständnis. Wir verstehen nicht mehr, was gemeint ist.

Wenn Babys, die kleinen Universalisten, schon sprechen könnten, würde ihnen so etwas nicht passieren. Denn sie beachten ja noch jede Art von Lautkontrast. Sie sind noch nicht »eingeschliffen« auf die Lautkontraste ihrer Muttersprache. Und genau das ist es, was in der zweiten Hälfte des ersten Lebensjahres passiert. Die kleinen Alleskönner lernen zunehmend, vorwiegend die Lautkontraste zu beachten, die in ihrer Muttersprache funktional sind. Den anderen schenken sie keine Aufmerksamkeit mehr.

Es gibt noch etwas in der Lautstruktur von Wörtern, das für eine jede Sprache spezifisch ist. Das ist die Reihenfolge der Laute in Wörtern. Im Deutschen beginnen Wörter oft mit Kombinationen von Konsonanten – etwa *str* wie in *Straße*, *schw* wie in *Schwamm* oder *kn* wie in *Knall*. Die gleichen Laute kann man am Ende deutscher Wörter nicht finden. Es gibt keine deutschen Wörter, die auf *–str*, *–schw* oder *–kn* enden. Es sind andere Lautkombinationen, die im Deutschen das Ende eines Wortes signalisieren. Oft enden deutsche Wörter auf *–e*, wie in *Blume* und *Nase*, oder auch auf *–en*, wie in *Regen* und *Reifen*. Derartige Regelhaftigkeiten in der Kombination von Lauten sind von Sprache zu Sprache verschieden. Wenn Babys die lautlichen Eigenheiten ihrer Muttersprache lernen, gehören die Regelhaftigkeiten, mit der Laute in Wörtern aufeinander folgen, auch dazu.

Aus Alleskönnern werden Spezialisten

Wieder haben Forscher ausgeklügelte Methoden erdacht um herauszufinden, wann Babys die Laute und Lautkombinationen ihrer Muttersprache erkennen und gegenüber anderen bevorzugen. Bei einer Methode geht man so vor, dass das Anbieten von sprachlichen Reizen – Silben, Wörtern oder ganzen Sätzen – mit einem blinkenden Licht kombiniert wird, so dass das Baby dorthin schaut, wo die sprachlichen Reize ertönen und das Licht blinkt. Dabei wechselt man die Seiten, aus der die sprachlichen Reize kombiniert mit dem blinkenden Licht ertönen. Gemessen wird, wie lange das Baby sich der Richtung mit dem blinkenden Licht zuwendet, aus der ein jeweiliger sprachlicher Reiz ertönt. Man schlussfolgert, dass das Baby die sprachlichen Reize bevorzugt, denen es länger zuhört bzw. denen es sich länger zuwendet.

In der zweiten Hälfte des ersten Lebensjahres zeigen sich Babys zunehmend weniger gut darin, die Lautkontraste zu unterscheiden, die in ihrer Muttersprache nicht vorkommen. Gleichzeitig entwickeln sie eine Vorliebe für die Lautkontraste ihrer Muttersprache. Sie hören diesen länger und lieber zu als anderen und werden auch immer besser darin, sie zu unterscheiden. Und das ist nicht die einzige Vorliebe, die sie für ihre Muttersprache zeigen. Sie hören auch Silben ihrer Muttersprache lieber zu als denen anderer Sprachen.

Eine Reihe von Experimenten mit niederländischen und amerikanischen Babys hat gezeigt, dass diese die Laute und Silben ihrer jeweiligen Muttersprache bevorzugen. Experimente mit niederländischen Babys haben gezeigt, dass diese im Alter von neun Monaten solchen Silben länger zuhören, die den Regelhaftigkeiten der Lautkombinationen in niederländischen Wörtern entsprechen als solchen Silben, die das nicht tun. Im Alter von sechs Monaten zeigt sich diese Tendenz bei den Babys noch nicht. Offensichtlich sind Babys dann noch Universalisten und haben sich noch nicht auf Niederländisch spezialisiert. Neun

Monate alte amerikanische Babys dagegen hören lieber englischen Wörtern zu als niederländischen. Wenn man ihnen dreisilbige abstrakte englische und niederländische Wörter abwechselnd anbietet, so hören sie den englischen länger zu. Da neunmonatige Babys noch keine abstrakten Wörter verstehen, kann der Grund nicht sein, dass sie die Wörter interessanter finden, weil sie ihre Bedeutung verstehen. Was sie erkennen, sind bekannte Lautkombinationen. Sie sind Spezialisten für Lautmuster in englischen Wörtern geworden.

Aber Babys können noch mehr. Sie wissen nicht nur, welche Lautmuster in ihrer Muttersprache typischerweise vorkommen, sie wissen auch, welche häufiger sind als andere. In englischen Wörtern kommt z. B. das Muster *gen* häufig vor, das Muster *yush* selten. Babys in englischsprachigen Umwelten hören häufigen Mustern in ihrer Sprache länger zu als seltenen. Im Alter von sechs Monaten machen sie diesen Unterschied noch nicht. Bis zum Alter von neun Monaten haben Babys also nicht nur gelernt, was die typischen Lautmuster in Wörtern ihrer Muttersprache sind, sondern auch, welche Muster häufig und welche weniger häufig sind. So werden Babys in der zweiten Hälfte des ersten Lebensjahres zu Spezialisten für die Lautmuster ihrer Muttersprache.

Wann und wie steigen Babys in die Laute ihrer Muttersprache ein?

- In der zweiten Hälfte des ersten Lebensjahres hören Babys Lauten, Silben und Wörtern ihrer Muttersprache lieber zu.
- Sie orientieren sich an den typischen Lautmustern ihrer Muttersprache.
- Häufigen Mustern hören sie lieber zu als seltenen.

Es ist auch wichtig zu wissen, unter welchen Bedingungen Babys die Lautmuster ihrer Muttersprache erkennen. Ist das etwa nur der Fall, wenn sie einzelne Wörter hören – so wie es in vielen Experimenten getestet wird? Das würde Babys beim Spracherwerb nicht viel helfen. Zwar sagen Erwachsene manchmal einzelne Wörter, und sie betonen auch manchmal ein einzelnes Wort besonders für Babys, aber meistens reden sie in Sätzen. Einzelne Wörter sind eingebettet in fortlaufender Rede. Und nicht nur das. Im Strom der Rede sind einzelne Wörter nicht klar voneinander getrennt. Wir meinen das nur, weil wir die Wörter verstehen. Wenn man aber eine akustische Analyse unseres Sprechens macht, so sieht man, dass Pausen zwischen Wortgrenzen oft nicht länger sind als Pausen innerhalb von Wörtern. Wörter verschmelzen miteinander, wenn wir sprechen. Wie also kann es Babys gelingen, aus dem Strom der Rede Wörter als Einheiten zu erkennen?

Es gelingt ihnen. Wie, wird noch zu beantworten sein.

In Experimenten mit sieben Monate alten englischsprachigen Babys wurden diesen englische Wörter in einem kurzen Text angeboten. Die Wörter waren den Babys laut Auskunft der Eltern nicht bekannt. Einer Gruppe von Babys wurden zwei Wörter aus dem Text vorher einzeln angeboten. Sie wurden ihnen so lange angeboten, bis Gewöhnung eingetreten war. Bei einer anderen Gruppe von Babys wurde das nicht gemacht. Beide Gruppen hörten dann einen kurzen Text, in dem die beiden Wörter vorkamen. Die Babys, die man vorher an die zwei Wörter gewöhnt hatte, hörten dem Text länger zu als die Babys, die man nicht an diese Wörter gewöhnt hatte. Vermutlich hatten sie den Text mit den bekannten Wörtern als etwas zumindest teilweise Bekanntes erkannt.

Nun hat man das Ganze umgedreht. Man hat einer Gruppe von Babys zuerst den Text angeboten und danach zwei einzelne Wörter aus diesem Text. Einer anderen Gruppe hat man nur die zwei Wörter angeboten. Erstaunlicherweise hören die Babys, die den Text vorher gehört haben, den zwei Wörtern länger zu als Babys, die den Text vorher nicht gehört haben. Babys erkennen auch hier die zwei Wörter offensichtlich wieder. Das heißt aber, dass sie einzelne Wörter auch eingebettet in einem fortlaufenden Text erkennen. Im Alter von sieben Monaten ist fortlaufende Rede kein Problem für Babys. Sie können einzelne Wörter in fortlaufender Rede erkennen.

Dabei hilft den Babys auch das Betonungsmuster von Wörtern. Im Englischen – wie im Deutschen – ist das überwiegende Betonungsmuster von zweisilbigen Wörtern, dass die erste Silbe betont und die zweite unbetont ist. Beispiele sind: *Sonne, Blume, Regen.* Wörter, die dieses typische Betonungsmuster haben und in fortlaufender Rede auftreten, erkennen Babys, wenn sie sieben Monate alt sind. Bei Wörtern mit einem anderen Betonungsmuster gelingt ihnen das noch nicht. Das sind Wörter mit Betonung auf der zweiten Silbe wie *Gitarre.* Aber einige Monate später – nämlich mit 10 Monaten – erkennen Babys auch solche Wörter in fortlaufender Rede.

Erkennen Babys einzelne Wörter im Strom der Rede?

- Ab sieben Monaten erkennen Babys einzelne Wörter in fortlaufender Rede
  - wenn diese das typische Betonungsmuster haben.
- Mit 10 Monaten erkennen sie auch Wörter mit untypischem Betonungsmuster.

Wahrscheinlichkeitsrechnung ist einfach

Wie gelingt es Babys, einzelne Wörter im Strom der Rede zu identifizieren? Babys verstehen diese Wörter noch nicht. Was also erkennen sie? Es sind die gleich bleibenden Reihenfolgen von Lauten. Für kleine Babys sind Wörter Abfolgen von Lauten, in denen immer wieder ähnliche Muster vorkommen. Es gehört zu den elementaren Fähigkeiten von Menschen – und auch schon sehr jungen Menschen – wiederkehrende, regelmäßige Muster in Umweltreizen schnell zu lernen. Unser Gehirn verarbeitet Information aus der Umwelt auf diese Art und Weise, ohne dass wir dieses merken. Es geschieht völlig automatisch und unbewusst. Diese Art der Informationsverarbeitung liegt dem Erkennen von Wörtern in fortlaufender Rede zugrunde.

Wie kann man sich das vorstellen? Auch dazu hat man experimentiert – mit Erwachsenen, Kindern und acht Monate alten Babys. In einem solchen Experiment bietet man vier dreisilbige Kunstwörter an: *dapiku, tilado, buropi, pagotu.* Die Kunstwörter ertönen zwei Minuten lang ununterbrochen – d. h. ohne Pausen zwischen den Wörtern – etwa so: *dapikutiladoburopipagotuburopitiladodapikupagotu* … Was passiert? Nach den zwei Minuten haben Erwachsene, Kinder und Babys die »Wörter« gelernt. Sie erkennen sie nun einzeln wieder und können sie unterscheiden von anderen Kunstwörtern, die nicht angeboten wurden.

Wie kann das sein? Was ist das für eine Art von Lernen, das schon Babys beherrschen? Um das zu verstehen, wollen wir den Versuch analysieren. Die Darbietung der Wörter ohne Pausen zwischen einem jeweiligen Wort entspricht der fortlaufenden Rede. Im Experiment werden die vier Wörter in einer Zufallsreihenfolge dargeboten. Nach *dapiku* folgt nicht immer *tilado*, sondern eines der drei Kunstwörter. Welches, entscheidet das Zufallsprinzip. Es gibt aber etwas, dass in der langen Sequenz immer gleich ist. Und das ist die Abfolge der drei Silben innerhalb eines jeweiligen Kunstwortes. Die Kunstwörter sind immer *dapiku, tilado, buropi* und *pagotu*. Das bedeutet, dass die Wahrscheinlichkeit, mit der eine Silbe auf eine andere folgt, innerhalb eines Kunstwortes 100 % ist. Aber welche Silbe nach einem Kunstwort folgt, kann unterschiedlich sein, denn die vier Kunstwörter werden nach dem Zufallsprinzip aneinandergereiht. So kann nach *dapiku tilado* folgen oder auch *pagotu* oder *buropi*. Die Wahrscheinlichkeit, mit der nach der Endsilbe eines Kunstwortes eine der Anfangssilben eines anderen Kunstwortes folgt, ist somit 33 %, denn es gibt drei Möglichkeiten.

Das heißt also, dass die Wahrscheinlichkeit, mit der eine Silbe einer anderen folgt, innerhalb eines Wortes und zwischen Wortgrenzen unterschiedlich ist. Das Prinzip, das hinter dem Lernen der Kunstwörter steht, ist also das Lernen von Übergangswahrscheinlichkeiten von einer Silbe zur nächsten. Nicht Pausen, sondern die Wahrscheinlichkeit, mit der nach einer Silbe eine andere folgt, bestimmt, was ein Wort ist und was nicht. Schon Babys lernen solche Übergangswahrscheinlichkeiten. Mehr noch: weder Babys, ältere Kinder oder Erwachsene sind in einem solchen Experiment im geringsten angestrengt. Erwachsene und ältere Kinder malen in den Experimenten Bilder, während die Silbenfolgen im Hintergrund ablaufen. Sie müssen sich nicht darauf konzentrieren und haben dennoch nach zwei Minuten die Kunstwörter gelernt.

Wenn wir bewusst darüber nachdenken, scheint uns das Lernen von Übergangswahrscheinlichkeiten zwischen aufeinander folgenden Silben schwierig. Zum Glück ist das anders für den Teil unserer Informationsverabeitung, der nicht bewusst geschieht und aus dem wir ständig lernen. Unser Gehirn ist darauf eingerichtet zu erfassen, mit welcher Wahrscheinlichkeit Umweltereignisse eintreten. Diese Art der Verarbeitung von Umweltreizen entspricht seiner Funktionsweise. Im Übrigen machen wir das nicht nur bei Lautfolgen so, sondern auch bei anderen Ereignissen in unserem Leben. Unser Gehirn merkt sich die Häufigkeiten ihres Eintretens und berechnet die Wahrscheinlichkeit ihres erneuten Auftretens, ohne dass wir das merken. Daher stammt auch das Gefühl, das wir manchmal haben, wenn wir ein bevorstehendes Ereignis erahnen. Wenn sie nicht bewusst geschieht, ist Wahrscheinlichkeitsrechnung einfach.

Was steht hinter dem Erkennen von Wörtern im Strom der Rede?

- Babys lernen Wahrscheinlichkeiten, mit der Silben aufeinander folgen.
- So können sie Wörter und Grenzen zwischen Wörtern erkennen.

3 Wie kommen Kinder zu einem Schatz von Wörtern?

Die meisten Kinder fangen an, Wörter zu sprechen, wenn sie ungefähr ein Jahr alt sind. Manche Kinder sagen ihre ersten Wörter schon früher, andere später. Bei Erwachsenen lösen die ersten Wörter oft eine große Freude aus. Ein sprechender Mensch scheint etwas ganz anderes zu sein als ein nicht sprechender. Jetzt gehört dieser Mensch noch mehr in unsere Gemeinschaft. Von den bemerkenswerten Fähigkeiten der Babys, was die Wahrnehmung sprachlicher Lautmuster angeht, haben wir nicht so viel bemerkt. Diese werden nur in ausgeklügelten experimentellen Situationen offenbar. Auch das Lallen von Lauten und Silben, das Babys im ersten Lebensjahr hervorbringen, begeistert uns nicht so wie die ersten Wörter. Einige Monate lang bleibt es bei einigen wenigen Wörtern, aber dann kommen viele neue Wörter hinzu. Oft haben wir den Eindruck, dass Kinder in dieser Zeit sehr viel mehr verstehen als sie sprechen können. Es kann auch sein, dass sie ihre wenigen Wörter anders gebrauchen als wir. Sie mögen einen Hund mit »Katze« bezeichnen oder einen runden, roten Apfel mit »Ball«, weil er einem runden, roten Ball, den sie kennen, ähnelt. Eltern mögen sich fragen, ob sie es bei derartigen Benennungen belassen können und sich an ihnen erfreuen dürfen, oder ob sie sie korrigieren müssen. Es kann ihnen auch passieren, dass sie eine falsche Benennung korrigieren, dieses aber nicht den geringsten Eindruck auf das Kind macht, das hartnäckig bei seiner Benennung bleibt. Warum ist das so? Und was ist der Wortschatz kleiner Kinder?

Wörter und Welt der Spracheinsteiger

Hinter unseren Wörtern steht unser Weltbild. Das ist auch bei kleinen Kindern so. Ihr Weltbild ist das ihrer unmittelbaren Umgebung. So ist ihr erstes Wort oft das einer Person in der unmittelbaren Umgebung: *Mama, Papa* oder der Name eines Betreuers. Es kann auch der Name eines Haustieres, das Wort für einen Gegenstand, den sie besonders interessant finden – etwa *Bagger* – das Wort für eine Lieblingstätigkeit wie *ab* für *abmachen* oder eine Begrüßung wie *hallo* sein. Dem folgen mehr Wörter, die Gegenstände, Personen, Tiere und anderes in der unmittelbaren Umgebung bezeichnen. Kleine Kinder benennen das, womit sie Erfahrung hatten. Das ist ihre Welt, und das ist, was sie über ihre Welt wissen.

Um den Wortschatz kleiner Kinder zu erfassen, kann man auf verschiedene Weise vorgehen. Man kann ein Tagebuch führen und jedes neue Wort eines kleinen Kindes notieren. Insbesondere Eltern sind gut geeignet, ein solches Tagebuch zu führen, da sie oft die Personen sind, die den häufigsten Kontakt mit dem Kind haben. Man kann auch Tonbandaufzeichnungen von der Sprache des Kindes beim Spielen, Essen oder Bücher anschauen anfertigen. Wenn man viele Stunden am Tag aufzeichnet, könnte es gelingen, alle Wörter, die das Kind gebraucht, aufzunehmen. Vermutlich wird man sich aber damit abfinden müssen, nur einen Ausschnitt des Wortschatzes erfassen zu können, denn einige Monate, nachdem Kinder angefangen haben, Wörter zu sprechen, lernen sie schnell viele neue Wörter hinzu, und man kann nicht mehr alle Wörter erfassen. Ein solcher Ausschnitt kann dennoch repräsentativ für das sein, worüber kleine Kinder reden.

Der Wortschatz von Kindern im Alter von 16 bis 30 Monaten wird häufig mit einem Elternfragebogen erfasst. Über viele Jahre

Forschungsarbeit wurde – zunächst für amerikanisches Englisch, mittlerweile aber für eine Reihe von Sprachen – ein Elternfragebogen entwickelt, der den Wortschatz dieser jungen Kinder abfragt. Die Eltern haben die Aufgabe, in einer vorgegebenen Wortliste diejenigen Wörter anzukreuzen, die ihr Kind schon spricht. Die Sammlung der Wörter in dem Fragebogen basiert auf einer Sammlung von Wörtern, die Kinder in dem betreffenden Altersbereich in einer Vielzahl von Situationen, wie freies Spiel, Essen, Baden, Ankleiden oder Bücher anschauen benutzen. Diese Sammlung wiederum entstand in mehrstündigen Ton- oder Videoaufzeichnungen vieler Kinder im Alter von 16 bis 30 Monaten. Typischerweise enthält ein solcher Elternfragebogen um die 600 Wörter. Diese erfassen natürlich nicht den gesamten Wortschatz von Kindern im angesprochen Alter, aber einen repräsentativen Anteil. Im Fragebogen ist der Wortschatz nach inhaltlichen Gebieten geordnet.

Was sind die Inhalte und Wörter kleiner Kinder? In Tabelle 3.1 sind Inhaltsbereiche des kindlichen Wortschatzes genannt, und es werden einige Beispiele pro Inhaltsgebiet gegeben. Wie die Tabelle zeigt, reden kleine Kinder über Personen und Tiere ihrer unmittelbaren Umgebung, über Spielzeuge, Fahrzeuge, Orte, wo man hingeht, Essen und Getränke, Dinge im Haus. Sie benennen auch Kleidungsstücke und Körperteile. Es handelt sich bei diesen Wörtern um Substantive. Die Wortschatzliste enthält auch Ausdrücke für Spiele und soziale Routinen sowie Verben und Adjektive. Die Verben drücken einfache Tätigkeiten aus und die Adjektive Eigenschaften und Beschreibungen. Substantive, Verben und Adjektive nennt man »Inhaltswörter«, weil jedes Wort einen bestimmten Inhalt ausdrückt. Unsere Sprache hat aber auch Wörter, die weniger Inhalte, sondern Beziehungen zwischen anderen Wörtern ausdrücken. Solche Wörter nennt man »Funktionswörter«. Dazu gehören z. B. Fragewörter, Artikel und Bindewörter. Auch solche Wörter sind in der Wortschatzliste enthalten, da schon kleine Kinder über derartige Wörter verfügen.

Tabelle 3.1: Inhaltliche Gebiete des Wortschatzes kleiner Kinder

Inhaltsgebiet	Beispiele
Geräusche und Tierlaute	*mäh, miau, muh, bum*
Tiere (wirkliche oder Spielzeug)	*Schaf, Giraffe, Eule, Pferd, Hund, Schlange, Katze*
Fahrzeuge (wirkliche oder Spielzeug)	*Auto, Flugzeug, Trecker, Bahn, Hubschrauber*
Spielzeuge	*Ball, Knete, Puzzle, Puppe*
Essen und Trinken	*Nudeln, Fleisch, Pfannkuchen, Milch, Erdbeere, Brot*
Bekleidung	*Jacke, Kleid, Hose, Schuh, T-shirt*
Körperteile	*Auge, Gesicht, Arm, Kopf, Bein, Ohr*
Kleine Haushaltsgegenstände	*Lampe, Tasse, Löffel, Dose, Kissen, Zahnpasta*
Möbel und Zimmer	*Küche, Wohnzimmer, Treppe, Sofa, Tür, Stuhl, Kühlschrank*
Dinge draußen	*Sterne, Baum, Straße, Gras, Sonne, Himmel, Sandkasten*
Wo man hingehen kann	*Spielplatz, Picknick, Zoo, Kindergarten*
Menschen	*Junge, Frau, Oma, Baby, Mädchen, Postbote, Polizei*
Routinen	*hallo, tschüss, warten, guck-guck, bitte*
Tätigkeitswörter	*bauen, sehen, arbeiten, zeigen, stehen, trinken, klettern, tanken*
Eigenschaftswörter	*arm, schnell, laut, krank, neu, fies, weich, kalt*
Wörter über Zeit	*jetzt, heute, später, vor*
Pronomen	*es, mich, unser, ich, dein, dies, das*
Fragewörter	*wie, was, wo, warum*
Präpositionen und Ortsbestimmungen	*runter, ab, für, oben, auf*
Mengenwörter und Artikel	*ein, der, die, einer, alle, ein bisschen*
Hilfswörter	*muss, ist, soll, darf, bin*
Bindewörter	*und, weil, dann*

Der Wortschatz von Kindern im Alter zwischen 14 und 30 Monaten wurde bei vielen tausenden von Kindern in vielen verschiedenen Sprachen untersucht. Dabei wurden die Kinder in Altersgruppen von monatlichen Abständen eingeteilt. Es zeigt sich, dass die meisten Kinder in den ersten Monaten des Wortgebrauchs überwiegend Substantive benutzen. Sie bezeichnen damit Gegenstände, Personen und Tiere ihrer unmittelbaren Umgebung sowie Körperteile, Essen und Getränke und auch Lokalitäten, die sie besuchen. Sie reden über die sie umgebende Welt, mit der sie Erfahrung haben.

Bald schon kommen Verben hinzu. Hier fangen Kinder oftmals mit dem an, was sie am meisten interessiert: Aktion. Die ersten Verben sind Bewegungs- und Handlungsverben – wie *gehen, essen, laufen, machen.* Diese Verben sind einfach, weil sie Handlungen ausdrücken, die man über die eigene Bewegung verstehen und bei anderen Menschen sehen kann. So spiegelt die Welt der Tätigkeiten zum großen Teil eine Welt der Bewegung wieder. Bald kommen andere Tätigkeiten hinzu – auch solche, die nicht nur Formen der Bewegung benennen, etwa: *schlafen, kochen, fallen, sagen, malen.* Verben, die eine Beziehung zwischen Personen beinhalten, folgen etwas später, etwa das Verb *geben.* Das Verb *geben* erfordert einen Kontext, in dem eine Person etwas gibt und eine andere etwas erhält. Ein solches Verb ist schwieriger als reine Bewegungsverben, weil es etwas über Beziehungen zwischen Personen in einer Handlung ausdrückt. Überhaupt sind Verben für Kinder schwieriger als Substantive, weil sie sich auf veränderliche und vorüber-

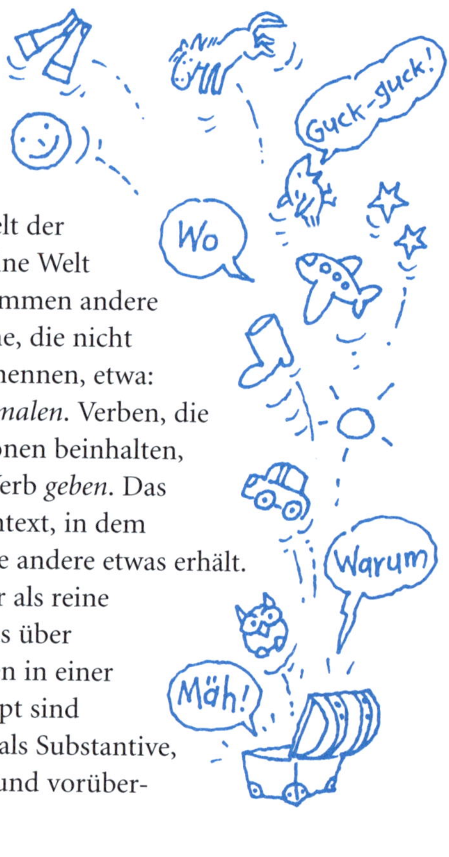

gehende Zustände und Ereignisse beziehen. Die Substantive kleiner Kinder dagegen beziehen sich auf Gegenstände, die konstant sichtbar erhalten bleiben.

Mit den Verben kommen auch Adjektive in die Sprache der Zweijährigen. Diese bezeichnen oft sichtbare Zustände von Objekten wie *klein, groß, schnell, kaputt* oder auch durch andere Sinne erfahrbare Eigenschaften von Objekten, wie *heiß* und *weich*. Namen für Farben kommen hinzu sowie Eigenschaften und Zustände von Personen, wie *böse, krank* und *lieb*.

Lange Zeit dachte man, dass Kinder im zweiten Lebensjahr noch keine Verben und Adjektive, die Gefühle und innere Zustände benennen, ausdrücken. Das ist jedoch nicht richtig. Schon Zweijährige gebrauchen Verben wie *denken, glauben, lachen, weinen* und *freuen*, und sie bezeichnen Gefühlszustände mit Adjektiven wie *traurig* und *sauer (ärgerlich)*. Es überwiegen bei den Kindern die Verben, die den Gefühlsausdruck und nicht das Gefühl selbst benennen – so etwa *weinen* statt *traurig* und *lachen* statt *sich freuen*. Aber ohne Zweifel sind ihnen die inneren Gefühlszustände bekannt. Auch die innere Welt gehört zu der Welt, die sie verstehen und in Sprache fassen.

In der Sprache der Kleinsten finden sich auch schon viele Funktionswörter. Das sind die »kleinen« Wörter wie *da, ab, auf, weg, die*. Diese Wörter sind Allzweckwörter. Man kann damit auf alles Mögliche Bezug nehmen, besonders natürlich mit *da*. Es kann sein, dass Wörter wie *ab* und *auf* eine Tätigkeit ausdrücken sollen – etwa *abmachen* und *aufmachen*, die Kinder aber noch nicht über das ganze Verb verfügen. Was sie verstehen, ist die Veränderung im Raum: Ein Gegenstand soll von einem anderen entfernt werden; eine Kappe soll vom Kopf eines Spielzeugmännchens entfernt, oder ein Raum soll eröffnet werden: etwa eine Tür der Spielzeugscheune aufmachen. Auch *ja* und *nein/nee* finden sich schon ganz am Sprachanfang.

Was ist der Wortschatz Ein- und Zweijähriger?

- Kleine Kinder reden über Gegenstände, Personen, Tiere und Lokalitäten ihrer unmittelbaren Umwelt.
- Auch Wörter über Gefühle und innere Zustände sind schon vorhanden.
- Der Wortschatz kleiner Kinder bezeichnet die Welt ihrer Erfahrungen.
- Substantive und Funktionswörter (»kleine« Wörter) sind zahlreicher als Verben und Adjektive.

In der Tabelle 3.2 sind die Wörter zusammengestellt, die in unserer Oldenburger Stichprobe im Alter von 1;4 (ein Jahr und vier Monate) am häufigsten waren. Es sind bis zu 10 der am häufigsten gebrauchten Wörter pro Wortklasse der Substantive, Verben, Adjektive und Funktionswörter aufgeführt, sofern sie mit einer Mindesthäufigkeit von 8 vorkamen. Die zwei häufigsten Substantive dieser kleinen Kinder sind *Mama* und *Auto*. Weiter finden sich drei Tierbezeichnungen, *Kuh* und *Hund* bzw. *Wauwau*, wobei im letzteren Fall zwei Bezeichnungen für das gleiche Tier gebraucht werden. Insgesamt entsprechen die Wörter dem, was im Leben kleiner Kinder für unsere Kultur typisch ist: die Personen der Eltern und die Bezeichnung für ein kleines Kind, das Auto, Tiere, die in Büchern abgebildet oder als wirkliche Tiere in der Umwelt anzutreffen sind, ein gängiges Spielzeug und ein Körperteil. Auch *Fahrrad* ist in der Sprache der Kinder schon häufig, wobei dieses Wort selten korrekt ausgesprochen wird. Möglicherweise spiegelt der frühe Gebrauch dieses Wortes die spezielle Umwelt einer Fahrradstadt wie Oldenburg wider. Die Beispiele in der Tabelle zeigen auch, dass Substantive und Funktionswörter im Alter von 1;4 häufiger vorkommen als Verben und Adjektive.

Tabelle 3.2: Die häufigsten Wörter im Alter von 1;4 (einem Jahr und vier Monaten)			
Substantive	**Verben**	**Adjektive**	**Funktionswörter**
Mama	haben	heile	da
Auto	geht		ja
Wau(wau)	anziehen		nee/nein
Papa			auf
Kuh			hier
Fahrrad			das
Ball			ab
Arm			die
Hund			weg
Baby			an

Große Sprünge oder kleine Schritte?

Wie schnell wächst der Wortschatz kleiner Kinder an? In vielen Studien zum Spracherwerb ist beobachtet worden, dass der Wortschatz in den ersten Monaten nur sehr langsam zunimmt. Kinder fangen an, einzelne Wörter zu sprechen – meistens im Alter von ca. einem Jahr. Monatelang bleibt es bei einigen wenigen Wörtern. Nur hin und wieder kommt ein neues Wort hinzu. Wenn der Wortschatz zwischen 50 und 100 Wörtern groß ist, kommt es bei vielen Kindern zu einem »großen Sprung«. Es setzt ein verstärktes Wachstum des Wortschatzes ein, und sie lernen schnell viele neue Wörter dazu. Das Alter, in dem das geschieht, ist von Kind zu Kind verschieden. Es liegt meistens zwischen 17 und 24 Monaten, d. h. in der zweiten Hälfte des zweiten Lebensjahres. Bei manchen Kindern kann es auch später sein. Diesen plötzlichen Anstieg des Wortschatzes nennt man den »Vokabelspurt«.

Aus Studien mit vielen Kindern und in vielen Sprachen weiß man, dass der Vokabelspurt nicht bei jedem Kind eintritt, sondern dass bei manchen Kindern das Wortschatzwachstum eher allmählich oder auch in mehreren kleinen Sprüngen erfolgt. Diese Kinder mögen es eher gemächlich und gehen in kleinen, gleichmäßigen Schritten vor. Keine dieser Methoden ist einer anderen überlegen. Sie sind alle gleich gut und führen zum gleichen Ziel: einem Grundwortschatz.

Die Gründe für diese Unterschiede zwischen den Kindern sind nicht ganz klar. Es mag Gründe in der neurologischen Reifung des Gehirns geben. Reifungsprozesse bewirken, dass mehr Wörter im Gedächtnis gespeichert werden können. Ähnlich dem unterschiedlich schnellen Körperwachstum mögen derartige Reifungsprozesse bei einzelnen Kindern unterschiedlich schnell verlaufen. Man hat auch beobachtet, dass Kinder mit einem ausgeprägten Vokabelspurt solche Kinder sind, die besonders viele Substantive in ihrer Sprache haben und kaum Verben und Adjektive sowie nur wenige Funktionswörter. Ihr Wortschatz ist also ziemlich einseitig, was die Wortklassen betrifft. Die Kinder, die eher allmählich bei der Erweiterung ihres Wortschatzes vorgehen, haben dagegen von Beginn an mehr Verben, Adjektive und Funktionswörter, wenngleich auch bei ihnen der größte Anteil der Wörter Substantive sind. Ihr Wortschatz ist also vielfältiger, was die Wortklassen angeht. Sie benennen von Beginn an einen weiteren Erfahrungsbereich. Das führt allerdings in der ersten Zeit zu einem etwas langsameren Wachstum des Wortschatzes.

Die Erweiterung des frühen Wortschatzes zeigt, wie stark sich individuelle Kinder voneinander unterscheiden. Auf dieses Phänomen werden wir beim Grammatikerwerb wieder stoßen. Es ist ein Grundthema beim Erwerb der Sprache. Der Spracherwerb ist von Kind zu Kind verschieden. Es wäre falsch, von jedem Kind in einem bestimmten Alter das Gleiche zu erwarten. Wir neigen sehr dazu, das zu tun. Diese Tendenz sollten wir einschränken und tolerieren, dass es unterschiedliche Wege des Spracherwerbs gibt.

Was ist normal?

Mit der Betonung der individuellen Unterschiede stoßen wir auf eines der wesentlichsten und interessantesten Charakteristika von Entwicklung. Ob Kinder ihren Wortschatz in großen oder kleinen Sprüngen erweitern, oder ob sie es ganz gemächlich und allmählich tun, spielt keine Rolle. Diese Wege führen gleichermaßen zum Ziel. Wenn Kinder aber so unterschiedlich sind, so mag man fragen: Was ist denn dann »normal«? Vielleicht können wir ja noch tolerieren, dass es beim »Wie« der Erweiterung des Wortschatzes nichts Normales gibt, aber können wir das auch tolerieren, wenn es darum geht, wie viele Wörter Kinder in einem bestimmten Alter kennen sollten? Gibt es nicht genügend Tabellen, die in verschiedenen Institutionen einzusehen sind, die darlegen, wie viel Sprache ein Kind im Alter von zwei Jahren zu beherrschen hat? Können wir erwarten, dass ein Kind im Alter von zwei Jahren 200–300 Wörter beherrscht? Ist das »normal«? Und wenn das nicht der Fall ist, hat das Kind dann keine normale Wortschatzentwicklung?

Ein solcher Umgang mit der Frage nach Normalität wäre unklug. Er würde bedeuten, dass eine Reihe von Kindern mit ihren individuellen Wegen und ihrem langsamen Tempo als »nicht normal« bezeichnet würden. Wie kann man also mit der Frage nach »Normalität« umsichtiger umgehen?

Es ist Aufgabe von Wissenschaft, auf eine solche Frage eine vernünftige Antwort zu finden, und das hat sie auch getan. Die Wissenschaft geht so vor, dass sie das Wachstum des Wortschatzes bei sehr vielen Kindern misst. Das Ziel ist, so viele Kinder zu untersuchen, dass man alles, was an individuellen Unterschieden existieren mag, in einer großen Stichprobe erfasst. Damit kann man ein Bild von kindlicher Entwicklung geben, das sowohl die zentrale Tendenz – oder die »goldene Mitte« – wie auch das Streuen um diese Mitte herum widerspiegelt.

In unseren Forschungen sind wir gerade dabei, mit dem Elternfragenbogen FRAKIS den Spracherwerb von 1.300 Kindern im Alter von 18 bis 30 Monaten zu untersuchen. Das ist eine so große Anzahl, dass man damit die unterschiedlichsten Kinder erfasst und ein repräsentatives Bild des Spracherwerbs zeichnen kann. Der Wortschatz der Kinder wird erfasst, indem die Eltern aus einer Liste von insgesamt 600 Wörtern diejenigen Wörter ankreuzen, über die ihr Kind schon verfügt.

Wenn man verstehen will, was die zentrale Tendenz ist, und wie sich individuelle Kinder um diese ranken, ist ein bisschen Zahlenwerk unerlässlich. Die Tabelle 3.3 zeigt die Anzahl der Wörter aus der vorgegebenen Liste von 600, die die Kinder im Alter von exakt zwei Jahren (2;0) beherrschen. In dieser Altergruppe befinden sich in unserer Studie 100 Kinder. In der Tabelle angegeben ist ein mittlerer Wert, der sog. Median. Dieser stellt die zentrale Tendenz – die »goldene Mitte« – dar. Die goldene Mitte ist also ein Wortschatz von 222 Wörtern für die Zweijährigen. Wohlgemerkt: Das betrifft den Wortschatz aus der vorgegebenen Liste von 600 Wörtern. Um diesen Wert herum streuen die Kinder breit. Um einen Einblick in diese Streubreite zu haben, ist der Wert angegeben, der das unterste Zehntel der Kinder – also die schlechtesten – von den anderen trennt, und der Wert, der das oberste Zehntel der Kinder – also die besten – von den anderen trennt. Diese Werte sind ein Wortschatz von 46 und von 462 Wörtern. Die 10 % der Kinder, die am wenigsten Wörter erworben haben, beherrschen bis zu 46 Wörtern der Liste, und die 10 % Kinder, die am weitesten fortgeschritten sind, beherrschen über 462 Wörter. Hilfreich ist es auch noch, wenn man sich anschaut, welche Werte das unterste Viertel der Kinder mit den niedrigsten und das oberste Viertel der Kinder mit den höchsten Werten von den anderen abtrennen. Die untersten 25 % der Kinder erreichen bis zu 108 Wörter, und die obersten 25 % liegen über 357 Wörtern. Diese Werte zusammen geben ein schönes, abgerundetes Bild vom Wortschatz einer Altersgruppe. Wir kennen die »goldene Mitte«, und wir kennen das Viertel der Schlechtesten und das Viertel der Besten und sogar die schlechtesten und besten Zehntel. Diese Zahlen zeigen, dass der Wortschatz individueller Kinder im gleichen Alter sehr unterschiedlich groß ist.

Tabelle 3.3: Der Wortschatz von Kindern im Alter von 2;0 als Anzahl der Wörter aus einer Liste von 600 Wörtern des Elternfragebogens FRAKIS

Anzahl der erworbenen Wörter: Mittlerer Wert und Streubreite der Wortschatzwerte					
Altersgruppe in Jahren; Monaten	unterstes Zehntel (unterste 10 %)	unterstes Viertel (unterste 25 %)	**Median mittlerer Wert**	oberstes Viertel (oberste 25 %)	oberstes Zehntel (oberste 10 %)
2;0	46	108	**222**	357	462

Würde man nur die zentrale Tendenz, also den mittleren Wert, betrachten, ergäbe sich ein wenig aussagekräftiges Bild, das die Vielfalt der Wirklichkeit nicht widerspiegeln würde. Außerdem verführt es dazu, von allen Kindern das zu erwarten, was die mittlere oder durchschnittliche Leistung ist. Insbesondere Kinder, die unter dem mittleren Wert liegen, könnte man leicht als zu langsam in ihrer Sprachentwicklung betrachten. Leider existieren viel zu viele Quellen, die ein einheitliches Maß dafür vorschreiben, was Kinder in einem bestimmten Alter zu sprechen haben. »Normal« ist jedoch nicht die zentrale Tendenz, sondern normal sind Unterschiedlichkeit und Vielfalt. Beide machen die Wirklichkeit von Entwicklung aus. Für den Wortschatz heißt das, dass kleine Kinder ihren Wortschatz unterschiedlich schnell und auf unterschiedliche Art erweitern.

Was ist normal in der frühen Wortschatzentwicklung?

- Kleine Kinder erweitern ihren Wortschatz in einem stark unterschiedlichen Tempo. Und das ist ganz normal.
- Manche Kinder vergrößern ihren Wortschatz in großen Sprüngen, andere in kleineren Sprüngen, und wieder andere ganz sanft und allmählich.
- Alle diese Wege sind gleich gut.
- Normal sind Unterschiedlichkeit und Vielfalt.

Was steht hinter Wörtern?

Wir haben nicht nur Wörter in unserer Sprache, sondern wir wissen auch, was diese Wörter bedeuten. Das mag offensichtlich sein. Denn was sollten wir sonst mit unseren Wörtern anfangen? Schließlich plappern wir sie nicht daher wie Papageien, sondern wir setzen sie ein, um mit ihnen Botschaften zu vermitteln. Und Botschaften haben Inhalte. Folglich haben die Wörter Bedeutungen oder begriffliche Inhalte.

So weit, so gut. Aber es ist gar so einfach zu bestimmen, was die Bedeutung eines Wortes ist. Versuchen Sie es mal mit dem Wort *Katze*. Das ist ein relativ einfaches Wort. Was ist also die Bedeutung von *Katze*? Wahrscheinlich kommen Sie auf eine Liste von Merkmalen und Eigenschaften, die Katzen auszeichnen. Eine Katze hat vier Beine und ein weiches Fell. Sie miaut, kratzt, faucht und macht einen Buckel. Sie klettert auf Bäume, jagt Mäuse und Vögel. Sie frisst Fleisch, schläft viel und liegt gern auf warmen Plätzen. Sie kann als Haustier ziemlich tyrannisch sein und hat ihren Menschen fest unter Kontrolle.

Wenn Sie anfangen, Merkmale aufzulisten, gehen Sie ähnlich

vor wie Theorien über Bedeutung. Auch diese definieren die Bedeutung eines Wortes über eine Liste von Merkmalen. Aber problemlos ist das nicht. Wo endet die Liste der Merkmale? Vielleicht fällt Ihnen noch viel mehr zu *Katze* ein, als ich gerade gesagt habe. Und wenn Sie Biologe sind, könnten sie Eigenschaften hinzufügen, die im Alltagsbegriff von *Katze* nicht vorkommen. Was noch viel problematischer ist, ist die Frage, welche Merkmale eigentlich unbedingt die *Katze* definieren, und welche nicht. Ist eine Katze keine Katze mehr, wenn sie nicht auf Bäume klettert, oder wenn sie keine Mäuse jagt? Einfache Antworten auf solche Fragen gibt es nicht. Manche Fragen kann man empirisch lösen. Man befragt die Sprachbenutzer dazu. Zum Beispiel zu dem Problem, welche Merkmale unbedingt zur Katze gehören und welche nicht. Und die am häufigsten genannten Merkmale sind dann die wesentlichen Merkmale des Begriffs von der Katze. Das ergibt natürlich keine exakte Begriffsdefinition. Wenn manche Merkmale zentral sind, und andere für manche Menschen zum Begriff gehören und für andere nicht, so ergibt das einen Begriff mit ausgefransten Grenzen. Aber eben diese Unschärfe ist kennzeichnend für unsere menschlichen Alltagsbegriffe.

Noch deutlicher wird das, wenn wir einen Oberbegriff nehmen. Nehmen wir den Begriff *Vogel*. Das ist eine übergeordnete Kategorie, die viele Vogelarten zusammenfasst. Welche Vögel kommen Ihnen in den Sinn? Meise, Amsel, Rotkehlchen, Dompfaff, Buchfink, Zaunkönig, Taube, Elster, Rabe, Ente. Dann fallen Ihnen noch Vögel ein, die wir in Käfigen halten: Kanarienvogel, Wellensittich, Papagei. Vielleicht fallen Ihnen auch noch Adler, Falke und Habicht ein. Und was sind die Merkmale eines Vogels? Vögel haben Federn, fliegen, haben Flügel und zwei Beine und einen Schnabel. Sie fressen Insekten und Würmer, aber Raubvögel fressen auch Mäuse und Kaninchen. Vögel legen Eier und brüten diese aus. Vögel piepsen, zwitschern und singen. Hoppla. Adler, Falken und Habichte singen nicht. Und die Ente auch nicht. Sie fliegt auch meistens nicht, sondern schwimmt. Und dann gibt es noch ganz andere Vögel: Strauß und Pinguin.

Sie sind ziemlich groß und fliegen nicht. Dennoch fassen wir sie auch unter dem Begriff *Vogel*.

Aber an was denken wir spontan und ohne viel Grübeln, wenn wir *Vogel* hören? Wenn wir in einer gemäßigten Klimazone mit Mischwald, Dörfern, Städten und Gärten leben, an die oben zuerst genannten: Meise, Amsel, Rotkehlchen, Dompfaff, Buchfink. Wir denken also zuerst an Singvögel. Auch wenn wir Merkmale von Vögeln benennen sollen, fallen sofort und am schnellsten die Merkmale der Singvögel ein: klein, singt, zwitschert, fliegt rum und sucht Würmer und Insekten, pickt Beeren. Die Exemplare einer Begriffskategorie, an die Menschen zuerst und schnell denken, wenn sie einen Begriff hören, nennt man die prototypischen Exemplare. Und die Merkmale, die die prototypischen Exemplare kennzeichnen, sind die prototypischen Merkmale. Die anderen Exemplare einer Begriffskategorie und ihre kennzeichnenden Merkmale sind weniger prototypisch. Eine Ente ist ein weniger prototypischer Vogel als ein Rotkehlchen, ein Habicht ist auch weniger prototypisch. Und noch schlechter ergeht es dem Strauß und dem Pinguin. Das sind ganz untypische Vögel, und man denkt eigentlich gar nicht an sie, wenn man an Vögel denkt.

Die Begriffsklasse *Vogel* ist also auch nicht klar definierbar. Es ist nicht so, dass alle Vögel die gleichen Merkmale haben. Manche Vögel haben mehr Merkmale gemeinsam als andere. Das sind die Prototypen – die »echten« Vögel. Je weniger Merkmale die anderen Vögel mit den prototypischen gemeinsam haben, desto untypischer sind sie für die Klasse der Vögel. Viele psychologische Experimente haben gezeigt, dass Personen schneller reagieren, wenn sie prototypische Vögel der Oberkategorie *Vogel* zuordnen müssen, und dass sie schneller solche Merkmale als vogelartig zuordnen, die prototypische Vögel charakterisieren. Das zeigt, dass wir einen Prototypen im Kopf haben, wenn wir an die Klasse der Vögel denken. Unsere Begriffe haben eine prototypische Struktur.

Vom logischen Standpunkt her ist eine prototypische Begriffsstruktur nicht sonderlich zufrieden stellend, da der Begriff nicht klar definiert ist. Vom psychologischen Standpunkt her ist eine prototypische Begriffsstruktur höchst adaptiv. Die Prototypen sind die Exemplare des Begriffs, mit denen wir häufig zu tun haben. Wir müssen und können schnell reagieren. Bei den nicht-typischen Exemplaren brauchen wir das nicht. Also sparen wir uns die Anstrengung.

Was also steht hinter Wörtern? Hinter Wörtern stehen deren Bedeutungen. Das sind die begrifflichen Inhalte. Ein Begriff ist durch seine Merkmale charakterisiert. Die Anzahl solcher Begriffsmerkmale ist nicht klar begrenzt. Auch sind manche Merkmale kennzeichnender als andere. Das sind die zentralen Merkmale, da sie stärker gewichtet sind. Die Exemplare eines Begriffs, die viele kennzeichnende Merkmale auf sich vereinigen, sind die prototypischen Exemplare des Begriffs. Andere Exemplare des Begriffs sind weniger prototypisch oder sogar peripher.

Auf das Arrangement kommt es an

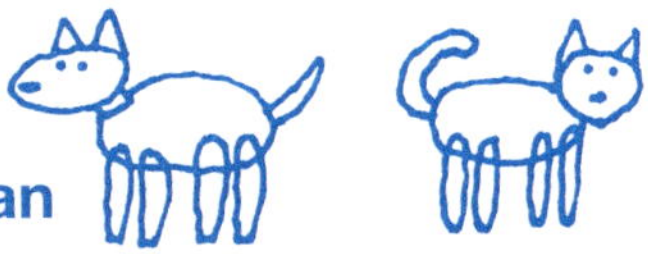

Was hat das alles mit den Wörtern, die kleine Kinder benutzen, zu tun?

Wie bei Erwachsenen bestehen die Begriffe kleiner Kinder aus Begriffsmerkmalen. Kleine Kinder mögen auch schon einen Begriff von einem Gegenstand haben, bevor sie diesen mit einem Wort benennen. Die Frage ist, ob ihre Begriffe – und damit die Bedeutungen ihrer Wörter – die gleichen sind wie bei uns. Oder verbinden Kinder mit Wörtern vielleicht nur einen Teil der Bedeutung? Müssen wir ihnen die Bedeutungen von Wörtern erst erklären? Auf einen solchen Gedanken könnte man kommen, wenn ich Ihnen folgende Begebenheit erzähle.

Eines Tages, als ich mit meinem Hund – einem Labrador – aus dem Haus ging, begegnete mir ein etwa eineinhalbjähriges Kind mit seinen Großeltern. Das Kind zeigte auf den Hund und sagte strahlend: »Katze«. Die Großeltern lachten, und ich sagte: »Das ist aber eine ziemlich große Katze«.

Hätte ich das nicht sagen dürfen? Hätten die Großeltern oder ich das Kind korrigieren und sagen müssen: »Das ist keine Katze, das ist ein Hund«? Und hätten wir erklären sollen, dass eine Katze viel kleiner ist und überhaupt ein ganz anderes Tier? Und letztlich: Wie kommt das Kind auf so eine Idee? Vermutlich hat es nicht gehört, dass Erwachsene einen großen Hund mit *Katze* bezeichnet haben. Warum tut das Kind das?

Eine einflussreiche Theorie zur Wortbedeutungsentwicklung besagt, dass kleine Kinder zunächst nur einen Teil der Merkmale beherrschen, die die Bedeutung eines Wortes ausmachen. Nach und nach erwerben sie mehr Merkmale. Daher sind die Bedeutungen von Kindern und Erwachsenen nicht ganz deckungsgleich. Die Merkmale, die Kinder zuerst beherrschen, sind allgemeiner und treffen daher auf mehr Objekte zu. Allmählich lernen sie spezifischere Merkmale hinzu und können dann auch bessere Unterscheidungen in ihrem Wortgebrauch machen. Auf das obige Beispiel bezogen hieße das: Das eineinhalbjährige Kind kennt das Wort *Katze* und als Merkmal des bezeichneten Tieres weiß es, dass das Tier vier Beine hat. Es hat das Merkmal »Vierbeinigkeit« für das Katzentier. Andere Merkmale, die die Katze von anderen Vierbeinern, wie Hunden, unterscheiden, hat es noch nicht erworben. Die Folge ist, dass alles Vierbeinige mit *Katze* bezeichnet wird. Die Kategorie »Katze« ist zu breit. Erst allmählich erwirbt das Kind die Merkmale, die ihm erlauben, das Wort *Katze* vom Wort *Hund* zu unterscheiden. Kinder fangen also mit Kategorien an, die zu breit sind. Daher benennen sie gelegentlich falsch. Man bezeichnet diese Art von falscher Benennung als »Überdehnung« eines Wortes. Das Wort ist zu breit ausgedehnt auf Bezugsobjekte, die wir Erwachsene mit dem Wort nicht benennen. Aus Sicht der Kinder allerdings sind diese Benennungen völlig konsistent. Falsch sind sie nur aus der Sicht der Erwachsenen. Eine Korrektur würde nichts bewirken, da die »überdehnte« Benennung dem entspricht, was das Kind verstanden hat. Mit seinem wachsenden Begriffs- und Bedeutungsaufbau verändert es seine Benennungen von alleine in die richtigen, die der Erwachsenenbenennung entsprechen.

Gerade am Beginn des Spracherwerbs bei ein- bis zweieinhalbjährigen Kindern sind Überdehnungen von Wörtern ganz typisch. In Tagebüchern über die sprachliche Entwicklung von kleinen Kindern wurden Überdehnungsfehler gesammelt. Dabei handelt es sich um Kinder, die Deutsch, Französisch oder Englisch erwarben. Die Tabelle 3.4 gibt einige dieser Überdehnungen von Wörtern wieder. Es wird das erste Bezugsobjekt des jeweiligen Wortes genannt, und dann die folgenden Anwendungen auf neue Objekte in der Reihenfolge ihres Auftretens. Die meisten zu breiten Anwendungen eines Wortes geschehen auf der Basis von Ähnlichkeiten, die auf Wahrnehmung beruhen. Meist sind es visuelle Ähnlichkeiten zwischen den bezeichneten Objekten. Nach dem Motto: »Was gleich aussieht, wird auch gleich benannt«. Dabei kann es sich um Form oder Größe handeln. Es kann aber auch sein, dass gleich benannt wird, was sich gleich anhört, gleich anfühlt oder gleich schmeckt.

Tabelle 3.4: Überdehnungen von Wörtern auf neue Bezugsobjekte auf der Basis von Wahrnehmung

Wort	**Erstes Bezugsobjekt**	**Anwendung auf neue Bezugsobjekte in der Reihenfolge des Auftretens**
Überdehnung auf der Basis von Form:		
mooi (Mond)	Mond	> Kuchen > runde Flecken am Fenster > Geschriebenes am Fenster und in Büchern > runde Formen in Büchern > Halter an Lederbuchhüllen > runder Poststempel > Buchstabe O
Wau-wau	Bild eines Jagdhundes	> kleiner schwarzer Hund > alle Hunde > Katze > wollener Spielzeughund
Ball	Gummiball	> Apfel

Überdehnung auf der Basis von Größe:		
fly (Fliege)	Fliege	> kleine Schmutzflecken > Staub > alle kleinen Insekten > eigene Zehen > Brotkrumen > eine Kröte
bébé (Baby)	Baby	> andere Babys > alle kleinen Statuen > Figuren in kleinen Bildern und Drucken
Überdehnung auf der Basis von Geräusch:		
sch	Geräusch eines Zuges	> Musik > Geräusch jeglicher Bewegung > Räder eines Zuges > Bälle
Überdehnung auf der Basis von Geschmack:		
candy (Süßigkeit)	Süßigkeiten	> Kirschen > alles Süße
Überdehnung auf der Basis von Beschaffenheit:		
sizzo (Schere)	Schere	> alle metallenen Objekte
kiki (Katze)	Katze	> Baumwolle > jedes weiche Material

In Kasten 3.1 ist ein Gespräch zwischen einem der Kinder aus unserer Oldenburger Stichprobe und seiner Mutter wiedergegeben, in dem es um ein Benennungsproblem geht. Das Kind Jan ist im Alter von 1;8. (Der Name ist nicht der tatsächliche Name des Kindes.) Es spielt mit einem Holzpuzzle, in dem es darum geht, verschiedene Tiere in die entsprechende Leerschablone zu legen. Jan nimmt den Fuchs und nennt ihn *Rate*, womit er *Katze* meint. Seine Mutter versteht gut, was er meint und erklärt ihm, dass ein Fuchs zwar so ähnlich aussieht wie eine Katze, aber doch ein anderes Tier ist. Jan wiederholt den Namen *Fuchs* mit seiner eigenen Aussprache, nämlich als *Wechs*. Und dabei bleibt er dann auch. Aber ganz überzeugt, dass es sich nicht um eine Katze handelt, ist er nicht – wie man im Laufe des weiteren Dialogs erkennen kann. Schließlich wechselt er clever das Thema und spricht von *Maus*. Damit hat er sich elegant dem Problem entzogen.

Das Motto: »Was gleich aussieht, erhält den gleichen Namen« spielt eine große Rolle bei der Benennung. Aber Kinder verwenden auch andere Ähnlichkeiten. So benennen sie auch das gleich, womit man das gleiche tun kann, was sich am gleichen Ort befindet, und was die gleiche emotionale Qualität hat. Auch das kann man an ihren Überdehnungen von Wörtern auf neue Ereignisse und Bezugsobjekte erkennen. Beispiele solcher Überdehnungen sind in Tabelle 3.5 dargestellt. Neben dem Prinzip des gleichen Aussehens zählen auch: »Womit man das gleiche tun kann, erhält den gleichen Namen«, »Was man vom gleichen Ort aus sieht, erhält den gleichen Namen« und »was das gleiche Gefühl auslöst, erhält den gleichen Namen«.

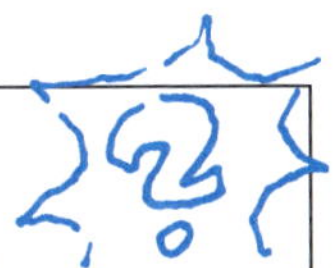

Kasten 3.1: Fuchs oder Katze?

Eine Unterhaltung zwischen dem Kind Jan (1) im Alter von 1;8 und seiner Mutter.
Sie spielen mit einem Holzpuzzle, bei dem man verschiedene Tierfiguren in eine leere Schablone mit der Form des jeweiligen Tieres legen soll.

Mutter: *Fuchs.*
Jan: *Rate [= Katze].*
Mutter: *Nee, das sieht aus wie 'ne Katze, das is aber ein Fuchs.*
Kommentar: Jan spielt mit den Puzzlestücken herum.
Mutter: *Nimm ein'n mal weg, und dann kanns' du das da rein tun.*
Jan: *Wechs [= Fuchs].*
Mutter: *Fuchs, ja.*
Kommentar: Jan spielt mit den Puzzlestücken.
Jan: *Wechs.*
Mutter: *Fuchs.*
Kommentar: Jan zeigt Mutter den Fuchs.
Mutter: *Ja, ein Fuchs.*
Jan: *Miau.*
Mutter: *Der sieht aus wie eine Katze, ja.*
Mutter: *Aber das is ein Fuchs.*
Mutter: *Der macht nich miau.*
Mutter: *Das is ein and'res Tier.*
Kommentar: Jan spielt mit den Puzzlestücken.
Jan: *Maus.*
Mutter: *Ja, 'ne Katze ham wa ga nich.*
Mutter: *Das is eine Maus.*

Was den Wortgebrauch der Kleinen noch interessanter macht, ist, dass sie oft nicht bei einem Kriterium bleiben, wenn sie Wörter überdehnen. Es kann auch sein, dass sie manchmal auf der Basis des einen Bedeutungsmerkmals überdehnen, und dann auf der Basis eines anderen. Man gewinnt so den Eindruck, dass ihre Wortbedeutungen recht unstabil sind. Man weiß gar nicht mehr so recht, was das Wort nun eigentlich bedeutet. Ein Beispiel aus Tagebuchdaten ist der Gebrauch des Wortes *moon* (*Mond*) eines englischsprachigen Kindes. Zwischen 1;4 und 2;0 bezeichnete dieses Kind verschiedene Bezugsobjekte mit *moon*. Beim ersten Gebrauch des Wortes war es der Mond selbst, als Vollmond und als Halbmond. Dann war es eine halbe Grapefruit, eine halbe Zitronenscheibe, ein halbrundes Stück gelbes Papier, ein Lampenschirm von schräg unten betrachtet und ein orangenes, halbrundes Blinklicht an einem Auto. Auch ein grüner magnetischer Buchstabe D am Kühlschrank wurde mit *moon* bezeichnet, rosa und violette Kreise eines Wandbehangs, der sich oben im Raum befand, Bilder von Erbsen und Gurken, die oben in einem Lebensmittelgeschäft hingen sowie Bilder von Stierhörner an der Wand, ebenfalls oben. Schließlich sagte das Kind regelmäßig *my moon is off (mein Mond ist ab)* , wenn ihr ein Haken von der Wand abgegangen war. Grafisch sind diese »Mond«-Gegenstände in Abbildung 3.2 dargestellt.

Tabelle 3.5: Überdehnungen von Wörtern auf neue Bezugsobjekte auf der Basis von Funktion, Lokalität und emotionalem Erleben

Wort	Erstes Bezugsobjekt	Anwendung auf neue Bezugsobjekte in der Reihenfolge des Auftretens
Überdehnung auf der Basis von Funktion:		
Nase	Nase der Eltern, an der gezupft wird	> Stiefelspitzen, an denen gezupft wird

Überdehnung auf der Basis von Lokalität:		
voua ou (Wau-wau)	Hunde, vom Balkon aus gesehen	weiteres, das vom Balkon aus gesehen wurde: > Pferde > Baby in einem Kinderwagen > Hühner
Überdehnung auf der Basis von emotionaler Qualität:		
aha	Überraschung beim Anblick eines neuen Bildes	> Kind entdeckt eine Schale Erdnüsse, die vorher nicht da war > steckt Hand in Behälter und entdeckt Reis darin > entdeckt Süßigkeiten auf dem Frisiertisch der Mutter > öffnet Schachtel und guckt hinein > entdeckt, wie Mutter heimlich einen Keks isst

Was steht hinter diesem Wortgebrauch? Die Gegenstände, die mit *Mond* bezeichnet werden, haben alle irgendetwas mit dem Mond gemeinsam, aber immer etwas anderes. Mal sind es Merkmale der Form, wie Rundheit oder Sichelförmigkeit, mal die gelblich glänzende Farbe, mal die Position im Raum, nämlich oben. Diese Merkmale dienen einzeln oder in Kombination als Basis der Überdehnung des Wortes *Mond*. Nur der Mond selber weist alle Bedeutungsmerkmale auf. Er ist gelblich glänzend, rund oder sichelförmig und befindet sich oben. Die anderen Bezugsobjekte weisen mal das eine, mal das andere Merkmal auf und manchmal eine Kombination von zwei Merkmalen. Wenn man diesen Wortgebrauch als den Begriff vom »Mond« versteht, so fungiert der Mond selbst als der Prototyp. Er hat alle Begriffsmerkmale. Die anderen Exemplare des Begriffs haben nur einzelne Begriffsmerkmale.

Möglicherweise deutet der kindliche Gebrauch von *Mond* aber gar nicht auf den dahinter stehenden Begriff. Vielleicht denkt das Kind gar nicht, dass halbe Zitronenscheiben, ein Lampenschirm, ein Buchstabe D, Stierhörner etc. wirklich ein Mond sind. Überdehnungen von Wörtern mögen auch andere Gründe

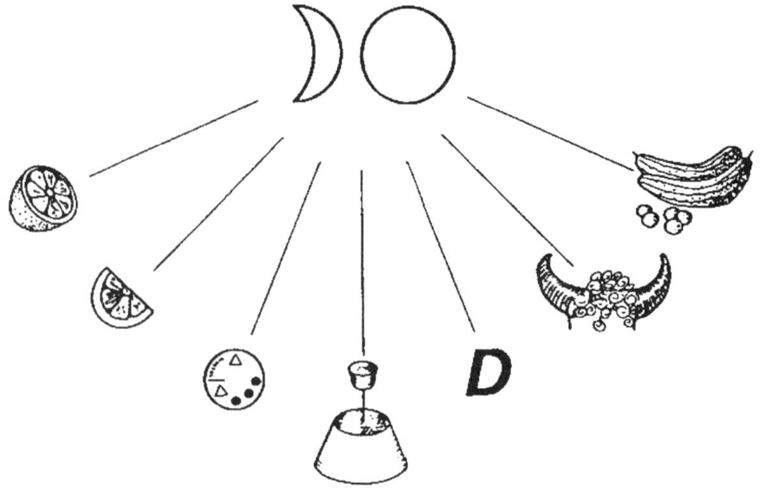

Abb. 3.1: Graphische Darstellung der Überdehnungsfehler des Wortes *Mond*

haben. So könnten Kinder Wörter überdehnen, weil sie ein Spiel mit Wörtern betreiben. Ähnlich wie sie mit einem länglichen silbernen Stück Alufolie »Flugzeug« spielen, könnten sie auch mit Wörtern spielen. Sie »tun nur so, als ob« die Zitronenscheibe, der Lampenschirm etc. ein Mond sind. Sie wissen ganz genau, dass diese Gegenstände kein Mond sind. Aber das Spiel mit Wörtern macht ihnen Spaß – genau wie das »so tun als ob« mit Gegenständen.

Ein anderer Grund, warum Kinder Wörter überdehnen, mag sein, dass sie bei der Produktion von Sprache nicht immer genug freie Kapazität in ihrem informationsverarbeitenden System haben. Das System kann momentan überlastet sein. Das Kind vermag sich das passende Wort nicht ins Gedächtnis zu rufen und wählt ein Wort, das auf etwas Ähnliches passt. Die Wissenschaft ist sich nicht einig, was die verschiedenen Erklärungen für die Überdehnung von Wörtern bei kleinen Kindern angeht. So lässt man die verschiedenen Erklärungen bestehen. Zwischen diesen Möglichkeiten auf der Basis von systematischen Experimenten zu unterscheiden, ist bei so kleinen Kindern kaum möglich.

Welche Bedeutungen geben Kinder Wörtern?

- Meistens sind es die gleichen wie bei Erwachsenen.
- Manchmal allerdings geben ein- und zweijährige Kinder Wörtern eine zu breite oder zu enge Bedeutung.
- Dabei gehen sie so vor, dass sie mit dem gleichen Wort benennen:
  - was ähnlich aussieht;
  - was sich am gleichen Ort befindet;
  - womit man das Gleiche tun kann;
  - was eine ähnliche emotionale Qualität hat.
- Diese andersartigen Benennungen zeigen, dass kindliche Begriffe noch unstabil sind und Kinder ein Spiel mit Wörtern betreiben.

Kinder fassen Bedeutungen aber nicht nur zu breit, sondern auch zu eng. Neben der Überdehnung gibt es auch die Unterdehnung von Wörtern. So mögen sie mit *Hund* nur große, schwarze Hunde bezeichnen, nicht aber kleine oder andersfarbige Hunde. Die Unterdehnung von Wörtern fällt weniger auf, da sie ja keine »Fehler« produziert, sondern nur keine Benennung. So mag ein einjähriges Kind Objekte nur in einem bestimmten Kontext benennen, aber in einem anderen nicht. Ein Beispiel wäre, dass ein Kind zunächst *Auto* nur zum Auto der Familie sagt, dann alle Autos, die es vom Fenster aus beobachtet, *Auto* nennt, Spielzeugautos erst danach und Autos auf Bildern erst noch später. Die Bedeutung von *Auto* ist also zunächst eingeschränkt. Erst allmählich werden mehr und mehr Exemplare der Begriffsklasse mit *Auto* benannt.

Überdehnungen und Unterdehnungen von Wörtern finden vorwiegend bei ein- bis zweijährigen Kindern statt, also am Beginn des Spracherwerbs. Forschungen haben gezeigt, dass Überdehnungen ca. 20 % des frühen Wortgebrauchs ausmachen. Dieser manchmal verwirrend flexible Wortgebrauch der Kinder deutet darauf hin, dass die Begriffsmerkmale bei kleinen Kindern noch nicht gefestigt sind. Erwachsene müssen den aus ihrer Sicht falschen Wortgebrauch nicht korrigieren. Er verschwindet, wenn sich die Begriffe der Kinder festigen. Den Begriffsaufbau bewerkstelligen die Kinder alleine. Sie lernen Begriffe, indem sie immer mehr Erfahrungen mit den Objekten und Ereignissen in ihrer Umwelt machen.

Merktafel zum frühkindlichen Wortschatz

Wann fangen Kinder an, Wörter zu sprechen?

⇨ Oft um den ersten Geburtstag herum. Manche Kinder früher, manche deutlich später.

Wie schnell wächst der Wortschatz?

⇨ Die ersten Monate lang sehr langsam. Dann beschleunigt sich das Wortschatzwachstum.

⇨ Das geschieht meistens, wenn Kinder zwischen 17 und 24 Monaten alt sind. Es kann aber auch später sein.

Wie wächst der Wortschatz?

⇨ Manche Kinder machen große Sprünge.

⇨ Bei anderen Kindern wächst der Wortschatz eher allmählich.

⇨ Zu Beginn gebrauchen Kinder überwiegend Substantive und »kleine Wörter« – wie ab, auf.
Dann kommen Verben und Adjektive hinzu.

Was muss ein Kind können?

- ⇨ Es sollte im Laufe des zweiten Lebensjahres anfangen, Wörter zu sprechen.
- ⇨ Die Größe des Wortschatzes im zweiten und dritten Lebensjahr kann unterschiedlich sein.
- ⇨ Am besten stellen Sie sich diese Frage bei ein- und zweijährigen Kindern gar nicht.

Was ist normal?

- ⇨ Unterschiedlichlichkeit und Vielfalt.
- ⇨ Das betrifft die Größe des Wortschatzes und die Lernwege.

Worüber reden kleine Kinder?

- ⇨ Über Gegenstände und Ereignisse ihrer unmittelbaren Umwelt und einfache Gefühlszustände.

Was ist, wenn Kinder Benennungsfehler machen?

- ⇨ Das ist normal und kommt daher, dass die Begriffsklassen von Kindern nicht ganz denen Erwachsener entsprechen.

Muss man Benennungsfehler korrigieren?

- ⇨ Nein. Sie dürfen sich ruhig an ihnen erfreuen. Kinder korrigieren sie von alleine.

4 Grammatik ist kinderleicht

Neben den Wörtern der Sprache erwerben kleine Kinder die Grammatik ihrer Sprache. Und das tun sie in relativ kurzer Zeit. Die meisten Kinder fangen zwischen 18 und 24 Monaten an, kleine »Sätze« zu bilden. Diese bestehen aus zwei Wörtern. Zweieinhalb Jahre später, im Alter von vier Jahren, haben sie die grundlegende Grammatik ihrer Muttersprache erworben. Als Erwachsener kann man da nur neidisch sein. Nicht nur lernen Erwachsene die Grammatik einer Sprache nicht in diesem rasanten Tempo, sondern die meisten Erwachsenen mögen Grammatik nicht und lernen sie mit wenig Begeisterung. Das Letztere ist bedauerlich. Eine Grammatik ist nichts anderes als ein System gewisser wiederkehrender Muster. Es gibt Muster, die feste Regeln sind und die immer zutreffen. Und es gibt andere, die mit einer gewissen Wahrscheinlichkeit zutreffen, vielleicht in 70 % oder 80 % der Fälle. Gerade das macht eine Grammatik so interessant. Sie enthält gewisse Überraschungselemente. Ob absolute oder in ihrem Gültigkeitsbereich eingeschränkte Regeln – ein System ist es immer.

Wenn wir keine Grammatik in unserer Sprache hätten, könnten wir uns nicht verstehen. Stellen Sie sich einmal vor, wir würden die Wörter in unseren Sätzen beliebig aneinander reihen. Heute sagen wir:

Der auf Straße Auto fährt das.

Morgen sagen wir:

Fährt Straße auf der Auto das.

Und übermorgen machen wir irgendetwas anderes mit dem Satz. Verstehen wir uns? Schlecht. Und noch schlechter, wenn die Sätze länger werden. Es macht das Leben schon einfacher, Regeln der Wortstellung zu haben. Wir können sagen:

Das Auto fährt auf der Straße.

Wir können auch sagen:

Auf der Straße fährt das Auto.

Bleiben wir bei diesen beiden verbindlichen Versionen, wird Ihnen unmittelbar einleuchten, dass damit dem Verständnis des Satzes gedient ist. Irgendwie zusammen gewürfelte Wörter machen das Verstehen recht ungemütlich. Vor allem würde es schrecklich lange dauern, immer eine andere Version eines Satzes zu entschlüsseln.

Eine Grammatik regelt also, wie sich Wörter zu Sätzen kombinieren. Im Deutschen muss der Artikel vor dem Substantiv stehen, und falls es eine Präposition gibt – wie im Beispielsatz das Wort *auf* – so steht sie noch vor dem Artikel. Das Verb hat seine Stellung nach dem ersten Satzglied, also entweder nach *das Auto* oder nach *auf der Straße*. Diese Stellung des Verbs können wir nicht verändern, es sei denn, wir fügen ein Hilfsverb hinzu. Dann setzen wir das Hauptverb ans Satzende und sagen:

Das Auto muss auf der Straße fahren.

Und noch mehr regelt die Grammatik. Das ist, wie sich Wörter innerhalb ihrer Wortgrenzen verändern. Im Deutschen geschieht das oft am Ende von Wörtern.

So sagen wir:

du renn-st, er renn-t.

Die zweite Person erhält ein *–st*, die dritte ein *–t*. Die Endung des Verbs drückt somit die Person des Handlungsträgers aus.

Wenn wir die Mehrzahl von Substantiven bilden, so haben wir im Deutschen verschiedene Möglichkeiten. Eine davon ist, dass wir ein *–n* anhängen. Das tun wir bei Wörtern, deren Wortstamm auf ein kurzes *–e* endet:

Kerze → Kerze-n.

Eine andere Art, die Mehrzahl zu bilden, ist mit der Endung *–e*:

Hund → Hund-e.

Viele Wörter, die den Artikel *der* haben, bilden die Mehrzahl auf diese Art.

Vielleicht setzt jetzt der Punkt ein, an dem Sie gar nichts

mehr über derartige Regeln hören möchten. Das müssen Sie auch nicht. Als Muttersprachler kennen sie diese Regeln sowieso, ohne dass sie sich ihrer bewusst werden. Das ist ja das Angenehme am grammatischen System. Als Sie ihre Muttersprache gelernt haben, haben sie das grammatische System mit seinen Regeln innerhalb von zwei bis drei Jahren fast vollständig gelernt, und Sie haben gar nichts davon gemerkt.

Wenn man bedenkt, wie schwer es für uns sein kann, die Grammatik einer Fremdsprache zu lernen, entsteht die Frage, wie wir es bloß als kleine Kinder schaffen, mühelos die Grammatik unserer Muttersprache zu erwerben. Wir haben schon gehört, dass selbst Babys häufig wiederkehrende sprachliche Lautmuster schnell lernen, und dass sie mit Wahrscheinlichkeiten umgehen können. Wiederholt sich Ähnliches, wenn Kinder die Grammatik ihrer Muttersprache lernen? Lernen sie häufig wiederkehrende Muster der Veränderung von Wörtern und der Kombination von Wörtern?

Das wird erst im nächsten Kapitel verraten. In diesem sehen wir uns zunächst einmal an, was die Kinder wann lernen. Wie beim Wortschatz mögen Sie sich fragen, was ein Kind denn in einem bestimmten Alter an Sätzen und Wortformen können muss. In unseren Forschungsarbeiten wurden insgesamt 424 Stunden Sprechen von 22 Kindern im Alter von 1;4 (ein Jahr; vier Monate) bis 3;8 (drei Jahre; acht Monate) analysiert. Zusätzlich wurden 333 Elternfragebögen ausgewertet, die über den Stand des Wortschatzes und der Grammatik bei Kindern zwischen 1;6 und 2;6 Auskunft geben. Das ist eine recht gute Grundlage, um sagen zu können, wie sich die grammatischen Fertigkeiten kleiner Kinder entwickeln.

Mit zwei Wörtern kann man schon viel machen

Grammatik fängt an, wenn Kinder ihre ersten zwei Wörter kombinieren.
Die meisten Kinder fangen damit zwischen 18 und 24 Monaten an. Aber es kann auch früher oder später sein. Es ist nicht immer einfach zu verstehen, was Kinder mit ihren Zweiwortsätzen sagen wollen. Es bedarf einer gewissen Interpretation, die Erwachsenen – inklusive Spracherwerbsforschern – aber meistens ganz gut gelingt. Anhand einer Sammlung von Zweiwortsätzen, die Kinder der Oldenburger Stichprobe zwischen 1;6 und 2;1 gesagt haben, wird im Folgenden dargestellt, was Kinder mit ihren Zweiwortsätzen sagen wollen.
Zweiwortsätze, in denen das Allzweckwort *da* mit einem anderen Wort kombiniert wird, finden sich recht häufig:

da Igel	*ich da*
Auto da	*da auch*
Hammer da	*da einer*
da Foto	*da ein*
Trecker da	*die da*

Was wollen die Kinder damit sagen? Wollen sie tatsächlich sagen, wo sich etwas befindet, oder geht es nur darum mitzuteilen, dass ein Gegenstand vorhanden ist? Die Spracherwerbsforscher haben sich für das Letztere entschieden. Und zwar auch deshalb, weil kleine Kinder das Vorhandensein auch häufig so ausdrücken, dass sie einen Gegenstand mit einem Substantiv kombiniert und seinem dazugehörigen Artikel benennen:

ein Kater
’n Pferd
die Maus
der Baum
die Maus

Den Sätzen mit *da* und den Artikel + Substantiv Kombinationen ist gemeinsam, dass sie auf das Vorhandensein des benannten Gegenstandes, Tieres, oder Person hinweisen. Im Unterschied zu uns Erwachsenen machen kleine Kinder recht häufig die Mitteilung, dass etwas vorhanden ist. In den Sätzen mit *da* kombinieren die Kinder entweder Substantive oder Pronomen, Artikel und Adverbien mit *da*. Der Gebrauch von *ein* hat gewisse Vorteile. Ähnlich wie *da* ist *ein* ein nützliches Allzweckwort, das sich auf alles Mögliche beziehen kann. Damit verfügen die Kinder in ihren Zweiwortäußerungen über recht viel Flexibilität in ihrer Bezugnahme auf die Umwelt.

Die Kinder reden aber nicht nur über das, was vorhanden ist, sondern auch über das, was nicht vorhanden bzw. verschwunden ist:

Wolf weg
alle Buch (alle = weg)
alle auto (alle = weg)
kein Stuhl
Hund weg

Kommentare über anwesende oder nicht anwesende bzw. verschwundene Gegenstände entsprechen durchaus dem Stand der geistigen Entwicklung von Kindern im zweiten Lebensjahr. Sie haben in den Babymonaten davor durch das Greifen und Sehen von Objekten die Welt der Objekte kennen gelernt, und drücken dieses Wissen über die Objekte jetzt in Sprache aus.

Viele Zweiwortsätze drücken räumliche Bewegung aus. Kindern ist es wichtig, wohin sich etwas bewegt:

Pferd rein
raus Katze
Auto darein
da reinfahr'n
ab soll

Lena Arm (= auf den Arm)
Mund reintun (= in den Mund)

den dahin
viele ab
ich rein
ab alles

Kleine Kinder kommentieren die Veränderung im Raum, weil sie Bewegung gut wahrnehmen. Bewegung fesselt ihre Aufmerksamkeit. Wie bei den Kommentaren über Vorhandenes finden sich auch in den Zweiwortsätzen über räumliche Bewegung verschiedene Arten von Wortkombinationen. Es werden »kleine Wörter« (etwa *rein, ab*) mit Substantiven und Verben oder mit Pronomen kombiniert, seltener zwei Substantive oder ein Substantiv und Verb. Es werden auch »kleine Wörter« miteinander kombiniert – wie in *den dahin*.

Obwohl kleine Kinder von Bewegung und Veränderung besonders gefesselt sind, haben sie durchaus auch ein Interesse an Zuständen und Eigenschaften von Objekten. Und auch das kommentieren sie mit ihren Zweiwortsätzen. Es finden sich Sätze, die ein Objekt oder eine Person mit einem Eigenschaftswort näher kennzeichnen, und es findet sich der Ausdruck von Besitz, entweder durch einen Genitiv mit *–s* oder durch das Wort *mein*:

große Fant (= großer Elefant)
arme Katze
Füße nackig

Mamas Bein
meiner Auto
meine Mama

Mit ihren Zweiwortsätzen können Kinder aber noch mehr. Sie sind schon in der Lage, echte grammatische Funktionen, die denen der Erwachsenensprache entsprechen, auszudrücken. Sie produzieren Zweiwortsätze, die einen Handlungsträger und eine Handlung enthalten. Das entspricht einem Satz mit Subjekt und Verb. Das Verb hat allerdings meistens nicht die richtige Endung:

Annika gucken	*der fahr'n*
Hund bellt	*ich tanken*
Annika wohne	*ich aufmachen*
Max nimmt	*die aussteigen*

Andere Zweiwortsätze enthalten ein Objekt und ein Verb. Es gibt zwar kein Subjekt, aber ein Objekt einer Handlung und eine Handlung:

Schaf setze (= das Schaf in den Stall setzen)	*das mach*
Hausschuh anzieh'n	*setze das*
Banane haben	*brauch das*
Opa anrufen	*den haben*

Diese Beispiele haben gezeigt, dass ein- und zweijährige Kinder mit ihren Zweiwortsätzen schon Vielfältiges ausdrücken können und über eine rudimentäre Grammatik verfügen.

Was können Kinder mit ihren Zweiwortsätzen?

- Sie drücken aus, dass etwas vorhanden oder nicht vorhanden ist.
- Sie reden über räumliche Bewegung.
- Sie können auch Eigenschaften und Besitz ausdrücken.
- Sie sagen Sätze mit Subjekt und Verb oder mit Objekt und Verb.
- Zweiwortsätze sind eine rudimentäre Grammatik.

Die Zweiwortsätze zeigen, dass Kinder oft anstelle eines Substantivs ein Pronomen gebrauchen. Oft sind diese Pronomen Artikel, die als Pronomen gebraucht werden – etwa *die, der* und *den*. Aber auch *ich* und andere Pronomen kommen vor, und vor allem die Allzweckwörter *das* und *da*. Der Gebrauch solcher »kleinen Wörter« ist besonders geschickt. Sie können auf alles Mögliche verweisen. Die Kinder können sie also einsetzen, wenn ihnen das entsprechende inhaltliche Wort in ihrem Wortschatz noch fehlt.

Was macht die Sätze länger?

Wie geht es nun weiter? Nun, die Kinder fügen mehr Wörter in einen Satz. Die Sätze werden also länger. Die Kinder tun aber noch etwas anderes. Sie werden immer besser in der systematischen Veränderung von Wörtern. Sie lernen, die Mehrzahl zu bilden, bei Verben die passenden Endungen hinzuzufügen, die Vergangenheit zu bilden und Artikel in verschiedenen Formen zu gebrauchen. Beides zusammen macht die Fortschritte in der grammatischen Entwicklung von Kindern aus.

Weil das so ist, hat die Spracherwerbsforschung ein Maß für den grammatischen Fortschritt von Kindern entwickelt, das diese beiden Aspekte erfasst. Dieses Maß ist die durchschnittliche Satzlänge. Dabei misst man die Länge eines Satzes nicht in Wörtern, sondern in Teilen von Wörtern. Wie wir schon bei der Mehrzahlbildung und den Endungen an Verben gesehen haben, gliedert sich ein Wort in den Wortstamm und die Wortendung. So ist *Kerze* der Wortstamm und in der Mehrzahlform *Kerze-n* gibt es den Wortstamm und die Endung *–n*. *Kerze* ist ein Wort, *Kerzen* ist auch ein Wort, aber es hat zwei Teile. Es hat nämlich zusätzlich zum Wortstamm die Endung *–n*, die anzeigt, dass es sich um die Mehrzahl handelt. Wenn aber Kinder schon die Mehrzahl bilden können, verfügen sie über mehr grammatische Kenntnisse, als wenn sie das noch nicht können. Das ist der Grund, warum man bei der Berechnung der durchschnittlichen Satzlänge die Länge von Sätzen in Wortteilen misst. Man erfasst damit die Fortschritte in den grammatischen Kenntnissen der Kinder besser.

Wenn man nun die durchschnittliche Satzlänge aller Sätze, die ein Kind in einer Spielsituation gesagt hat, berechnen will, so fängt man damit an, in der verschrifteten Version der Sprache jeden Satz des Kindes in seine Wortteile zu zerlegen. Wenn ein Kind 1.000 oder mehr Sätze sagt, ist man damit viele Stunden beschäftigt. Den Rest der Arbeit allerdings erledigt der Computer. Mit dem entsprechenden Programm rechnet er alle Wortteile zusammen, teilt sie durch die Anzahl der Sätze – in diesem Fall 1000 – und gibt das Ergebnis heraus: die durchschnittliche Satzlänge für diese Sprachaufnahme.

Der Kasten 4.1 gibt ein Beispiel einer Berechnung der durchschnittlichen Satzlänge von 7 Sätzen eines Kindes im Alter von zwei Jahren und zwei Monaten. Aus dem Beispiel wird ersichtlich, wie wichtig es ist, die Wörter in Teile zu zerlegen. So würde *Tier-e* als Wort gezählt nur einen Wert von eins ergeben, aber als zergliedertes Wort gibt es einen Wert von zwei. Das Gleiche gilt für *komm-t.* Und die Vergangenheitsform *auf-ge-mach-t* hat sogar vier Teile. Durch die Zergliederung punkten die Kinder dafür, dass sie Mehrzahlbildung und die Verbveränderungen bilden können. Der Wert für die durchschnittliche Satzlänge erhöht sich. Und das ist dem grammatischen Wissen der Kinder angemessen. Die Zergliederung in Wortteile spiegelt das grammatische Können der Kinder wieder. Das ist der Grund, warum man die durchschnittliche Satzlänge nicht in ganzen Wörtern, sondern in Wortteilen misst.

Kasten 4.1: Berechnung der durchschnittlichen Satzlänge eines Kindes im Alter von 2;2

Kommentar: Kind und Projektmitarbeiterin spielen mit Zootieren.

Sätze des Kindes:	Anzahl der Wortteile pro Satz:
Da Tier-e.	3
Rein.	1
Da paar gruen-e.	4
Kein Tiger war da raus.	5
Der komm-t da nich dahin.	6
Mund auf-mach-en.	4
Hab-en mund auf-ge-mach-t.	7
Summe aller Wortteile:	30
Anzahl der Sätze:	7
Durchschnittliche Satzlänge:	30/7
Durchschnittliche Satzlänge:	4.29

Das Maß der durchschnittlichen Satzlänge wird seit über 40 Jahren international in verschiedenen Sprachen als Indikator des grammatischen Fortschritts bei Kindern benutzt. Es ist besonders nützlich bis zu einem Wert von ungefähr fünf. Danach – so hat die Erfahrung mit vielen Forschungsergebnissen gezeigt – verliert das Maß seine Nützlichkeit. Es spiegelt den grammatischen Fortschritt von Kindern besonders gut in der Zeit wieder, in der sie bestimmte grammatische Formen erwerben, wie etwa die Mehrzahl, die Endungen an Verben, Artikel in ihren verschiedenen Formen und die Hilfs- und Modalverben. Das betrifft die Altersspanne des zweiten bis vierten Lebensjahres.

Der Anstieg der Satzlänge geschieht bei einzelnen Kindern unterschiedlich schnell. Die Abbildung 4.1 zeigt den Anstieg der Satzlänge bei zwei Kindern, Jan und Jasmin, der Oldenburger Stichprobe. (Die Namen entsprechen nicht den wirklichen Namen der Kinder.) Beide Kinder haben zunächst einige Zeit lang eine Satzlänge um 1.0. Das heißt, dass sie Einwortsätze bilden und noch keine Wörter kombinieren. Dann setzt bei Jan um

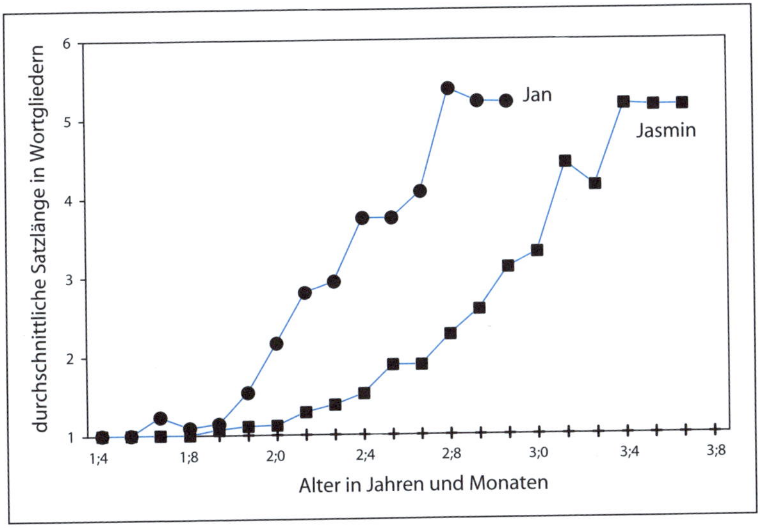

Abb. 4.1: Durchschnittliche Satzlänge der Kinder Jan und Jasmin

zwei Jahre herum ein sehr starker Anstieg der Satzlänge ein, der sich bis 2;8 (zwei Jahre; acht Monate) fortsetzt und dann um 5.0 herum schwankt. Weitere Werte sind hier nicht gegeben, da man bei Erreichen einer durchschnittlichen Satzlänge von fünf Wortteilen aufhört den grammatischen Fortschritt auf diese Art zu messen. Deutlich langsamer ist das Kind Jasmin. Erst mit 2;6 erreicht das Kind eine Satzlänge um 2.0. Das heißt, erst mit zweieinhalb Jahren werden häufig Zweiwortäußerungen produziert. Dann allerdings wächst die Satzlänge stark an und erreicht bei 3;4 einen Wert von ca. 5.0. Jasmin kommt zum gleichen Ziel wie Jan – nur acht Monate später.

Hier wiederholt sich etwas, das wir schon von der Wortschatzentwicklung kennen: Die Kinder unterscheiden sich sehr stark in der Schnelligkeit des Spracherwerbs. Wie beim Wortschatz ist das auch bei der Grammatik kein Grund zur Beunruhigung. Es gilt auch hier, dass Vielfalt und Unterschiedlichkeit normal in der Sprachentwicklung sind. Die Unterschiede zwischen den beiden Kindern würden jedem auffallen, der die Kinder bei gleichem Altersstand sprechen hört. Jan spricht mit zwei Jahren schon in kleinen Sätzchen, Jasmin nur in Einwortsätzen. Während Jasmin mit zweieinhalb Jahren gerade mal anfängt, überwiegend in Zweiwortsätzen zu sprechen, redet Jan schon in längeren Sätzen. Aber knapp ein Jahr später ist das alles vergessen. Beide Kinder sprechen in längeren Sätzen.

Das Bild dieser beiden Kinder ist typisch, auch wenn wir mehr Kinder betrachten. Bei den 22 Kindern der Oldenburger Stichprobe gibt es Kinder, die Jan gleichen, und Kinder, die Jasmin gleichen. In den ersten Jahren des Spracherwerbs gehören solche Unterschiede zum Bild der Normalität des Grammatikerwerbs. Fortschritte beim Erwerb von Grammatik geschehen bei einzelnen Kindern in sehr unterschiedlichem Tempo. Die deutlichen Unterschiede, die sich zwischen eineinhalb und drei Jahren zeigen, sind mit dreieinhalb bis vier Jahren nicht mehr vorhanden. Bis dahin haben die langsameren Kinder aufgeholt. Aufgrund unserer Studie mit dem Elternfragebogen FRAKIS, in der die Eltern von 333 Kindern befragt wurden, können wir sagen, dass die meisten Kinder mit zwei Jahren häufig Zweiwortsätze bilden und mit zweieinhalb Jahren häufig Mehrwortsätze. Aber manche Kinder tun das in diesem Alter noch kaum.

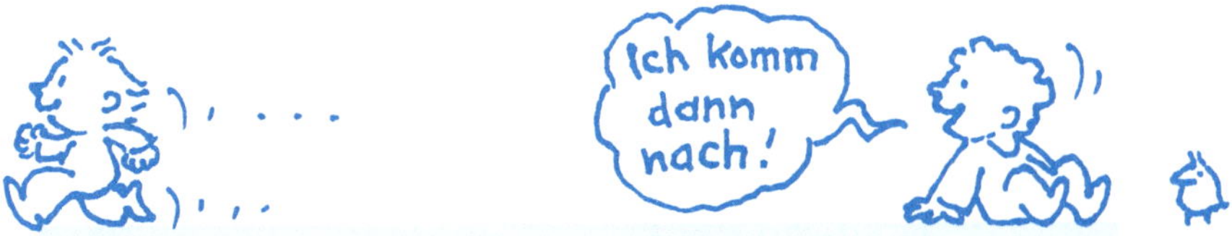

Was ist normal bei der Entwicklung der Grammatik?

- Fortschritte beim Grammatikerwerb geschehen in einem stark unterschiedlichen Tempo. Das ist ganz normal.
- Die Sätze zweieinhalbjähriger Kinder können kurz oder schon länger sein.
- Bis zum Alter von dreieinhalb bis vier Jahren holen die langsameren Kinder auf.

Alles, wo es hingehört

Wie sehen nun die längeren Sätze der Kinder aus? Irgendwie müssen die Kinder es bewerkstelligen, die Wörter in Sätzen in die richtige Ordnung zu stellen. Denn, täten sie das nicht, würde uns die Verständigung bei länger werdenden Sätzen kaum möglich sein. Kinder lernen es, Wörter in Sätzen in die richtige Ordnung zu stellen. Und sie lernen es sogar ziemlich schnell.

Wie die Beispiele von Zweiwortsätzen zeigen, stellen Kinder schon in Zweiwortsätzen den Artikel und das Adjektiv an die richtige Stelle – nämlich vor das Substantiv. Interessant wird es nun bei der Stellung des Verbs. In Zweiwortsätzen ist das Verb meist am Ende, d. h. also in der zweiten Position des Satzes. Das ist die richtige Stelle für Verben, die dem Subjekt des Satzes entsprechend konjugiert sind. Aber für die Grundform, den Infinitiv, ist es nicht die richtige Stelle. Diese gehört nämlich in längeren Sätzen ganz ans Ende – wie im zu Beginn des Kapitels genannten Beispiel: *Das Auto muss auf der Straße fahren.*

Die Beispiele der Zweiwortsätze haben gezeigt, dass Kinder eine Grundform gebrauchen, die sie ans Ende – in diesem Fall die zweite Satzposition – setzen, wie in: *ich tanken, der fahr'n* und *ich aufmachen.* Solche Verbformen sind für Erwachsene nicht richtig. Es müsste heißen: *ich tanke, der fährt* und *ich mache auf.* Vielleicht meinen die Kinder das aber nicht. Vielleicht wollen sie etwas anderes sagen – nämlich: *ich möchte tanken, der soll fahren, ich will aufmachen.* Dann wäre die Grundform richtig. Was den Kindern fehlt, sind die Art von Hilfsverben, die wir Modalverben nennen. Das sind Verben, von denen es nicht viele gibt, die aber den Inhalt unserer Aussagen modifizieren. Sie geben der Handlung eine bestimmte Tönung. Im Fall von *mögen* und *wollen* ist das ein Wunsch, der mit *mögen* höflich, mit *wollen* als starker Wille ausgedrückt wird. Im Fall von *sollen* ist es eine Aufforderung. Es ist möglich, dass die Kinder mit Zweiwortsätzen mit dem Verb in der Grundform derartige Nuancen ausdrücken möchten, aber noch nicht über die entsprechenden Modalverben verfügen.

Der Weg von den Zweiwortsätzen zu längeren Sätzen, in denen das Verb seine korrekte Position einnimmt, verläuft wie in den folgenden Beispielsätzen aus unseren Sprachdaten skizziert:

Strang 1: Verb in Endstellung	Strang 2: Verb in Zweitstellung
Zweiwortsätze: Verbform ist unklar.	**Zweiwortsätze: Hier stimmt alles.**
Ich aufmachen.	*Der beißt.*
Du holen.	*Papa weint.*
Das drehen.	*Ich bau.*
↓	↓

Mehrwortsätze: Das Modalverb fehlt.
Ich auch mal machen.
Mama Auto holen.
Du mein Trinken auspacken.
Auch 'n Teller ham.
↓

Mehrwortsätze: Hier stimmt alles.
Der soll tanken.
Ich will den hier weg haben.
Das kann man so einhängen.
Der Hund will ein bisschen trinken.

Mehrwortsätze: Hier stimmt alles.
Ich zeig die.
Der Hund hat ein Trinken.
Die Kuh kommt da auch rein.
Äpfel komm'n da unten hin.
Da steht die.
Geier ham wa nich so.
Wo kommt das hin?
Da hat sie Flügel.
Was machst du?

Die Entwicklung von Zweiwortsätzen zu korrekt geformten Mehrwortsätzen vollzieht sich recht schnell. Die meisten Kinder durchlaufen sie innerhalb von einigen Monaten zwischen zwei und drei Jahren. Das ist eine erstaunliche Leistung, wenn man bedenkt, was die Kinder dabei alles lernen. Sie lernen nicht nur, die Grundform immer ans Satzende zu stellen und die konjugierte Verbform in die zweite Satzposition, sondern sie lernen, was sich vor dem Verb oder um das Verb herum abspielt. Sie lernen verschiedene Satzmuster.

Sehen wir uns zunächst den Strang 2 mit dem Verb in Zweitstellung an. Das Grundmuster ist: Subjekt + Verb. Dieses Muster findet sich schon in den Zweiwortsätzen der Kinder und setzt sich in den Mehrwortsätzen fort. Es kommen dann allerdings noch mehr Satzglieder hinzu. Die Kinder beherrschen aber nicht nur das Grundmuster, sondern weitere Satzmuster, in denen das Verb immer in der zweiten Position im Satz steht, aber die erste Position entweder durch ein Adverb eingenommen wird (*Da steht die*), oder durch das Satzobjekt (*Geier ham wa nich so.*), oder durch ein Fragewort (*Wo komm' das hin?*). Alle diese verschiedenen Satzmuster lernen die Kinder gleichzeitig. Von Beginn an fügen die Kinder dem Verb eine Endung hinzu, die dem Satzsubjekt entspricht.

Die Sätze auf Strang 1 mit der Grundform des Verbs in Endstellung sind aus der Sicht der Erwachsenensprache zunächst zumindest unvollständig, wenn nicht falsch. Wir meinen, dass hier ein Modalverb fehlt. Und das wird dann auch von den Kindern hinzugefügt, wobei das Hauptverb in der Endposition des Satzes verbleibt. Das Modalverb behandeln die Kinder wie das konjugierte Verb in Strang 2: Vor ihm stehen das Satzsubjekt oder auch andere Satzglieder. Auch Satzmuster mit Modalverben und der Grundform des Hauptverbs am Ende eines Satzes lernen die meisten Kinder zwischen zwei und drei Jahren. Auf dem Weg dahin jedoch haben sie ihre eigenen Konstruktionen, in denen das Modalverb fehlt (z. B. *Du mein Trinken auspacken*), und die sie später aufgeben.

In der gleichen Zeitspanne – nämlich zwischen zwei und drei Jahren – lernen die Kinder aber noch mehr. Sie lernen Fragesätze, in denen das Verb in der ersten Position des Satzes steht und die Verneinung. Beispielsätze sind:

Fragesätze mit Verb in Anfangsstellung:	Verneinung:
Passt das?	Die passt nich.
Weint die?	Der geht nich.
Kommst du mal?	Der kommt da nich rein.
Tust du das Auto so rein?	Die Brücke geht aber nich.
Macht dein Hund das auch immer?	Die kann man nich aufmachen.
Geh'n die denn daraus?	Die Maus kann die Schnecke nich essen.

Diese Art der Fragesätze und die Verneinungssätze fügen den Satzmustern noch neue hinzu. Die Stellung des konjugierten Verbs kann auch am Satzanfang sein, und die Verneinung erfordert unterschiedliche Satzpositionen, entweder dicht beim Verb oder nach einem Adverb.

Gegen Ende des dritten Lebensjahres verfügen Kinder bereits über eine Vielzahl von Satzmustern. Bald kommen auch schon ganze Satzgefüge mit Haupt- und Nebensatz hinzu. Erstaunlich ist, dass Kinder beim Erwerb der Wortstellungsregeln nur sehr wenige Fehler machen. Die Fehlerquote liegt unter 5 %. Der Erwerb von Satzmustern mit der korrekten Stellung der Satzglieder ist für kleine Kinder nicht schwierig.

Puzzlespiel mit Wörtern

Wie die Beispiele der Satzmuster zeigen, ist die Wortstellung nicht das einzige, was Kinder lernen. Sie lernen auch, die Endungen der Wörter zu verändern. Das betrifft einige grammatische Bereiche. In den meisten fangen die Kinder früh mit dem Puzzlespiel der Veränderung von Wörtern an.

Mehrzahl

Am frühesten beginnen die Kinder damit, die Mehrzahlbildung zu lernen. Diese ist im Deutschen keineswegs einfach, denn es gibt vier verschiedene Endungen für die Mehrzahl. Das ist die Endung *–n* wie in *Ente-n, -e* wie in *Tier-e, -er* wie in *Bild-er*, und *-s* wie in *Auto-s*. Weiterhin gibt es die Möglichkeit, dass die Mehrzahl mit der Einzahl identisch ist, wie in *der Eimer, die Eimer*. Zusätzlich zu diesen fünf Möglichkeiten der Mehrzahlbildung kann sich bei der Endung *–e, –er* und der Mehrzahl ohne Endung der Vokal ändern. Es gibt einen Umlaut. Beispiele sind *Küh-e, Blätt-er* und *Vögel*. Hier wird aus einem *u* ein *ü*, aus einem *a* ein *ä* und aus einem *o* ein *ö*. Das ergibt acht Möglichkeiten der Mehrzahlbildung, die Kinder lernen müssen. Vereinzelte Mehrzahlformen finden sich schon bei Kindern unter zwei Jahren. Mit zwei Jahren sind die Kinder bei der Mehrzahlbildung weiter fortgeschritten als in anderen grammatischen Bereichen. Die Fehlerquote in den Sprachproben von Kindern zwischen eineinhalb und vier Jahren schwankt zwischen 3 % und 16 %. Obwohl die Kinder früh mit der Mehrzahlbildung beginnen, lässt die Fehlerquote bei Dreijährigen noch nicht nach, und es finden sich Fehler bei der Mehrzahlbildung bis ins Schulalter.

Grammatisches Geschlecht: Artikel

Im Deutschen haben die Substantive ein grammatisches Geschlecht. Dieses wird durch den Artikel ausgedrückt. Das grammatische Geschlecht der Substantive kann männlich (*der*), weiblich (*die*) oder sächlich (*das*) sein. Kinder lernen das grammatische Geschlecht der Substantive früh. Sie fangen kurz vor zwei Jahren damit an. Das betrifft die Formen des bestimmten Artikels *der, die, das* und des unbestimmten Artikels *ein, eine, ein*. Die meisten Kinder fangen kurz vor zwei Jahren mit dem Gebrauch von Artikeln an. Bei Zweijährigen kann die Fehlerquote zwischen 4 % und 19 % in einer Sprachprobe liegen. Ab drei Jahren werden kaum noch Fehler gemacht. Die Kinder gebrauchen die Substantive mit Artikeln, die bezüglich des grammatischen Geschlechts korrekt sind.

Weiterer Gebrauch der Artikel: Kasus

Es gibt jedoch einen Gebrauch von Artikeln, bei dem das ganz anders aussieht. Das betrifft die Artikel vor Substantiven, die als Satzobjekt oder Satzergänzung gebraucht werden. Im Deutschen hat das Satzobjekt eine andere Form als das Satzsubjekt. Wir sagen:

Der Tiger schläft. (*der Tiger* = Satzsubjekt)

Und wir sagen:

Ich seh den Tiger. (*den Tiger* = Satzobjekt)

Wir sagen nicht:

Ich seh der Tiger.

Wenn *der Tiger* zum Satzobjekt wird – wie im zweiten Satz – so verändert sich *der* in *den*. Ähnliches passiert, wenn wir Sätze wie die folgenden bilden:

Der Hund wedelt mit dem Schwanz.	(*mit dem Schwanz* = Satzergänzung)
Wir fahren mit dem Auto.	(*mit dem Auto* = Satzergänzung)
Die Wagen sind auf der Straße.	(*auf der Straße* = Satzergänzung)

Aus *der Schwanz* wird *mit dem Schwanz*, aus *das Auto* wird *mit dem Auto*, und aus *die Straße* wird *auf der Straße.*

Derartige Veränderungen des Artikels drücken den Kasus aus. Dieser geht einher mit der Funktion, die ein Satzglied hat. Wenn ein Satzglied das Objekt einer Handlung ist, steht dieses oft im Akkusativ – also mit dem Artikel *den*. Nach bestimmten Präpositionen, z. B. *mit* und *auf*, steht das Satzglied im Dativ. Die entsprechenden Formen der Artikel sind – wie in den Beispielen – *dem* oder *der.*

Kinder lernen die Kasusformen der Artikel im dritten Lebensjahr. Sie machen dabei viele Fehler. Die Fehlerquote in einer Sprachprobe kann bis zu 25 % für den Akkusativ des unbestimmten, und bis zu 50 % für den Dativ des bestimmten Artikels sein. Das ist auch im vierten Lebensjahr noch so. Die Fehler bei den Kasusformen der Artikel treten bis in die Schulzeit auf. Den Kasus korrekt auszudrücken, ist für kleine Kinder sehr schwierig. Warum das so ist, werden wir im nächsten Kapitel erörtern.

Verben: Endungen an Verben, Vergangenheit und Hilfsverben

In einem Satz muss das konjugierte Verb mit dem Satzsubjekt hinsichtlich der Person übereinstimmen. Es steht also in der ersten, zweiten oder dritten Person, entweder in der Einzahl oder in der Mehrzahl. Wenn Kinder anfangen, Verben zu benutzen, so benutzen sie zunächst die Grundform oder den Verbstamm. Wie wir schon in den Zweiwortsätzen gesehen haben, sagen sie etwa *ich tanken, der fahren*. Es kommt auch vor, dass nur der Verbstamm benutzt wird wie in *die rutsch*. Aber auch in Zweiwortsätzen finden sich schon einige konjugierte Verbformen, wie das Beispiel *Hund bellt* zeigt. Diese werden im Laufe des dritten Lebensjahres schnell mehr, so dass das Verb zunehmend mit dem Satzsubjekt übereinstimmt. Nachdem der Gebrauch der Grundform dort, wo sie nicht angemessen ist, zurückgegangen ist, machen Kinder beim Erwerb der Verbformen kaum Fehler.

Etwas anders sieht das bei Formen aus, die die Vergangenheit einer Handlung ausdrücken. Einzelne Formen treten früh um ca. zwei Jahre auf, und sie sind meist unvollständig oder falsch gebildet. Beispiele sind: *funden* statt *gefunden*, *macht* statt *gemacht*, und *hinfallt* statt *hingefallen*. Die Vorsilbe *ge-* wird häufig ausgelassen. In den ersten Monaten des Gebrauchs sind fast 50 % der Vergangenheitsformen unvollständig oder falsch. Dann wird die Fehlerquote schnell geringer und fällt auf etwa 7 % in einer Sprachprobe. Bei den Fehlern, die bleiben, handelt es sich um falsche Endungen oder den falschen Vokal, wie in *gemach, aufgegesst, rausgegangt, getrinkt, eingesteigt*. Derartige Fehler bleiben bis in die Schulzeit bestehen.

Später im Laufe des dritten Lebensjahres kommen die Modalverben hinzu. Das haben wir schon bei den Satzmustern gesehen, in denen zwar die Grundform eines Verbs vorhanden war, aber das Modalverb fehlte. Die Formen der Modalverben sind meistens richtig gebildet, etwa: *soll, musst, müssen, darf, kannst*. Es gibt nur wenige Fehler bei den Endungen.

Um ihren dritten Geburtstag haben die meisten Kinder schon einen Großteil der Grammatik gemeistert. Komplexere grammatische Bereiche werden danach noch ausgebaut. So tritt das Passiv zwar schon im dritten Lebensjahr auf, wird aber im vierten häufiger. Auch Satzgefüge, die schon bei Zweijährigen zu beobachten sind, werden im vierten Lebensjahr häufiger und vielfältiger. Im Alter von vier Jahren verfügen die meisten Kinder über eine grundlegende Grammatik ihrer Muttersprache.

Merktafel zur Grammatikentwicklung

Wann fangen Kinder an, Zweiwortsätze zu bilden?

⇨ Zwischen 18 und 24 Monaten. Manche Kinder früher, manche später.

Was wollen Kinder mit ihren Zweiwortsätzen sagen?

⇨ Sie nehmen Bezug auf Gegenstände und deren Standortveränderungen. Auch über Eigenschaften von Gegenständen und Personen können sie schon etwas sagen.

⇨ Mit Zweiwortsätzen benennen die Kinder oft schon einen Handlungsträger, Handlungen und Objekte von Handlungen.

Sind Zweiwortsätze schon eine Grammatik?

⇨ Ja, denn es werden Wörter systematisch miteinander kombiniert.

Wie zeigen sich Fortschritte in der Grammatik?

⇨ Indem die Sätze länger werden und Kinder Endungen an Wörter fügen.

⇨ Bei den meisten Kindern werden die Sätze im Laufe des dritten Lebensjahres schnell länger.

Was ist normal?

⇨ Dass die Satzlänge bei einzelnen Kindern in unterschiedlichem Tempo ansteigt.

⇨ Viele Kinder bilden mit zwei Jahren häufig Zweiwortsätze, manche auch schon längere.

⇨ Viele Kinder bilden mit zweieinhalb Jahren häufig Mehrwortsätze, und mit drei Jahren tun sie das überwiegend.

⇨ Andere Kinder sind langsamer. Sie holen in der Regel im vierten Lebensjahr auf.

Wie kommen Kinder zu richtigen Sätzen?

⇨ Sie lernen, das Verb in die richtige Form und an die richtige Stelle zu setzen.

- ⇨ So lernen sie die korrekte Form von Aussagesätzen, Fragesätzen und Verneinungen.
- ⇨ Die meisten Kinder lernen die Satzmuster im dritten Lebensjahr.
- ⇨ Kinder machen dabei wenig Fehler.

Welche Veränderungen an Wörtern lernen Kinder?

- ⇨ Sehr früh fangen sie mit der Mehrzahlbildung an. Auch Fehler kommen vor, die bis in die Schulzeit hinein auftreten können.
- ⇨ Ebenfalls sehr früh lernen Kinder das grammatische Geschlecht der Substantive über die Formen der Artikel. Sie machen Fehler, aber diese verschwinden bis zum Ende des dritten Lebensjahres.
- ⇨ Die Kasusformen der Artikel folgen im dritten Lebensjahr. Die Kinder machen dabei viele Fehler, die bis zur Schulzeit auftreten. Insbesondere der Dativ ist für die Kinder sehr schwer.
- ⇨ Endungen an Verben werden im dritten Lebensjahr gelernt. Dabei gibt es kaum Fehler.
- ⇨ Bei den Vergangenheitsformen treten Fehler bis zur Schulzeit auf.

Wann ist die Grammatik erworben?

- ⇨ Im Alter von vier Jahren verfügen die meisten Kinder über eine grundlegende Grammatik.
- ⇨ Komplexere Aspekte kommen allerdings später noch hinzu.

Ist es schlimm, dass Kinder beim Grammatikerwerb Fehler machen?

- ⇨ Nein. Sie dürfen sich ruhig an ihnen erfreuen. Kinder korrigieren die Fehler von alleine.

5 Grammatik lernen ist kinderleicht – wenn man weiß wie

Je mehr man sich vor Augen führt, wie schnell und wie mühelos Kinder zwischen ein und vier Jahren Grammatik lernen, desto mehr gerät man in Erstaunen. Erwachsene schaffen das in der Regel nicht, wenn sie eine Fremdsprache lernen. Wie machen Kinder das nur? Wir wollen versuchen, das nachzuvollziehen, indem wir im Laufe dieses Kapitels einige kleine Experimente machen, die vielleicht etwas gemeinsam haben mit der Lage, in der sich Kinder befinden.

Mehrzahlbildung – ein Glücksspiel?

Nehmen Sie einen Bleistift und schreiben Sie in das Buch oder auf ein Stück Papier!

Im Folgenden finden Sie eine Liste von Kunstwörtern. Bilden Sie für jedes Kunstwort die Mehrzahl! Überlegen Sie nicht lange, sondern schreiben auf, was Ihnen spontan einfällt!

Meife ____________
Laum ____________
Nolat ____________
Meller ____________
Kapf ____________
Reffe ____________
Meto ____________
Zuhn ____________
Tammer ____________

Fonne ______________
Zerd ______________
Schlett ______________
Find ______________
Zosa ______________
Zase ______________
Nifel ______________
Prume ______________
Zaden ______________
Puh ______________
Offel ______________

Nun, was haben Sie geschrieben? Die Auflösung finden Sie am Ende des Kapitels. Sie können diese Formen mit den Mehrzahlformen, die Sie gebildet haben, vergleichen. Möglicherweise stimmen Ihre Formen mit jeder Form überein, möglicherweise aber auch nicht. Wenn Sie die Formen so gebildet haben wie in der Auflösung, dann ergibt sich Folgendes:

5 Formen mit der Endung *–n:*	*Meifen, Reffen, Fonnen, Zasen, Prumen*
2 mit *–en:*	*Nolaten, Schletten*
2 Formen mit der Endung *–e:*	*Zerde, Puhe*
2 mit Endung *–e* und Umlaut:	*Läume, Käpfe*
1 Form mit der Endung *–er:*	*Finder*
1 Form Endung *–er* und Umlaut:	*Zühner*
4 Formen mit keiner Endung:	*Meller, Tammer, Nifel, Zäden*
1 Form mit keiner Endung, aber Umlaut:	*Öffel*
2 Formen mit der Endung *–s:*	*Metos, Zosas*

Wenn Sie die Formen nicht alle so gebildet haben wie gerade dargestellt, womit hatten Sie die meisten Probleme? Und wo weichen Sie von der Auflösung ab? Vermutlich bei *Laum, Kapf, Puh* und *Zerd*, und vielleicht auch bei *Find* und *Zuhn*. Vielleicht haben Sie *Laume, Laumen, Kapfe, Kapfen, Puhen, Zerden, Finden, Zuhne* oder *Zuhnen* geschrieben. Das ist auch nicht unbedingt falsch. Denn die Regeln, nach denen im Deutschen die Mehrzahl gebildet wird, treffen nicht hundertprozentig zu. Vielleicht haben Sie bei *Meller, Tammer, Nifel, Zaden* und *Öffel* gedacht, dass da irgendetwas dran muss. Haben Sie ein *–s* oder ein *–n* dran gehängt? Dann ähneln Sie sehr dem, was Kinder tun. Auch wenn Sie *Zerden, Laumen, Kapfen, Puhen, Finden* und *Zuhnen* geschrieben haben, ähneln Sie sehr den Kindern.

Womit hatten Sie die wenigsten Probleme? Vermutlich mit *Meife, Reffe, Fonne, Zase* und *Prume*, und vielleicht fanden Sie auch *Nolat* und *Schlett* einfach. Das Gleiche gilt vermutlich für *Meto* und *Zosa*.

Warum ist das so? Warum scheint bei manchen Kunstwörtern die Mehrzahlform eindeutiger zu sein als bei anderen? Das liegt daran, dass die Regeln, nach denen wir im Deutschen die Mehrzahl bilden, meistens nicht hundertprozentig zutreffen. Als Muttersprachler sind Ihnen diese Regeln nicht bewusst, aber Sie wenden sie an. In diesem Sinne kennen Sie sie. Es muss Sie nicht stören, dass Ihnen die Regeln nicht bewusst sind. Beim Auto fahren ist Ihnen auch nicht jede Bewegung, die Sie ausführen, bewusst, dennoch können Sie Auto fahren. Wir werden uns gleich die wesentlichen Regeln der Mehrzahlbildung im Deutschen bewusst machen, und wenn Sie das gelesen haben, werden Sie schnell merken, dass es ziemlicher Mühe bedarf, diese Regeln so im Gedächtnis zu behalten, dass man sie aufsagen kann. Das müssen Sie auch nicht, denn Sie haben sie ja sowieso im Kopf, weil Sie sie als Kind gelernt haben. Paradoxerweise können Sie sie bloß kaum bewusst hervorholen. Beim Auto fahren war es umgekehrt: Da mussten Sie erst alle Bewegungen bewusst lernen, und jetzt beherrschen Sie sie automatisch. Das sind typische Funktionsweisen, wie Menschen lernen und das Gelernte im Gedächtnis speichern.

Was nun sind die Regeln der Mehrzahlbildung? Fangen wir mit etwas Einfachem an. Wörter, die auf ein unbetontes *–e* enden, bilden die Mehrzahl mit *–n*. Diese Wörter sind meistens Feminina, also mit dem Artikel *die*. Aber einige sind Maskulina, d. h. mit dem Artikel *der*. Beispiele sind: *die Ente – Ente-n, die Jacke – Jacke-n, der Affe – Affe-n*. Diese Regel trifft hundertprozentig zu. Ebenso hundertprozentig trifft zu, dass Wörter, die auf einen unbetonten Vokal enden, wie *Auto* und *Sofa* die Mehrzahl mit *–s* bilden. Möglicherweise ist Ihnen die Mehrzahlbildung bei den Kunstwörtern, die nach diesen beiden Mustern gebildet sind, einfacher gefallen.

Es gibt noch eine andere Regel, die immer zutrifft. Und zwar bilden Maskulina und Neutra, die auf *–er, –el* oder *–en* enden, die Mehrzahl ohne Endung. Wir sagen *der Teller – die Teller, das Feuer – die Feuer, der Igel – die Igel, der Wagen – die Wagen*. Aber auf Feminina trifft das nicht zu. Wir sagen *die Leiter – die Leitern*. Unter den Kunstwörtern in der Liste oben befinden sich Wörter, die auf *–er, –el* und *–en* enden. Aber ich habe Ihre Aufgabe schwerer gemacht, indem ich keinen Artikel dazu gesetzt habe. Vielleicht hat das dazu geführt, dass Sie ein *–n* oder *–s* angehängt haben? Wir neigen übrigens dazu, ein *–s* anzuhängen, wenn wir nicht so recht wissen, was wir tun sollen. Das hängt damit zusammen, dass wir im Deutschen bei Wörtern, die wir aus anderen Sprachen übernehmen – also neuen Wörtern – ein *–s* als Mehrzahl verwenden. Oft sind diese Wörter aus dem Englischen, und dort wird die Mehrzahl regelmäßig mit *–s* gebildet. Wir machen dann mit Kunstwörtern das Gleiche wie mit Fremdwörtern, die wir übernehmen.

Nun kommen wir zu den anderen Regeln. Diese betreffen die Bildung der Mehrzahl mit *–e* und *–er* mit oder ohne Umlaut. Beispiele sind *Hund – Hund-e, Bild – Bild-er*. Diese Wörter enden zwar alle auf einen Konsonanten, aber es gibt kaum Anhaltspunkte dafür, ob nach dem Konsonanten für die Mehrzahlbildung ein *–e* oder ein *–er* angehängt wird. Schlimmer noch, bei einigen Wörtern ist es auch ein *–en*, wie in *Bär – Bären* und

Bett – Betten. Ein bestimmter Anteil dieser Wörter bildet die Mehrzahl auf *–e*, ein anderer auf *–er* und wieder ein anderer auf *–en.* Aus diesen Anteilen lassen sich die Wahrscheinlichkeiten ableiten, mit der ein Wort die *–e, –er* oder *–en* Endung in der Mehrzahl hat. Das bedeutet aber, dass man nur mit einer gewissen Wahrscheinlichkeit weiß, welche Endung zutrifft. Man kann sich nicht am Auslaut des Wortes orientieren und sicher sein, was die Mehrzahlendung ist. Das haben Sie vielleicht bei den Kunstwörtern wie *Zerd* und *Laum* gemerkt. *Zerde* und *Zerden, Laume* oder *Laumen* sind zulässig. Der Fall *Laum* ist sogar noch schlimmer. Hier ist auch *Läume* zulässig. Ob nämlich ein Umlaut auch Teil der Mehrzahlbildung ist oder nicht, ist nicht gut vorhersagbar. Es gibt ganz ähnliche Wörter im Deutschen, von denen das eine einen Umlaut in der Mehrzahl hat, das andere nicht. Denken Sie nur an *Schuh – Schuhe* und *Kuh – Kühe.* Wenn Sie also bei den Kunstwörtern, auf die diese Art von »Halbregeln« für die Mehrzahlbildung zutreffen, nicht so sicher waren, dann wissen Sie jetzt warum.

Vielleicht fragen Sie sich jetzt, ob denn solche »Halbregeln« überhaupt Regeln sind, ob wir sie überhaupt anwenden, oder ob wir die Mehrzahlformen der Substantive einfach nur auswendig lernen. Tatsache ist, dass wir uns an den Regeln und Halbregeln orientieren. Das haben Experimente mit Kunstwörtern – ähnlich dem obigen – gezeigt. Wir liegen natürlich nicht immer richtig. Aber je wahrscheinlicher eine bestimmte Mehrzahlbildung ist, desto treffsicherer sind wir.

Wie bilden wir die Mehrzahl?

- Mit einigen Regeln, die immer zutreffen, und anderen, die nur oftmals zutreffen.
- Wir sind uns der Regeln nicht bewusst.
- Dass wir uns an ihnen orientieren, zeigt sich jedoch, wenn wir die Mehrzahl von Kunstwörtern bilden.

Die nächste Frage ist, was sich wohl bei der Bildung der Mehrzahl der Kunstwörter in Ihrem Kopf abgespielt hat. Sehr wahrscheinlich haben Sie sich an Wörtern der deutschen Sprache orientiert, die ähnlich klingen wie das bestimmte Kunstwort und die Mehrzahl so gebildet, wie sie bei dem tatsächlichen Wort gebildet wird. Dabei spielt es keine Rolle, ob Ihnen dieser Vorgang bewusst wurde oder nicht. Sie haben so viele deutsche Wörter in Ihrem Gedächtnis, dass Sie unwillkürlich eine Parallele zu einem jeweiligen vorgegebenen Kunstwort gezogen haben, die sich am Klang orientiert. Die Mehrzahl bilden Sie dann – ebenso unwillkürlich – in Analogie zur Mehrzahl des betreffenden Wortes.

Sehen Sie sich jetzt die ganz rechte Spalte der Auflösung zur Mehrzahlbildungsaufgabe an. Hier finden Sie die Wörter, an denen ich mich bei der Mehrzahlbildung der Kunstwörter orientiert habe. Die tatsächlichen Wörter klingen dem jeweiligen Kunstwort sehr ähnlich. In Analogie zur Mehrzahlbildung am echten Wort habe ich die Mehrzahl des Kunstwortes gebildet. Es kann natürlich sein, dass Ihnen andere Wörter eingefallen sind. Darunter auch solche, die ähnlich klingen, aber eine andere Mehrzahlbildung haben. Es gibt eine Reihe von echten Wörtern, die dem Kunstwort ähnlich klingen, und welches uns einfällt, hängt davon ab, wie häufig das Wort in der Sprache generell ist, ob wir gerade mit dem Wort umgegangen sind, und wie stark die Ähnlichkeit im Klangbild ist.

Mehrzahl systematisch

Was hat das alles mit dem Spracherwerb der Kinder zu tun? Kleine Kinder stehen vor der Aufgabe, die Mehrzahlformen der Substantive lernen zu müssen. Wie machen sie das? Zu Beginn merken sie sich einzelne Mehrzahlformen. Manchmal ahmen sie vielleicht auch die ein oder andere Mehrzahlform nach, die ein Erwachsener gebraucht hat. Allmählich verfügen sie über mehr und mehr Mehrzahlformen. Der Anstieg der Mehrzahlformen in einer bestimmten Klasse der Mehrzahlbildung entspricht der Häufigkeit, mit der Mehrzahlformen in dieser Klasse in der Erwachsenensprache vorkommen. So werden die Mehrzahlbildungen auf *–n (Blumen, Bären)* am schnellsten mehr, dem folgen die Mehrzahlbildungen auf *–e (Hunde, Tiere)*. Das entspricht der Häufigkeit dieser Mehrzahlbildungen in der Sprache Erwachsener. Die meisten Wörter bilden die Mehrzahl mit *–n*, dann folgt die Mehrzahl auf *–e*. Die Mehrzahlformen in den anderen Klassen nehmen sehr viel langsamer zu. Und auch das entspricht der Erwachsenensprache. Die anderen Mehrzahlbildungen sind im Deutschen seltener.

Lernen die Kinder jede einzelne Mehrzahlform auswendig? Das könnte sein, denn ihr Wortschatz ist noch klein, und sie müssen sich ja nicht alle Formen auf einmal merken. Sie könnten also mit der allmählichen Erweiterung ihres Wortschatzes an Substantiven neben der Einzahl auch die dazugehörige Mehrzahlform einfach auswendig lernen. Wie schon erwähnt, trifft das sicherlich zu Beginn des Spracherwerbs zu und für manche Formen vermutlich später auch noch. Aber das alleine kann den Erwerb der Mehrzahlformen nicht erklären. Denn Kinder bilden fehlerhafte Mehrzahlformen, die sie in der Erwachsenensprache niemals gehört haben. Nachahmung und Auswendiglernen des-

sen, was man gehört hat, reicht also nicht aus, um den Erwerb der Mehrzahlformen zu erklären. Und noch etwas fällt auf: Wenn Kinder fehlerhafte Mehrzahlformen bilden, dann haben diese Fehler etwas Systematisches an sich. Im Kasten 5.1 ist eine Sammlung von Mehrzahlfehlern aus unserer Oldenburger Stichprobe zusammengestellt. Sehen Sie sich diese einmal an – und vielleicht fallen Ihnen Regelmäßigkeiten auf.

Kasten 5.1: System – kein Zufall

Beispiele von Fehlern bei der Mehrzahlbildung bei Kindern im Alter von 2;10 bis 3;8

Alle Schafen in'n Flugzeug.
Laufen die alle weg, die Tieren.
Meine Kühen.
Die Hunden sieht man nich oft.
Un die Zügen blinken auch immer.
Punkten mach ich da noch.

Da tu ich die klein'n Tigers rein.
Da sin' die Mülleimers.
Die Anhängers fahren lassen.
Die Männers.

Zwei Fuchse.
Der baggert jetz die Zaune.

Ich habe es Ihnen ein bisschen leicht gemacht, indem ich die Fehler gruppiert habe. Im ersten Block in Kasten 5.1 hängen die Kinder ein *–n* an, das nicht mehr notwendig ist. Es gibt ja schon eine Mehrzahlmarkierung durch die Endung *–e*. Die Kinder verfahren nach dem Motto »doppelt hält besser« und markieren die Mehrzahl noch einmal. Der nächste Block der Fehler offenbart eine andere falsch angewendete Regelhaftigkeit der Mehrzahlbildung. Die Kinder hängen ein *–s* dort an, wo es nicht hingehört. Aber sie tun das ganz systematisch bei den Wörtern, die in der Einzahl auf *–er* enden und in der Mehrzahl keine Endung erfordern (*der Eimer – die Eimer*). Der letzte Fehlerblock in Kasten 5.1 zeigt, dass die Kinder den Umlaut weg lassen, wenn er erforderlich ist. Es gibt auch noch andere Fehlerarten, aber dies sind die häufigsten.

Es ist klar, dass diese Fehler nicht willkürlich sind. Sie offenbaren die Regelmäßigkeiten der Mehrzahlbildung, und sie erlauben uns einen Einblick, wie Kinder lernen. Die Kinder lernen nicht nur einzelne Mehrzahlformen auswendig, sondern sie erkennen die ähnlichen Muster, die hinter der Mehrzahlbildung stecken. Dann wenden sie diese Muster an, wenn sie neue Mehrzahlformen bilden. Dabei kann es geschehen, dass sie ein Muster auch dann anwenden, wenn es nicht zutrifft. Sie machen einen Fehler.

So haben die Kinder gelernt, dass Wörter mit dem Auslaut *–e* in der Mehrzahl ein *–n* anhängen. Sie kennen die Mehrzahlformen *Enten, Decken, Katzen, Blumen, Puppen* und andere. In Analogie dazu bilden sie richtig *Bananen, Möhren, Brillen, Flaschen*, aber eben auch *Tieren, Punkten* und *Hunden*. In den letzteren Fällen wenden sie das gleiche Muster an, dass nach *–e* ein *–n* folgt, aber es ist in diesen Fällen unzutreffend. Es trifft ein anderes Mehrzahlmuster zu. Die Kinder kennen dieses auch, aber sie beherrschen das Zusammenspiel der Muster noch nicht. Das *–e* Muster ist vermutlich auch das labilere, da es ja nur mit einer gewissen Wahrscheinlichkeit zutrifft, während das Muster, dass auf *–e* ein *–n* folgt, immer zutrifft. Dieses sichere und häufig vorkommende Muster scheint das andere zu dominieren. Dazu mag auch beitragen, dass Formen wie *Tieren* und *Schafen* tatsächlich in der Sprache Erwachsener vorkommen, dann nämlich, wenn es sich um einen Dativ handelt – z. B. *mit den Tieren, von den Schafen.*

Auch die fehlerhafte Mehrzahlbildung mit *–s* basiert auf einer Analogie. Wir erinnern uns: Wörter, die auf unbetonten Vokal enden, bilden die Mehrzahl mit *–s*, so wie *Autos, Babys, Opas, Mamas*. Auffallend ist, dass die meisten fehlerhaften Mehrzahlbildungen mit *–s* dann erfolgen, wenn ein Wort auf *–er* endet: *Anhängers, Mülleimers, Baggers* und auch *Kinders* und *Männers.* Ein geschriebenes *–er* am Wortende ist in der gesprochenen

Sprache ein kurzes *a*. Es ist also dem Klang nach ein Vokal. Kinder kennen nur gesprochene Sprache. Sie hören also ein *a* und bilden die Mehrzahl von *Mülleimer* und *Anhänger* analog zur Mehrzahl von *Sofa, Papa* und *Oma*.

Eine weitere häufige Fehlerart ist das Weglassen des Umlauts. Das muss uns nach unserer Übung am Beginn des Kapitels nicht wundern. Wir haben gesehen, dass der Umlaut bei der Mehrzahlbildung mit *–e* nur mit einer gewissen Wahrscheinlichkeit zutrifft. Es gibt *Kuh – Kühe*, aber ebenso *Schuh – Schuhe*. Die Fehler der Kinder spiegeln möglicherweise diese unsichere Situation wider.

Wie lernen Kinder die Mehrzahl?

- Zu Beginn lernen sie einzelne Mehrzahlformen auswendig.
- Dann werden ähnliche Muster der Mehrzahlbildung verallgemeinert und die Kinder erwerben so die Regeln – ohne dass sie das merken.
- Die Fehler der Kinder spiegeln die Regeln der Mehrzahlbildung wider.
- Der Anstieg der Mehrzahlformen in einer bestimmten Regelklasse entspricht der Häufigkeit der Mehrzahlformen in dieser Klasse in der Erwachsenensprache.

Das Erkennen der wiederkehrenden Muster ist nichts anderes als der Erwerb der Regeln der Mehrzahlbildung. Während die Kinder immer mehr Mehrzahlformen von Substantiven bilden, setzt eine ökonomischere Lernstrategie als das Auswendiglernen einzelner Formen ein. Statt sich jede einzelne Form zu merken, gruppiert unser Gehirn ähnliche Formen zusammen. Es verallgemeinert also das, was sich ähnelt und merkt sich ein allgemeines Schema. Auf der Basis eines solchen Schemas erkennt es dann neue Mehrzahlformen, die dem Schema ähneln, und behandelt sie als Mitglieder der gleichen Kategorie. So werden neue Wörter, die auf *–e* enden, in die Kategorie der Mehrzahlbildung mit *–n* geordnet, ohne dass für jedes Wort die Mehrzahlform auswendig gelernt werden muss. Das Gleiche geschieht für die anderen Mehrzahlklassen. Über das Sammeln von Erfahrung mit einer bestimmten Anzahl von Mehrzahlformen entstehen die verallgemeinerten Muster der Mehrzahlbildung – die sog. »Regeln«. Diese müssen keineswegs absolute Regeln sein, die immer zutreffen. Wie wir gesehen haben, können es auch Regeln sein, die nur mit einer gewissen Wahrscheinlichkeit zutreffen. Dennoch erkennt unser Gehirn die Regelhaftigkeit. In Analogie zu den Regelhaftigkeiten werden neue Formen gebildet. Dabei kann es geschehen, dass die Regelhaftigkeiten auch dann angewendet werden, wenn sie nicht zutreffen. Das sind die sog. Fehler der Kinder, und gerade diese offenbaren, dass die Kinder die Regelhaftigkeiten erkennen und anwenden. Das Erkennen und Lernen von Regelhaftigkeiten ist kein bewusster Vorgang. Unser Gehirn verfährt hier ähnlich wie beim Erkennen der Lautmuster, die die Lautstruktur deutscher Wörter kennzeichnet. Es arbeitet eben einfach für uns und lässt uns so lernen.

Artikel – eine Plage?

Für Menschen, die Deutsch als Fremdsprache lernen, ist wohl das grammatische Geschlecht der Substantive eine der schwierigsten Angelegenheiten. Ob ein Wort männlich, weiblich oder sächlich ist, muss mit jedem Wort auswendig gelernt werden. Es scheint kaum Anhaltspunkte zu geben, wonach sich das grammatische Geschlecht der Substantive richtet. So kann das Auswendiglernen des Artikels mit jedem Substantiv qualvoll werden.

Und nun sind wieder Sie an der Reihe. Nehmen Sie Ihren Bleistift zur Hand und geben Sie den folgenden Kunstwörtern einen bestimmten Artikel. Überlegen Sie nicht lange, sondern geben jedem Wort den bestimmten Artikel (*der, die* oder *das*), der Ihnen spontan einfällt!

_____________ *Knaff*
_____________ *Zieme*
_____________ *Schnach*
_____________ *Rabefon*
_____________ *Müne*
_____________ *Schagen*
_____________ *Mefung*
_____________ *Zwirf*
_____________ *Manne*
_____________ *Zeiter*
_____________ *Draff*
_____________ *Trunt*
_____________ *Mäserin*
_____________ *Moffchen*
_____________ *Grolch*
_____________ *Dampe*
_____________ *Prierer*
_____________ *Rofen*
_____________ *Tiene*
_____________ *Fansch*
_____________ *Togel*

Wenn Sie den Wörtern die Artikel so zugeordnet haben wie in der Auflösung am Ende des Kapitels, dann ergibt sich Folgendes:

	Was kennzeichnet die Wörter?
Maskulin: *der Knaff, der Schnach, der Zwirf, der Draff, der Trunt, der Grolch, der Fansch*	Sie sind einsilbig und haben am Anfang und Ende des Wortes einen oder mehrere Konsonanten.
der Schagen, der Rofen, *der Zeiter, der Prierer,* *der Togel*	Sie enden auf *–en,* *–er,* *–el.*

Feminin: *die Zieme, die Müne, die Manne, die Dampe, die Tiene*	Sie enden auf unbetontes *–e.*
die Mefung,	Sie enden auf *–ung.*
die Mäserin	Sie enden auf *–in.*
Neutrum: *das Rabefon,*	Sie enden auf *–fon.*
das Moffchen.	Sie enden auf *–chen.*

Wenn Sie das so gemacht haben, liegen sie gut im Rennen. Wenn nicht, macht es auch nichts, denn die Regelhaftigkeiten, die das grammatische Geschlecht eines Substantivs bestimmen, sind in den seltensten Fällen solche, die zu hundert Prozent zutreffen. So sind nach unseren Sprechdaten 61 % der einsilbigen Wörter mit Konsonanten am Anfang und Ende maskulin, die anderen feminin und neutrum. Sie haben also nur eine Chance von 61 %, das Kunstwort nach diesem Lautmuster maskulin zu machen. Schon etwas besser sieht das bei den Wörtern auf *–en, –er* und *–el* aus. Diese sind zu 76 % maskulin. Und nun wird es immer besser. Von den Wörtern, die auf unbetontes *–e* enden, sind 94 % feminin. Hier müssten Sie schon richtiger getroffen haben mit Ihrem Artikel. Die letzten Wörter nun befolgen eine Regel, die zu hundert Prozent zutrifft. Wörter, die auf *–ung* und *–in* enden, sind immer feminin. Wörter, die auf *–fon* und *–chen* enden, sind immer neutrum. Beispiele von tatsächlichen Wörtern finden Sie in der rechten Spalte der Auflösung zum Artikelexperiment am Ende des Kapitels.

Und nun kommt das Erstaunliche. Obwohl die Bestimmung des grammatischen Geschlechts von Substantiven für die meisten Wörter – nach unseren Sprechdaten sind es 61 % – nur mit einer gewissen Wahrscheinlichkeit den genannten Regeln folgt, orientieren sich kleine Kinder an ihnen. Wir haben schon bei der Sprachwahrnehmung erfahren, dass kleine Kinder sehr schnell wiederkehrende Lautmuster in Wörtern erkennen. Etwas Ähnliches geschieht beim Erwerb des grammatischen Geschlechts der Substantive. Die Kinder verbinden ein *der* mit

Substantiven mit Konsonantenverbindungen am Beginn und Ende von Wörtern und mit den Endungen *–en, –er, –el.* Ein *die* verbinden sie mit der Substantivendung *–e.* Sie nutzen die Lautmuster des Substantivs, wenn sie den dazugehörigen Artikel lernen. Dass Kinder sich an den Regelhaftigkeiten orientieren, zeigen auch ihre Fehler. Diese bestehen darin, dass sie Wörtern, die den Tendenzen entgegengehen, den Artikel geben, der der regelhaften Tendenz entspricht. So machen sie aus *das Pferd der Pferd* und aus *die Leiter der Leiter.*

Insgesamt gesehen machen kleine Kinder jedoch nicht viele Fehler beim Erwerb des grammatischen Geschlechts der Substantive. Sie lernen das grammatische Geschlecht der Substantive zwischen zwei und drei Jahren. Das liegt nicht nur daran, dass sie sich an den Lautmustern der Substantive orientieren. Es liegt auch an der großen Häufigkeit, mit der sie immer wieder die gleichen Substantive mit dazugehörigen Artikeln in ihrer Umgebung hören und selber benutzen. Der Wortschatz Zweijähriger ist noch gering. Das erleichtert den Erwerb der zugehörigen Artikel. Die Kinder müssen nicht viele verschiedene Substantive mit ihren Artikeln auf einmal lernen. Daher können sie den geringeren Wortschatz, über den sie verfügen, immer wieder mit den dazugehörigen Artikeln benutzen und so einüben.

Für kleine Kinder ist der Erwerb des grammatischen Geschlechts der Substantive ganz und gar keine Plage. Es geht ihnen hier also besser als Erwachsenen, die Deutsch lernen. Und sie machen es anders als Erwachsene. Sie haben die besseren Lernstrategien. Die Orientierung an Klangmustern ist nützlich für den Erwerb des richtigen Artikels, und ein geringer Wortschatz ist dabei auch kein Hindernis, sondern sogar ein Vorteil, weil er dazu führt, dass jedes einzelne Wort mit seinem Artikel häufiger gebraucht wird und sich dadurch festigt.

Wie lernen Kinder das grammatische Geschlecht der Substantive?

- Sie orientieren sich an den Regelhaftigkeiten der Lautmuster in den Substantiven.
- Diese Lautmuster gehen mit *der, die* oder *das* als Artikel einher.
- Obwohl derartige Regelhaftigkeiten nur mit einer gewissen Wahrscheinlichkeit zutreffen, sind sie für kleine Kinder hilfreich.
- Auch die Häufigkeit, mit der Kinder und Erwachsene Wörter benutzen, trägt ebenfalls zum schnellen Erwerb des grammatischen Geschlechts der Substantive bei.

Man muss die richtigen Lernmechanismen einsetzen

Kleine Kinder setzen ganz automatisch die richtigen Lernmechanismen ein, um – auch schwierige – Grammatik zu lernen. Eine Strategie, die sie einsetzen, ist die Nachahmung. Sie ahmen nach, was Erwachsene sagen. Aber sie ahmen nicht papageienhaft nach. Sie ahmen grammatische Formen meistens dann nach, wenn sie schon etwas von der Formbildung begriffen haben, aber noch nicht alles. Gerade zu Beginn des Spracherwerbs ist Nachahmung von Wichtigkeit. Kinder mögen eine Menge mehr verstehen und auch sagen wollen, als ihnen tatsächlich gelingt. Und das, was sie produzieren, mag eine verkürzte Nachahmung der vollständigen Sätze Erwachsener sein. So finden sich in der frühen Kindersprache öfter Sätze, in denen das Verb in der Grundform gebraucht wird und am Satzende steht: *Mama Auto holen, Annika Brötchen essen, Lena auch sitzen.* Derartige Sätze könnten verkürzte Nachahmungen von Sätzen Erwachsener sein, die dann richtig lauten würden: *Mama soll das Auto holen, Annika möchte ein Brötchen essen, Lena will auch sitzen.* Die Kinder lassen einfach das Modalverb und auch den Artikel weg, weil sie ganz so lange Sätze noch nicht produzieren können. Genau wissen wir nicht, ob es sich um verkürzte Nachahmungen handelt. Manchmal aber ist es nahe liegend –, dann nämlich, wenn ein solch verkürzter Satz unmittelbar nach der der vollständigen gleichen Äußerung eines Erwachsenen folgt. Derartige Nachahmungen betrachten Spracherwerbsforscher als hilfreich für die Kinder. Sie dienen sozusagen als die ersten Platzhalter in den Satzmustern.

Aber Nachahmen hat seine Grenzen. Man kommt damit nicht besonders schnell voran. Und man kann auch keine neuen Sätze bilden. Man kann nur das sagen, was man schon einmal gehört hat. Ein weitaus effektiverer Lernmechanismus ist das Verallgemeinern und Bilden von allgemein gültigen Mustern. Es wäre nicht effektiv, uns jede einzelne Mehrzahlform zu merken. Bei den vielen Substantiven, die es gibt, würden wir viel zu lange brauchen. Viel effektiver ist es, sich allgemein gültige Muster für die Mehrzahlbildung zu merken. Ob diese Muster nun hundertprozentig zutreffen oder nicht, ist dabei nebensächlich. Glücklicherweise ist die Arbeitsweise unseres Gehirns von Natur aus so, dass wir ähnliche Erfahrungen zu einer Klasse von Erfahrungen gruppieren und davon ein allgemein gültiges Muster bilden. Das machen wir nicht nur mit sprachlichen Erfahrungen. Aber diese Arbeitsweise ist auch für die Sprache – und speziell den Aufbau grammatischer Regeln – nützlich. Ähnliches wird zusammen gruppiert. Die Basis der Ähnlichkeiten können Lautmuster sein – wie bei der Mehrzahlbildung und beim Gebrauch der Artikel. Es können aber auch Ähnlichkeiten in der Anordnung von Wörtern sein, wie bei Satzmustern. Bald schon bleibt es aber nicht beim Sammeln ähnlicher Formen. Eine andere unserem Gehirn eigene Arbeitsweise ist, dass in Analogie zu den bekannten Formen neue gebildet werden. Diese verwenden das gelernte Muster. So bildet ein Kind, wenn es *Blumen, Bananen, Kerzen* sagen kann, eines Tages zum ersten Mal *Puppen, Scheren* und *Katzen*, auch wenn es diese Mehrzahlformen vorher noch nicht gebraucht hat und auch nicht in Nachahmung sagt. Es hat jetzt das Muster verallgemeinert. Dann geht alles ganz schnell. Weitere Mehrzahlbildungen nach dem gleichen allgemeinen Muster werden folgen. In ähnlicher Weise verfahren die Kinder mit anderen grammatischen Formbildungen und mit der Bildung von Sätzen. Aus den sprachlichen Erfahrungen werden allgemeine Muster gebildet, und diese ermöglichen die Anwendung mit immer neuen Inhalten.

Etwas anderes, das Kinder nutzen, ist die Häufigkeit, mit der sprachliche Formen vorkommen. In unseren Daten kommen in 2.000 Äußerungen, die Erwachsene machen, durchschnittlich um die 600 mal Artikel vor. Und um 2.000 Äußerungen zu machen, braucht man nicht viel Zeit. Je nach Sprechfreudigkeit geschieht das im Gespräch in ca. zwei bis drei Stunden. Sie können sich vorstellen, wie häufig Kinder allein im Verlauf einer Woche die Artikel hören. Kinder nutzen ein derart häufiges Angebot. Die häufige Wiederholung hilft ihnen bei der Zuordnung des richtigen Artikels zu einem Substantiv.

Was sind wichtige Lernmechanismen?

- Nachahmung – besonders zu Beginn des Erwerbs eines sprachlichen Musters.
- Analogiebildung und Verallgemeinerung. Das ist der mächtigste Lernmechanismus, der es möglich macht, schnell viele neue Formen zu bilden und zu lernen.
- Häufigkeiten im Angebot nutzen. Das wiederholt und bietet Vielfalt.

Häufigkeit muss aber nicht nur Wiederholung, sondern kann auch Vielfalt bedeuten. So steht in unseren Daten in 2.000 Äußerungen das Verb durchschnittlich 270 mal an der zweiten Stelle im Satz. Aber manchmal ist davor ein Satzsubjekt und manchmal ein Adverb wie *da* oder *jetzt*, oder ein Satzobjekt. Das bietet den Kindern zwar das Satzmuster der Verbzweitstellung, aber mit variablen Satzgliedern in der ersten Position des Satzes. Häufigkeit ist günstig, nicht nur, weil sich hier Gelegenheit zur Wiederholung bietet, sondern ebenso, weil sich Gelegenheit zum Variieren bietet.

Manchmal hilft gar nichts mehr: der verflixte Dativ

Es klappt allerdings nicht immer. Es gibt grammatische Formen, da hilft schlichtweg gar nichts mehr. Kinder – und nicht nur sie – haben ihre wahre Mühe. Dazu gehört der Dativ des bestimmten Artikels: *dem*. Aber es gibt noch einen anderen Kandidaten, der es in sich hat. Das ist der Akkusativ des unbestimmten Artikels: *einen*. Kinder machen bei diesen Formen viele Fehler, und das über mehrere Jahre. Ich möchte Ihnen einige Stilblüten nicht vorenthalten und habe sie in Kasten 5.2 aufgeführt. Es sind Beispiele von Fehlern aus unseren spontanen Sprechdaten.

Kasten 5.2: Manches hat es in sich

Beispiele von Dativ- und Akkusativfehlern bei Kindern im Alter von 2;0 bis 3;8

Mit den Panda?
Mal von die Seite.
Un dann fahr ich mit'n Auto dahin.
Der Feuerwehrmann muss den Feuerwehrmann helfen.
Das fährt jetz mit'n Aufzug.
Is der in'n Krankenhaus?
Is die Kuh da auch bei'n Pferd drin?
Jetz is der Mann wieder auf'n Dach.
Ich will auf'n Stuhl sitzen.

> *Ich seh auch ein Schneemann.*
> *Ich wollte für den noch ein Löffel haben.*
> *Ich hol dir noch ein Stuhl.*
> *Du kriegst auch ein Teller.*
> *Ein Weihnachtsmann hab ich grad geseh'n.*

Wie kommen diese Fehler zustande? Dazu tragen eine Reihe von Faktoren bei. Zunächst einmal ist es die Art und Weise, wie unsere Sprache den Dativ ausdrückt. Wir benutzen dazu die Form *dem: mit dem Zug, mit dem Auto*. Nur bei femininen Substantiven ist es *der*. Dabei machen Kinder aber nicht viele Fehler. Der weitaus häufigste Fehler ist, statt *dem den* zu benutzen. Wie kommt es dazu? Die Form *dem* klingt der Form *den* sehr ähnlich. Der Unterschied zwischen *dem* und *den* ist akustisch schlecht unterscheidbar. Zudem stehen Artikel vor Substantiven und sind unbetont. Das macht sie auch weniger gut hörbar. Und noch etwas passiert. Beim Sprechen ziehen wir Artikel und Präposition meistens zusammen. Wir sagen nicht *mit dem Aufzug*, sondern *mit'm Aufzug*, und nicht *auf dem Dach* sondern *auf'm Dach*. Damit wird die Dativform *dem* akustisch noch undeutlicher. Im Strom der Rede müssen die Kinder ein unbetontes *m* von einem *n* unterscheiden. Es muss uns eigentlich nicht wundern, dass ihnen das schwer fällt. Da den Kindern das *den* aber schon etwas bekannter ist, da es häufiger vorkommt, nehmen sie einfach die Form *den*. Im Übrigen lässt sich ein *n* auch leichter artikulieren als ein *m*.

Was die Akkusativform *einen* angeht, die auch häufig falsch gemacht wird, so liegt der Fall ähnlich. Auch hier findet sich in der Erwachsenensprache kaum eine klare Artikulation des Wortes *einen*. Wir sprechen die zweite Silbe nicht deutlich aus. Wir ziehen *einen* zu *ein'n* zusammen, das sich ähnlich wie *ein* anhört. Nur wird das *n* in *ein'n* ein bisschen länger gesprochen. Wenn wir aber so sprechen, darf es uns nicht wundern, dass Kinder aus *ein'n* oft *ein* machen. Dazu kommt noch, dass von den Formen des unbestimmten Artikels *ein* am häufigsten vorkommt.

Das mag die Kinder zusätzlich dazu verleiten, statt *ein'n ein* zu benutzen.

Nun mögen Sie sagen, dass viele Erwachsene auch so ihre Probleme mit den Formen *dem* und *den* und *ein* und *einen* haben. Das mag sein. In unseren Sprechdaten war es in der Sprache, die Erwachsene an ihre Kinder richteten, nicht der Fall. Es kamen gelegentlich genau die Fehler vor, die die Kinder im Dativ und Akkusativ machen. Aber der Prozentsatz war so verschwindend klein (unter 1 Prozent), dass er kaum ins Gewicht fällt. Es kann natürlich trotzdem sein, dass kleine Kinder die *den/dem* und die *ein/einen* Verwechslung häufiger hören, als sie in unserem universitären Spielzimmer in zweistündigen Spielsituationen bei Erwachsenen vorkam. Dann aber kann man ihnen den Fehler erst recht nicht ankreiden. Sie machen dann nämlich nur, was Erwachsene auch tun. Und in diesem Sinne machen sie gar keine Fehler. Kinder lernen die Sprache, die um sie herum gesprochen wird. »Richtig« in diesem Sinne ist, was die Sprache der Umgebung anbietet. »Falsch« sind diese Formen dann nur aus der Sicht der Hochsprache. Dieses Problem wollen wir später noch einmal aufgreifen. Hier sei jedoch festgehalten, dass es Formen des gesprochenen Deutschen gibt, die es Kindern wahrlich nicht einfach machen, sie zu lernen. Und da helfen auch ihre guten Lernstrategien kaum weiter.

Auflösung zur Mehrzahlbildung an Kunstwörtern

Kunstwort	**Mehrzahl des Kunstwortes**	**analoges echtes Wort**
Meife	Meifen	Seifen
Laum	Läume	Zäune
Nolat	Nolaten	Soldaten
Meller	Meller	Teller
Kapf	Käpfe	Köpfe
Reffe	Reffen	Neffen
Meto	Metos	Autos
Zuhn	Zühner	Hühner
Tammer	Tammer	Hammer
Fonne	Fonnen	Sonnen

Zerd	Zerde	Pferde
Schlett	Schletten	Betten
Find	Finder	Kinder
Zosa	Zosas	Sofas
Zase	Zasen	Nasen
Nifel	Nifel	Stiefel
Prume	Prumen	Blumen
Zaden	Zäden	Läden
Puh	Puhe	Schuhe
Offel	Öffel	Äpfel

Auflösung zur Artikelbildung an Kunstwörtern

Kunstwort	**Kunstwort mit Artikel**	**analoges echtes Wort**
Knaff	der Knaff	der Knauf
Zieme	die Zieme	die Dame
Schnach	der Schnach	der Krach
Rabefon	das Rabefon	das Telefon
Müne	die Müne	die Mühe
Schagen	der Schagen	der Wagen
Mefung	die Mefung	die Zeitung
Zwirf	der Zwirf	der Zwerg
Manne	die Manne	die Tanne
Zeiter	der Zeiter	der Reiter
Draff	der Draff	der Tropf
Trunt	der Trunt	der Schlund
Mäserin	die Mäserin	die Lehrerin
Moffchen	das Moffchen	das Mädchen
Grolch	der Grolch	der Strolch
Dampe	die Dampe	die Lampe
Prierer	der Prierer	der Maurer
Rofen	der Rofen	der Reifen
Tiene	die Tiene	die Biene
Fansch	der Fansch	der Mensch
Togel	der Togel	der Vogel

6 Noch ein wenig extra: sensible Phase für Sprache

Nun ist immer noch die Frage offen, warum kleine Kinder denn ihre Muttersprache so besonders schnell lernen. Sie verfügen zwar über exzellente Lernmechanismen, aber – wie die Experimente der Mehrzahlbildung und der Artikelzuordnung im vorigen Kapitel gezeigt haben – verfügen wir Erwachsenen über ähnliche. Auch wir orientieren uns an verallgemeinerten Mustern, wir bilden Analogien, und häufige Muster sind uns leichter verfügbar als weniger häufige. Und warum lernen wir dann eine Sprache nicht genauso schnell und vollkommen wie kleine Kinder?

Da gibt es noch etwas. Es ist zwar mehr oder weniger nur eine Annahme, aber sie macht Sinn. Kleine Kinder haben eine »sensible Phase« für Sprache. In einer bestimmten Zeitspanne zu Beginn des Lebens wird Sprache besonders schnell gelernt. Der Grund dafür liegt in einer besonderen Aufnahmefähigkeit des Gehirns für sprachliche Informationen während dieser Zeit. Diese Annahme erscheint angesichts der phänomenalen sprachlichen Lernfähigkeiten kleiner Kinder zwar vernünftig, aber gesichertes Wissen darüber haben wir kaum. Das kann natürlich auch dazu führen, dass man einigen Unfug mit der sensiblen Phase betreibt. So hört man die Behauptung, dass Kinder bis zum Alter von exakt drei Jahren grundlegende grammatische Fertigkeiten erworben haben müssen, damit die Sprachentwicklung normal verläuft. Man kann einen solchen Schocker allerdings noch steigern. Einmal, indem man die Altersgrenze noch weiter nach vorne verlegt – z. B. auf zweieinhalb Jahre. Und das geschieht gelegentlich. Zum anderen, indem man sagt, dass Versäumnisse, die während des kritischen Zeitfensters passieren, nie mehr aufzuholen sind. Auch das geschieht.

Derartige Behauptungen sind wissenschaftlich unseriös, da es an Beweisen mangelt. Um Beweise und Vorstellungen von der »sensiblen Phase« wollen wir uns jetzt kümmern. Dann wird auch deutlich werden, was von dieser Idee Bestand hat und was nicht.

So klar ist das alles nicht

Es fängt schon mit den Ausdrücken an. Wir sprechen von »sensibler Phase«, »kritischer Periode«, »Prägung« und »Zeitfenster«. Ist das alles das Gleiche? »Sensible Phasen« werden nicht nur in Bezug auf die Sprachentwicklung bemüht, sondern auch in Bezug auf manche anderen menschlichen Verhaltensweisen. Ein Beispiel ist die soziale Bindung eines Babys an einen erwachsenen Menschen. Hier wird angenommen, dass eine stabile emotionale Bindung eines Kleinkindes an einen oder mehrere erwachsene Menschen innerhalb des ersten Lebensjahres entsteht. Diese Bindung ist äußerst stabil und bleibt ein Leben lang bestehen. Kinder, die in so ungünstigen Bedingungen aufwachsen, dass eine soziale Bindung an andere Menschen während der ersten Lebensjahre nicht entstehen kann, haben später oft große Schwierigkeiten, eine Bindung zu Menschen aufzubauen. Die Annahme einer sensiblen Phase für soziale Bindung scheint einige Berechtigung zu haben.

Etwas anders sieht es mit der Behauptung aus, dass der Mensch in den ersten drei Lebensjahren in seiner Gesamtpersönlichkeit entscheidend »geprägt« worden sei. Was er dann gelernt und wie er geworden ist, sei später nur schwerlich veränderbar. Der Mensch ist angeblich nach den ersten drei Lebensjahren in seinen Grundzügen »fertig«. Mehr noch. Nach dem Motto »Was Hänschen nicht lernt, lernt Hans nimmermehr«, wird dem Menschen auch die Möglichkeit abgesprochen, sich später noch zu verändern.

Welche Grundidee steht hinter diesen Behauptungen? Die Grundidee ist, dass es eine Zeitspanne während der Entwicklung eines Menschen gibt, in der eine bestimmte Verhaltensweise besonders schnell und gut gelernt wird. Zu anderen Zeiten kann der Mensch diese Verhaltensweise nicht so gut – oder sogar gar nicht – lernen. Die Zeitspanne liegt in der frühen Kindheit. Sie wird nicht durch die Erfahrung des Menschen, sondern durch innere Reifungsvorgänge bestimmt. Damit meint man Reifungsvorgänge im Gehirn. Diese legen die sensible Phase fest, und damit bestimmen sie, was der Mensch wann besonders schnell und gut lernen kann.

Soweit ist die Grundidee klar. Für eine sensible Phase für Sprache ist allerdings völlig unklar, was ihre exakten Zeitgrenzen sind, und was die Reifungsvorgänge im Gehirn sind. Um empirische Belege für derartige Zeitfenster zu liefern, muss man Menschen finden, die Sprache nicht gelernt haben, weil sie ihnen im dafür vorgesehen Zeitfenster nicht zur Verfügung stand. Das kann man durch Experimente tun, die dem jungen Menschen Sprache entziehen. Man muss kleine Kinder also in einer Umgebung aufwachsen lassen, in der sie keine Sprache um sich herum hören. Traurigerweise hat es derartige Experimente gegeben. Wir sind nicht die ersten, die sich die Frage gestellt haben, ob es eine kritische Phase für das Erlernen von Sprache gibt, und ob Kinder dazu die Sprache ihrer Umwelt brauchen. Diese Frage haben sich absolute Herrscher in verschiedenen Ländern schon in längst vergangenen Zeiten gestellt. Und weil sie als Könige die absolute Macht über ihre Untertanen hatten, haben sie einige Kinder ohne menschliche Sprache aufwachsen lassen. Diese Kinder wurden mit Ernährung versorgt, aber niemand sprach mit ihnen, und sie waren weitgehend isoliert. Die Kinder sind gestorben. So gesehen, hat das Experiment nicht das erwünschte Ergebnis gebracht. Es zeigt aber auch, warum es so schwer ist, Klarheit über die Frage von sensiblen Phasen bei Menschen zu erlangen. Die entscheidenden Experimente sind in höchstem Maße unethisch und verbieten sich somit. Wir müssen schon auf eine andere Art versuchen, die Frage nach der sensiblen Phase für Sprache zu beantworten.

Der große Helfer: die Verhaltensforschung

Die Verhaltensforschung ist hier hilfreich. Sie hatte vor einiger Zeit herausgefunden, dass sensible Phasen für das Lernen bestimmter Verhaltensweisen existieren. Bekannt sind die Experimente mit Graugänsen. Die jungen Küken orientieren sich kurz nach dem Schlüpfen auf ein bestimmtes, bewegliches Objekt und folgen ihm nach. In der Regel ist das die Muttergans. Innerhalb von wenigen Stunden lernen die Küken, nur der Muttergans nachzufolgen. Es heißt dann, dass die Küken auf die Muttergans »geprägt« sind. Diese soziale Bindung an die Muttergans ist nicht mehr veränderbar. Die Jungvögel bleiben dabei, nur diesem einen Altvogel zu folgen. Wenn man nun im Experiment statt der Muttergans einen Menschen oder sogar einen beweglichen Kasten vor den Küken während der entscheidenden Stunden nach dem Schlüpfen laufen lässt, so folgen die Küken fortan dem Menschen oder dem beweglichen Kasten. Auch dieses Verhalten ist nicht veränderbar. Die Schlussfolgerung ist, dass es ein eng eingegrenztes Zeitfenster gibt, in dem die Küken die soziale Bindung an ein Alttier lernen. Das geht so schnell, weil der Organismus aufgrund von Reifungsvorgängen diesem Verhalten gegenüber in diesem Zeitfenster sensibel ist. Steht das Alttier nicht zur Verfügung, wird ein Ersatz genommen. Nach der »kritischen Periode« ist das Verhalten nicht mehr veränderbar. Das Zeitfenster, dieses Verhalten zu lernen, hat sich geschlossen.

Diese Auffassung einer sensiblen Phase hat sich in der Verhaltensforschung nicht gehalten. Spätere Studien haben gezeigt, dass die Zeitgrenze nicht so exakt festgelegt ist, wie das zunächst schien. Und sie haben gezeigt, dass die sensible Phase nicht nur von inneren Reifungsvorgängen bestimmt ist, sondern auch durch die Umwelt bzw. die Erfahrung, die das Tier macht. So weiß man jetzt, dass die sensible Phase sich verlängern kann. Normalerweise mag das Verhalten in einem bestimmten Alter gelernt werden. Wenn aber die Erfahrungen, die dafür notwendig sind, nicht gemacht werden, kann sich die Zeitspanne verlängern. Das geschieht, wenn dem Tier im Experiment die Erfahrungen vorenthalten werden, oder wenn die Erfahrungen nicht besonders optimal sind (z. B. ein beweglicher Kasten statt ein Alttier). Eine beliebige Verlängerung ist nicht möglich, aber eine exakte Terminierung, die nur durch Reifung bestimmt wird, gibt es nicht. Die sensible Phase in diesem Sinne ist nicht nur von Reifung abhängig, sondern auch von der Erfahrung mit der Umwelt.

Daher spricht die Verhaltensforschung nicht mehr von einer »kritischen Periode«, sondern von einer »sensiblen Phase«. Dieser Ausdruck ist weniger radikal. Darunter wird verstanden, dass es eine Zeitspanne gibt, in der ein Organismus eine erhöhte Sensibilität für das Erlernen eines bestimmten Verhaltens hat. Er kann das Verhalten in der Zeit besonders schnell lernen. Außerhalb dieser Zeit ist er weniger sensibel, d. h. er lernt das Verhalten weniger schnell und vollständig. In der Regel ist es so, dass die Umweltreize, die der Organismus braucht, um das Verhalten zu lernen, in der Umwelt auch vorhanden sind. Wir müssen bedenken, dass ein Tier immer in einer Umwelt existiert. Und das ist eine Umwelt, die das Tier die lebensnotwendigen Erfahrungen machen lässt. Sonst hätte die Spezies nicht überlebt. Der Beginn einer sensiblen Phase mag durch neurologische Reifung im Organismus bedingt sein. Ihr Ende jedoch ist dadurch bestimmt, dass das Tier das zu erlernende Verhalten gelernt hat.

Um beim Beispiel des Bindungsverhaltens bei Vögeln zu bleiben, so ermöglicht die Reifung der neurologischen Systeme für Sehen und Hören die Orientierung des Kükens auf den Altvogel. Es kann die Muttergans jetzt sehen und die Töne, die sie von sich gibt, hören. Das ist eine der Voraussetzungen, um ihr nachfolgen zu können. Damit wird das Bindungsverhalten eingeläutet. In der Umwelt des Kükens ist normalerweise eine Muttergans vorhanden. D.h. die Umwelt stellt das, was notwendig ist, bereit. Das Küken folgt der Muttergans nach, es bindet sich an sie. Wenn dieses Verhalten gelernt ist – was in diesem Fall in einigen Stunden geschieht – ist die sensible Phase beendet. Das Erlernen der Bindung beendet sie. Ist jedoch nur die Bereitschaft im Organismus da, nicht aber die Muttergans oder ein entsprechender Ersatz, verlängert sich die sensible Phase.

Was hat das alles mit Menschen und Sprache zu tun? Vielleicht nicht viel. Es ist überhaupt problematisch, das Verhalten von bestimmten Vogelarten auf Menschen zu übertragen. Es ist jedoch so, dass die Vorstellung der sensiblen Phasen aus der Verhaltensforschung in die Psychologie übernommen wurde. Leider sind dabei nicht immer alle Feinheiten übernommen worden, sondern oft nur die grobe Vorstellung und insbesondere die Idee eines exakt eingrenzbaren frühen Zeitfensters für das Erlernen von Sprache. Wenn man allerdings von der exakten Eingrenzbarkeit des Zeitfensters für sprachliches Lernen absieht und lediglich die Idee einer erhöhten Sensibilität des jungen Menschen für sprachliches Lernen übernimmt, so ist das durchaus ein hilfreicher Baustein, um den Spracherwerb zu erklären. Und dem Spracherwerb wollen wir uns jetzt wieder zuwenden.

Ein kleiner, aber feiner Unterschied

- Eine »kritische Phase« ist ein exakt eingegrenztes Zeitfenster, in dem ein junges Tier ein bestimmtes Verhalten sehr schnell lernt.
  - Was es lernt, ist unveränderbar.
  - Was es nicht lernt, kann es später nicht mehr nachholen.

- Neurologische Reifungsprozesse bestimmen, wann sich das Zeitfenster öffnet und schließt.

➢ Eine »sensible Phase« ist eine Zeitspanne, in der ein junges Tier eine erhöhte Sensibilität für das Erlernen eines bestimmten Verhaltens hat und dieses sehr schnell lernt.
  - Außerhalb dieser Zeitspanne ist es weniger sensibel dafür.
  - Die Grenzen der Zeitspanne sind nicht exakt bestimmbar.
  - Bei schlechten Umweltbedingungen verlängert sich die sensible Phase.
  - Neurologische Reifungsprozesse und Umweltbedingungen bestimmen die Dauer der sensiblen Phase.

Auf die Grenzen kommt es an

Die Vorstellung von sensiblen Phasen für das Lernen bestimmter Verhaltensweisen wurde von Tieren auf Menschen übertragen. Was die Sprache angeht, so gibt es stark unterschiedliche Vorstellungen über das Alter, in dem die sensible Phase endet. Eine seit langem bekannte Auffassung ist, dass Kinder bis zur Pubertät eine Sprache gelernt haben müssen. Wenn das nicht der Fall ist, ist der Erwerb einer Grammatik nicht mehr möglich. Wohl gemerkt, bezieht sich die sensible Phase nur auf Grammatik. Eine Grammatik kann nach einer bestimmten Zeit nicht mehr gelernt werden. Wörter können wir immer noch lernen. Auch bezieht sich die sensible Phase nur auf eine Erstsprache. Nur wenn wir gar keine Sprache bis zum Alter von etwa 13 oder 14 Jahren gelernt haben, ist es nicht mehr möglich, eine Grammatik zu lernen. Wenn wir eine Erstsprache haben, d. h. einmal eine

Grammatik gelernt haben, können wir in jedem Alter weitere Sprachen mitsamt ihrer Grammatik lernen.

Als Beleg für die Existenz einer sensiblen Phase für Sprache werden oft die sog. »wilden Kinder« oder »Wolfskinder« genannt. Das sind Kinder, die in der Wildnis aufgewachsen sind und keinen Kontakt mit Menschen und menschlicher Sprache hatten. Sie wurden von Wölfen im Wolfsrudel aufgezogen – daher »Wolfskinder«. Man hat immer wieder solche Kinder entdeckt und auch schon in vergangenen Jahrhunderten versucht, diese Kinder in eine menschliche Kultur zu bringen und sie Sprache zu lehren. Das war ohne Erfolg.

Auch Kinder, die von menschlichem Kontakt abgeschieden in Isolation aufgewachsen sind, hat man immer wieder entdeckt. Ein moderner Fall ist Genie, die bis zu ihrem 15. Lebensjahr in einer Kammer eingesperrt dahinvegetierte und keinen Kontakt zu Menschen und zu menschlicher Sprache hatte. Genie wurde gefunden, als sie 14 Jahre alt war. Zu Genies Zeit war die moderne Spracherwerbsforschung bereits bekannt, und ihr wurde die beste sprachliche Betreuung und Sprachtherapie zuteil. Es zeigte sich, dass Genie Wörter lernen konnte. Sie baute einen Wortschatz auf. Aber sie war nicht in der Lage, eine Grammatik zu erwerben. Ihre Sätze gingen nicht über Zweiwortsätze hinaus.

Der Fall Genie und ähnliche Fälle belegen, dass die Grammatik einer menschlichen Sprache nicht mehr gelernt werden kann, wenn man erst im Alter von ca. 13 Jahren damit anfängt. Was diese Fälle aber nicht unbedingt belegen, ist, dass der Grund dafür eine sensible Phase für das Erlernen von Sprache ist. Es mag andere Gründe geben, warum Kinder, die eine menschliche Gesellschaft und Sprache entbehren mussten, später keine Sprache mehr erlernen können. Es mag eine nicht diagnostizierte, wie auch immer geartete geistige Behinderung geben, die der Grund dafür ist, dass das Kind keine Grammatik erwerben kann. (Diese Behinderung mag im Übrigen auch dazu geführt haben, dass Erwachsene meinten, das Kind verstecken oder aussetzen zu müssen.) Es mag auch sein, dass ein Mensch, der so lange in Isolation gelebt hat, sich nicht mehr in eine menschliche Gemeinschaft einfindet. Das Gleiche gilt für den Wechsel aus einem Wolfsrudel in eine Menschengemeinschaft. Schon wenn Menschen von der einen menschlichen Kultur in eine andere, sehr unterschiedliche menschliche Kultur wechseln, können sie einen Kulturschock erleiden, von dem sie sich nur schwer erholen. Der Wechsel von der totalen Isolation oder vom Wolfsrudel in die menschliche Gesellschaft kann zu einem solch großen Schock geführt haben, dass die Kinder emotional nicht mehr in der Lage waren, zu lernen und zu Menschen mit einer Sprache und Kultur zu werden. Der Fall Genie wurde relativ detailliert aufgezeichnet. Genie kam in eine Pflegefamilie. Sie hat nicht gelernt, auf die Toilette zu gehen, und sie hatte schwerste emotionale Störungen. Diese waren so schwer, dass die Pflegefamilie nicht mehr für sie sorgen konnte. Genie kam in ein Heim und ist bald danach gestorben. Der traurige Fall von Genie zeigt, dass ihre gesamte Persönlichkeit schwerst geschädigt war. Man muss ihre Unfähigkeit, eine Grammatik zu lernen, in diesem Gesamtkontext sehen.

Zum Glück gibt es andere – wenn auch indirekte – Wege, die Frage der sensiblen Phase für sprachliches Lernen zu untersuchen. Man kann versuchen, die Grenzen einer solchen sensiblen Phase anhand der Fähigkeit zum Erwerb einer zweiten Sprache festzustellen. Das wurde bei Koreanisch sprechenden Immigranten in die USA, die Englisch als Zweitsprache erwarben, untersucht. Mit Absicht wählte man Immigranten, deren Muttersprache dem amerikanischen Englisch sehr unähnlich ist. Es zeigte sich, dass bei Personen bis zu 16 Jahren das Lebensalter den stärksten Einfluss auf den Erwerb der Zweitsprache Englisch hatte. Am besten wurde die neue Sprache von den jüngsten Immigranten gelernt, und zwar von den Kindern zwischen drei und sieben Jahren. In der mittleren Kindheit nahm dann die Fähigkeit zum Erwerb der Zweitsprache ab. Das geschah aber nicht abrupt, sondern allmählich. Kinder zwischen acht und 16 Jahren lernten Englisch weniger schnell und gut, je älter sie waren.

Nach dem Alter von 16 Jahren sah es dann wieder anders aus.

Insbesondere bei den Erwachsenen hatte das Lebensalter gar keinen wichtigen Einfluss mehr, unabhängig davon, ob sie 20 oder 50 Jahre waren. Am wichtigsten war bei den Erwachsenen, wie stark sie sich mit der neuen Kultur identifizierten, wie selbstbewusst sie waren, und wie hoch motiviert, die neue Sprache zu lernen und sich in der neuen Kultur zurecht zu finden. Es scheint also so zu sein, dass junge Menschen für die Aufgabe des Erwerbs einer Sprache ganz besonders sensibel sind. Allerdings endet diese besondere Sensibilität nicht abrupt, sondern sie wird ab der mittleren Kindheit allmählich geringer. Das ist ungefähr ab sieben Jahren. Es gibt also kein plötzliches Schließen eines Zeitfensters.

Wie schon erwähnt, erfreut sich die Behauptung, dass die grundlegende Grammatik bis zum Alter von drei Jahren erworben sein muss, einer gewissen Popularität, ist jedoch unbewiesen. Nicht nur ist sie unbewiesen, sondern es gibt auch empirische Belege dagegen. Es gibt Kinder, deren Grammatikerwerb erst nach dem Alter von drei Jahren einsetzt und die dennoch eine normale Sprachentwicklung haben. Das sind Kinder, die gehörlos geboren oder vor dem Spracherwerb ertaubt sind und im zweiten oder dritten Lebensjahr ein Cochlea-Implantat erhalten. Ein Cochlea-Implantat ist eine elektronische Innenohrprothese, mit der ein so gutes Hören erreicht wird, dass der Erwerb der gesprochenen Sprache möglich wird. Der Spracherwerb dieser Kinder verläuft recht unterschiedlich. Er hängt von einer Reihe von Faktoren ab, von denen nicht alle bekannt sind. Für die Frage, ob sich das Zeitfenster für den Grammatikerwerb mit drei Jahren schließt, ist entscheidend zu wissen, ob diese Kinder noch eine Grammatik erwerben können, wenn der Erwerb der Grammatik erst nach dem Alter von drei Jahren einsetzt. Diese Frage ist eindeutig zu bejahen. Die meisten der gehörlos geborenen Kinder, die ein Cochlea-Implantat erhalten, erhalten es im Alter von ungefähr zwei Jahren. Dann beginnt jedoch noch nicht sofort der Grammatikerwerb. Im ersten Jahr nach der Implantation lernen die Kinder erst das Hören. Was Sprache angeht, so lernen sie Laute und melodische Merkmale und einige

Wörter. Wenn sie mit Grammatik beginnen, sind sie über drei Jahre alt. Dennoch lernen viele von ihnen die Grammatik einer gesprochenen Sprache ganz natürlich und so gut, dass man von einem gelungenen Spracherwerb sprechen kann. Diese Kinder widerlegen die Behauptung, dass sich das Zeitfenster für den Erwerb von Grammatik mit dem Alter von drei Jahren abrupt schließt.

Die Studien der Kinder mit Cochlea-Implantat zeigen allerdings auch, dass es möglicherweise eine obere Altersgrenze gibt, nach der der Spracherwerb nicht mehr so gut gelingt. So verläuft der Spracherwerb nicht mehr so natürlich und gut, wenn die Kinder das Implantat nach dem Alter von fünf Jahren erhalten. Wenn diese Kinder vorher keine Gebärdensprache gelernt haben, dann fangen sie mit dem Grammatikerwerb erst mit ca. sechs Jahren an. Ihr Spracherwerb gleicht dann nicht mehr dem natürlichen. Diese Beobachtung ist ähnlich der beim Erwerb einer Zweitsprache. Die besondere Sensibilität, eine Sprache zu lernen, nimmt ab der mittleren Kindheit ab.

Die Untersuchung des Spracherwerbs bei Kindern mit Cochlea-Implantat offenbart noch etwas anderes. Selbst bei den Kindern, die vor dem Alter von vier Jahren ihr Cochlea-Implantat erhalten, ist der Spracherwerb sehr unterschiedlich. Es gibt Kinder mit einem natürlichen Spracherwerb, aber auch solche, die dieses nicht annähernd erreichen. Das heißt also, dass der Spracherwerb dieser Kinder nicht allein vom Alter bestimmt ist. Er hängt auch davon ab, wie gut die Kinder vor der Operation mit Hörgeräten gehört haben, und wie Erwachsene mit ihnen sprechen. Zu Beginn des Spracherwerbs machen die Kinder, die mit Hörgeräten gut gehört haben und die am jüngsten sind, die besten Fortschritte. Dann aber wird es zunehmend wichtiger, wie Erwachsene mit den Kindern sprechen. So wirkt es sich positiv aus, wenn Erwachsene eine reichhaltige Sprache anbieten, die mäßig lange Sätze hat und nicht zu viele wörtliche Wiederholungen. Vermutlich langweilen die Wiederholungen, und die Kinder verlieren die Aufmerksamkeit. Eine mäßig reichhaltige

Sprache dagegen mit nicht zu langen Sätzen bietet Anregung. Es wirkt sich auch positiv aus, wenn Erwachsene Informationsfragen stellen, denn diese fordern zu einer Antwort – und damit zu Sprache – vonseiten des Kindes auf. Es ist also nicht nur das Alter, das einen Einfluss auf den Spracherwerb der Kinder mit Cochlea-Implantat nimmt, sondern auch die frühe Hörerfahrung und die Art der sprachlichen Umwelt. Die sprachlichen Fortschritte dieser Kinder sind entscheidend durch ihre sprachliche Umwelt beeinflussbar. Es gibt ein Zusammenwirken von reifungsbedingten inneren Faktoren und Umwelteinflüssen.

Was ist und was nicht ist

Es spricht einiges dafür, dass es bei Kindern eine Zeitspanne besonderer Sensibilität für sprachliches Lernen gibt. Die Grenzen dieser Zeitspanne dürfen wir jedoch nicht zu eng setzen. Die Zeitspanne reicht vermutlich bis zur mittleren Kindheit. Auch hört die Sensibilität nicht abrupt auf, sondern sie wird allmählich schwächer. Eine sensible Phase würde das fehlende Puzzlestück bei der Erklärung der rasanten Schnelligkeit des Spracherwerbs liefern.

Bisher hat die Wissenschaft nur Verhaltensbeobachtungen, von denen sie Rückschlüsse auf das Vorhandensein einer sensiblen Phase für Sprache zieht. Die neurologische Basis einer sensiblen Phase für Sprache kennen wir nicht. Wir können kein bestimmtes Hirnsystem identifizieren, das in einer bestimmten Zeit bestimmte Reifungsvorgänge durchläuft und die sensible Phase für Sprache erklärt. Es ist auch äußerst unwahrscheinlich, dass wir ein solches System jemals entdecken werden. Es ist nämlich unwahrscheinlich, dass es im neurologischen Sinne eine einheitliche sensible Phase für Sprache gibt. An der Verarbeitung von Sprache sind viele verschiedene neuronale Systeme beteiligt – so mindestens wahrnehmungsmäßige, motorische und Gedächtnissysteme. Wir verarbeiten Sprache über Hören, wir benutzen Sprechbewegungen, und wir benutzen unser Gedächtnis für den Wortschatz und die grammatischen Regeln. Es ist äußerst unwahrscheinlich, dass diese alle gleichzeitig einen Prozess erhöhter Sensibilität durchlaufen.

Was hat es denn nun mit der sensiblen Phase für Sprache auf sich?

- Es spricht vieles dafür, dass es eine sensible Phase für Sprache im jungen Menschen gibt.
- Die Grenzen einer solchen Phase sind nicht scharf zu ziehen.
- Es sieht so aus, dass die Sensibilität für sprachliches Lernen ab der mittleren Kindheit allmählich abnimmt.
- Mit Hilfe der sensiblen Phase lässt sich die außerordentliche Schnelligkeit des Grammatikerwerbs erklären.

Zu dem schon erwähnten Unfug, den man mit der sensiblen Phase für Sprache gelegentlich treibt, gehört auch, den Eindruck zu erwecken, dass diese Phase eine neurologische Entsprechung hat. Dem ist nicht so. Die sensible Phase für Sprache ist und bleibt eine Annahme. Es gibt einige empirische Fakten, die diese Annahme stützen. Und sie ist sinnvoll, da man ohne diese Annahme Schwierigkeiten hat, die außerordentliche Schnelligkeit des Grammatikerwerbs zu erklären.

7 Ein individueller Touch

Man kann den Spracherwerb aus einer Perspektive betrachten, die hervorhebt, was bei allen Kindern gleich ist. Man kann ihn aber auch aus einer Perspektive betrachten, die die Unterschiede zwischen den Kindern hervorhebt und das Individuelle betont. Beide Perspektiven sind richtig. Wir neigen allerdings dazu, das Allgemeine zu betonen. Das ist einfacher, und es ist auch nicht falsch. Es kann aber falsch werden. Dann nämlich, wenn wir glauben, unserer Neigung folgen zu müssen, dass alle Kinder in einem bestimmten Alter die gleichen sprachlichen Fertigkeiten beherrschen müssen, und dass es besorgniserregend ist, wenn sie das nicht tun. Um solchen Tendenzen zu entgehen, wollen wir in diesem Kapitel das Individuelle noch genauer beleuchten, als das schon in Kapitel 3 und 4 geschehen ist.

Variationen im Tempo

Lange Zeit hat man in der Spracherwerbsforschung das Allgemeine des Spracherwerbs betont. Das lag teilweise auch daran, dass man den Spracherwerb nur einiger weniger Kinder untersucht hat und von diesen auf alle Kinder verallgemeinerte. Je mehr einzelne Kinder man jedoch untersuchte, desto mehr stellte sich heraus, dass es erhebliche individuelle Unterschiede zwischen den Kindern gab. So war es an der Zeit, diese Unterschiede systematisch zu erfassen.

Es hieß zunächst, eine Methode zu finden, mit der man den Spracherwerb großer Stichproben von Kindern untersuchen kann. Denn nur mit großen Stichproben hat man eine Chance alle Unterschiede zu erfassen, die es der Bevölkerung geben mag. Die Untersuchung des Spracherwerbs mit Analysen auf der Basis von spontanen Sprechdaten kann man mit einer großen Anzahl von Kindern nicht bewältigen. Man würde Jahrzehnte oder Unmengen an Mitarbeitern und Geld benötigen, um so viel spontane Sprache zu transkribieren und analysieren. Ein Forscherteam in den USA ist daher einen anderen Weg gegangen. Vor ca. 20 Jahren kamen sie auf die Idee, es mit einem Elternfragebogen zu versuchen. Wenn man sich auf die elterlichen Auskünfte über den Spracherwerb ihrer Kinder verlassen kann, dann wäre das ein schneller Weg, an Informationen über den Verlauf des Spracherwerbs bei kleinen Kindern zu kommen. Und siehe da – es hat funktioniert. Eltern können verlässlich über den frühen Spracherwerb ihrer Kinder Auskunft geben. Sie schummeln auch nicht. Das hat man überprüft. An kleineren Stichproben, für die es auch spontane Sprechdaten der Kinder gibt, hat man überprüft, ob die mit dem Fragebogen gewonnenen Ergebnisse mit den Ergebnissen auf der Basis von spontanen Sprechdaten übereinstimmen. Und das tun sie. Eltern können die sprachlichen Fertigkeiten ihrer kleinen Kinder verlässlich beurteilen.

Mittlerweile ist der Elternfragen in vielen Sprachen ein Instrument geworden, mit dem der frühe Spracherwerb von Kindern erfasst wird. Es wird damit vorsprachliche Kommunikation und auch der eigentliche Spracherwerb bis zum Alter von 30 Monaten erfasst. Wir haben am Institut für Psychologie der Universität Oldenburg den Elternfragebogen FRAKIS entwickelt, der die frühe Sprachentwicklung erfasst. Er ist für das Alter von eineinhalb (1;6) bis zweieinhalb (2;6) Jahren. Der Fragebogen besteht aus einem Wortschatz- und einem Grammatikteil. Die Wortschatzliste enthält 600 Wörter. Diese Wörter basieren auf dem umfangreichen Sprachmaterial der Oldenburger Stichprobe und stimmen zum größten Teil inhaltlich mit den Wörtern der Elternfragebögen in anderen Sprachen überein. Sie erfassen die Lebenswelt kleiner Kinder. Die Eltern werden gebeten, die Wörter anzukreuzen, die ihr Kind schon spricht. Eltern können das, solange der

Wortschatz nicht zu groß ist. Daher ist eine solche Wortschatzliste auch nur für den frühen Spracherwerb sinnvoll. Danach verlieren die Eltern sehr bald den Überblick. Neben der Wortschatzliste hat der Fragebogen FRAKIS zwei Grammatikteile. In dem einen Teil wird nach der Satzkomplexität kleiner Sätze gefragt. So sollen Eltern von Satzpaaren, die den gleichen Inhalt ausdrücken, den Satz ankreuzen, der dem am nächsten kommt, wie ihr Kind spricht. Ein Beispiel eines Satzpaares ist: *Mama auch Eis haben* und *Mama soll auch Eis haben.* Es gibt insgesamt 32 Satzpaare und manchmal Satztriaden. Für die komplexere Satzversion wird ein Punkt vergeben, so dass ein Maximalwert von 32 für Satzkomplexität zu erreichen ist. In einem zweiten Grammatikteil geht es um Wortendungen. Es werden die grammatischen Bereiche Mehrzahl, Artikel in der Grundform, Artikel im Akkusativ und Dativ, Präsens- und Vergangenheitsformen der Verben und Hilfsverben abgefragt. Hier wird ein Punkt vergeben, wenn eine bestimmte Formbildung vorhanden ist. Es ist ein Maximalwert von 42 für Wortendungen möglich. Wortschatz und Grammatikteile fragen die sprachlichen Fertigkeiten ab, die Kinder in der Altersspanne von 1;6 bis 2;6 typischerweise erwerben.

Mit einem solchen Elternfragebogen können viele Eltern befragt werden. Daher erhält man Daten zum Verlauf des Spracherwerbs bei vielen Kindern. Und das macht es möglich zu erfassen, in welch unterschiedlichem Tempo der Spracherwerb bei Kindern verläuft. Wie schon in Kapitel 3 erwähnt, sind wir dabei, 1.300 Eltern mit FRAKIS nach dem Spracherwerb ihrer Kinder zu befragen. Für die Zweijährigen (2;0) liegen schon Daten von 100 Kindern vor. Damit kann man ein repräsentatives Bild des Sprachstandes von Zweijährigen geben.

Was ist typisch für die Sprache Zweijähriger? Zahlenmäßig kann man das Typische als das Durchschnittliche, also einen mittleren Wert in einer Testaufgabe, verstehen. Aber das alleine reicht nicht, um die Altersgruppe der Zweijährigen zu verstehen. Nicht alle Kinder erreichen den mittleren Wert – genauso wenig wie nicht alle Schüler die durchschnittliche Zensur einer

Klassenarbeit erhalten. Es gibt sehr gute und sehr schlechte Klassenarbeiten und noch andere dazwischen. Um zu erfassen, wie unterschiedlich die Kinder sind, gilt also darzulegen, wie die Kinder über die zu erreichenden Werte um den mittleren Wert und weit davon entfernt streuen. In Kapitel 3 wurde das für den Wortschatz schon getan. Man benutzt dazu bestimmte Trennlinien. Man gibt den Wert an, bis zu dem das unterste Zehntel der Kinder kommt, und den Wert, über dem das beste Zehntel liegt. Damit hat man die Extreme erfasst. Jetzt geht man in Schritten von Vierteln vor. Man betrachtet den Wert, der das unterste Viertel der Kinder von den anderen trennt, und den Wert, der das oberste Viertel abtrennt. Zusammen mit dem mittleren Wert ist die Altersgruppe nun in Viertel eingeteilt und man hat ein gutes Bild der Werte für den Wortschatz und die Grammatik, über die sich die ganze Gruppe der Kinder verteilt.

Wir wollen uns das in den Darstellungen der Tabellen 7.1, 7.2 und 7.3 für den Wortschatz, die Satzkomplexität und die Wortendungen ansehen. In den Tabellen ist das Erreichte als Zahlenwert ausgedrückt und auch in Worten.

Tabelle 7.1: Der Wortschatz zweijähriger Kinder (2;0) aus einer Liste von 600 Wörtern des Elternfragebogens FRAKIS

unterstes Zehntel der Kinder:	beherrscht bis zu 46 Wörtern
unterstes Viertel der Kinder:	beherrscht bis zu 108 Wörtern
unteres mittleres Viertel der Kinder:	beherrscht zwischen 109 und 222 Wörtern
der mittlere Wert:	**ist 222 Wörter**
oberes mittleres Viertel der Kinder:	beherrscht zwischen 223 und 357 Wörtern
oberstes Viertel der Kinder:	beherrscht mehr als 357 Wörter
oberstes Zehntel der Kinder:	beherrscht mehr als 462 Wörter

Tabelle 7.2: Die Satzkomplexität zweijähriger Kinder (2;0), Maximalwert = 32 im Elternfragebogen FRAKIS

unterstes Zehntel der Kinder:	bildet noch gar keine Sätze, Wert = 0
unterstes Viertel der Kinder:	erste Anfänge der Bildung einfacher Sätze, Wert bis zu 2
unteres mittleres Viertel der Kinder:	immer noch erst Anfänge einfacher Sätze, Werte 3 bis 4
der mittlere Wert:	**ist 4, gelegentliche einfache Sätze typisch für die Altersgruppe**
oberes mittleres Viertel der Kinder:	einfache Sätze werden häufiger, Werte zwischen 5 und 10
oberstes Viertel der Kinder:	einfache und auch komplexere Sätze, Wert über 10
oberstes Zehntel der Kinder:	komplexere Sätze, Wert über 21

Tabelle 7.3: Die Bildung von Wortendungen bei zweijährigen Kindern (2;0), Maximalwert = 42 im Elternfragebogen FRAKIS

unterstes Zehntel der Kinder:	bildet noch gar keine Wortendungen, Wert = 0
unterstes Viertel der Kinder:	kaum Wortendungen, Wert bis zu 1
Unteres mittleres Viertel der Kinder:	erste Anfänge der Wortendungen, Werte 2 bis 4
der mittlere Wert:	**ist 4, Beginn der Bildung von Wortendungen typisch für die Altersgruppe**
oberes mittleres Viertel der Kinder:	bildet häufiger Wortendungen, Werte zwischen 5 und 13
oberstes Viertel der Kinder:	bildet schon regelmäßig Wortendungen, Wert über 13
oberstes Zehntel der Kinder:	bildet viele Wortendungen, Wert über 27

Die drei Tabellen zeigen, dass zweijährige Kinder sich sehr stark in ihrem Sprachstand unterscheiden. Wortschatz und Grammatik erwerben einzelne Kinder in sehr unterschiedlichem Tempo.

Der Erwerb des Wortschatzes geht dem Erwerb der Grammatik voraus. Während die Hälfte der Zweijährigen schon einen ordentlichen Wortschatz hat, hat sie erst die Anfänge der Satzbildung und der Bildung von Wortendungen. Die Satzkomplexität ist bei etwas mehr Kindern fortgeschrittener als die Wortendungen. Aber nur die obersten 10 % bis 25 % der Zweijährigen sind bei der Bildung von Sätzen und Wortendungen nennenswert fortgeschritten.

Angesichts der großen Unterschiede im Sprachstand von Zweijährigen im Bereich des Wortschatzes und der Grammatik wäre es unsinnig, von einer Norm für zweijährige Kinder zu sprechen. Man kann die mittleren Werte der Gruppe als das betrachten, was typisch für die Gruppe ist. Man kann aber nicht von jedem zweijährigen Kind erwarten, dass es den mittleren Wert erreicht. Es ist ganz normal, dass die Kinder im gleichen Alter weit über oder unter diesem Wert liegen können. Der frühe Spracherwerb zeichnet sich durch eine enorme individuelle Variabilität aus. Normal ist nicht eine festgesetzte Norm. Normal sind Vielfalt und Unterschiedlichkeit. Der Unterschied im Sprachstand von zweijährigen Kindern kann bis zu 12 Monaten betragen. Das heißt, ein eineinhalbjähriges und ein zweieinhalbjähriges Kind können auf dem gleichen Sprachstand sein. Forschungen mit vielen Kindern und in vielen Sprachen haben gezeigt, dass dies im Bereich der Normalität liegt.

Die gleiche Norm für alle?

- Niemals. Kinder unterscheiden sich sehr stark in der Schnelligkeit des frühen Spracherwerbs.
- Zweijährige Kinder können einen kleinen, mäßigen oder schon recht großen Wortschatz haben.
- Sie können fast noch gar keine Satzbildungen und Wortendungen beherrschen, oder über einfache und komplexere Satzbildungen und einige Wortendungen verfügen.
- Diese Unterschiede sind normal.

Variationen im Stil

Es ist Ihnen vielleicht schon aufgefallen, dass es kleine Kinder gibt, die häufig etwas nachsprechen, was ein Erwachsener gesagt hat, und andere, die das nicht tun. Weiter mögen Sie bemerkt haben, dass es Kinder gibt, die zu Beginn des Spracherwerbs ständig *da* sagen, andere Kinder tun das nicht. Man weiß zwar nicht so richtig, was jeweils mit einem *da* gemeint ist, aber es wird ständig produziert. In unseren Sprachaufnahmen war der Höhepunkt des *da* Sagens ein Kind, das im Alter von 1;4 (ein Jahr; vier Monate) während einer zweieinhalbstündigen Sprachaufnahme 228 mal *da* sagte und sonst kaum etwas. Dann gibt es Kinder, die auf sich selber von Beginn an mit *ich* Bezug nehmen, und andere, die auf sich selber mit ihrem Namen Bezug nehmen. Es gibt Kinder, die neue Wörter erfinden und andere, die das nicht tun. Einige der schönsten Erfindungen in unseren Daten war *Hantehant* für *Schmetterling* und *Lobella* für *Pferd*. Es gibt auch Worterfindungen, die vermutlich durch Ausspracheprobleme entstanden sind, sich dann aber eine Weile als Wort in der Sprache des Kindes halten. Beispiele aus unseren Sprechdaten sind *Wadbada* für *Waschpulver, Badebandebalt* für *Badeanstalt, Doofbrot* für *Toastbrot, Sprachewickel* für *Sprachentwicklung*. Manche Kinder machen viele Fehler, etwa bei den Mehrzahlformen, den Artikeln und den Verbformen. Andere Kinder machen nicht so viele Fehler.

Verbirgt sich vielleicht irgendeine Systematik hinter diesen Unterschieden? Dieser Frage hat sich die Spracherwerbsforschung gewidmet und herausgefunden, dass dem so ist. Kleine Kinder unterscheiden sich nicht nur im Tempo des Spracherwerbs, sie unterscheiden sich auch hinsichtlich der Art und Weise, wie sie an die Sprache herangehen, welche Strategien sie bevorzugen, um Sprache zu lernen. Das ist ganz besonders am Anfang des Spracherwerbs so. Wie sehen diese Unterschiede aus?

Schon von Beginn des Spracherwerbs an gibt es Unterschiede im Wortgebrauch. Es gibt Kinder, die in ihren ersten 50 Wörtern überwiegend Substantive gebrauchen. Sie benennen Gegenstände. Diese Kinder erweitern ihren Wortschatz schnell. Sie lernen viele neue Substantive dazu und auch Verben und Adjektive. Sie lernen viele neue Inhaltswörter, und sie lernen sie schnell. Nicht nur lernen sie schnell neue Wörter, sondern sie wenden die neuen Wörter auch in neuen Kontexten an. So wenden sie etwa das Wort *Hund* auf viele unterschiedliche Hunde an und nicht nur auf den einen, den sie vielleicht kennen oder der der Familienhund ist. Diese Kinder werden also schnell kontextunabhängig.

Andere Kinder dagegen benutzen überwiegend einige Funktionswörter wie *da, das, der, die ja, ein*. Sie beziehen sich mit diesen Wörtern auf alles Mögliche. Es sind nützliche Allzweckwörter. Weitere Wörter, die diese Kinder gern benutzen, sind Wörter für soziale Routinen – etwa *hallo, danke, tschüss*. Diese Kinder erweitern ihren Wortschatz nicht so schnell. Es besteht ja auch keine Notwendigkeit dafür, denn sie können mit ihren Allzweckwörtern auf Vieles Bezug nehmen. Die Kinder erweitern nicht nur ihren Wortschatz langsamer, sondern sie gebrauchen die Wörter, über die sie verfügen, zunächst nur in eingeschränktem Kontext. Sie verallgemeinern nicht so schnell. Wenn sie z. B. das Wort *Uhr* in Bezug auf eine bestimmte Uhr benutzt haben, so wenden sie es zunächst auf diese Uhr an und nicht so schnell auf viele andere Uhren.

Es folgen Beispiele aus unseren Sprachdaten, wie sich Kinder im Alter von 1;8 bis 1;10 – also am Beginn des Spracherwerbs – an Allzweckwörtern orientieren. Hier, wie in den vorausgehenden Kapiteln, entsprechen die Namen nicht den wirklichen Namen der Kinder.

Jasmin 1;10:

Jasmin baut einen Turm aus farbigen Ringen, die man der Größe nach aufeinander stapeln muss, mit einer Projektmitarbeiterin (Clara).

Jasmin: *Da.*
Jasmin: *Oh.*
Jasmin: *Die.*

Jasmin hebt den Turm hoch.

Clara: *Wills' du mir den geben?*
Jasmin: *Weg.*
Clara: *Möchtes' du den klein'n haben?*

Clara meint einen kleinen Ring, der zum Turm gehört.

Jasmin: *Na* [= ja].

Der Turm fällt um.

Jasmin: *Oh.*
Jasmin: *Da.*
Clara: *Da oben drauf?*
Jasmin: *Die da.*

Tara 1;10:

Tara und ihre Mutter legen ein Puzzle.

Tara: *Einer?*
Mutter: *Schweres Puzzle.*
Tara: *Die da?*
Tara: *Das auch?*
Mutter: *Die Möhren, wo kommen die Möhren hin?*
Tara: *Die da?*
Mutter: *Nein.*
Tara: *Die?*
Mutter: *Richtig.*
Tara: *Einer?*
Mutter: *Da fehlt noch einer.*
Tara: *Einer?*
Tara: *Da?*

Kommentar: Es ist nie klar, worauf sich *die, einer* oder *alle* beziehen.

Beispiele aus unseren Sprachdaten, wie sich Kinder im Alter von 1;8 bis 1;10 an Inhaltswörtern orientieren, sind:

Annika 1;10:

Annika legt kleine Autos in den Kofferraum vom Bobbycar mit einer Projektmitarbeiterin (Adele). Ihre Mutter ist auch anwesend.

Annika: *Da zu.*
Annika: *Zumachen.*
Annika: *Aufmachen.*
Adele: *Ja, mach mal auf.*
Annika: *Nee, Mama aufmachen.*
Adele: *Die Mama soll das aufmachen?*
Annika: *Alleine das.*

Annika nimmt den Einkaufswagen vom Einkaufsladen.

Annika: *Guck mal, eingekauft.*
Mutter: *Has' de eingekauft?*
Annika: *Auszieh'n?*
Annika: *Schuh?*

Annika will der Puppe im Einkaufswagen die Schuhe ausziehen.

Annika: *Auszieh'n Schuhe.*

Jan 1;10

Jan und sein Vater sind gerade ins Spielzimmer gekommen. Jan geht zu seinem Lieblingsspielzeug, einer Farm mit Tieren, und macht die Türe der Farm zu:

Jan: *Zu.*
Jan: *Zune (= zugemacht)*
Jan reicht Vater ein Huhn der Farm.
Jan: *Ab.*
Vater: *Das soll da drauf?*
Vater: *Was is das denn?*
Jan: *Beine.*
Vater: *Beine?*
Jan: *Hühner.*
Vater: *Hühner?*
Jan: *Hahn.*
Vater: *Der Hahn.*
Jan: *Beine auf.*
Jan: *Setze.*
Vater: *Der soll sich hinsetzen?*
Jan: *Setze.*
Jan: *Kopf.*
Jan: *Pferd.*
Jan: *Rein.*

Die Kinder, die mehr Inhaltswörter gebrauchen, unterscheiden sich auch in ihrer Aussprache von den Kindern, die überwiegend Allzweckwörter gebrauchen. Sie haben eine klarere Aussprache und trennen die Wörter besser voneinander. Die Aussprache einzelner Wörter weicht auch nicht so stark von der Aussprache Erwachsener ab. Dadurch sind die Kinder besser verständlich. Das hatte ja dann auch in den frühen Untersuchungen dazu geführt, dass man eher diese Kinder für die Spracherwerbsforschungen auswählte. Wenn sie Wörter anders aussprechen als Erwachsene, so sind sie darin einigermaßen konsistent. So sprach Jan Konsonanten, die nach einem *sch* folgten, wie *r* aus, unabhängig davon, um welchen Konsonanten es sich handelte. Er sagte *Sranz* statt *Schwanz* und *Sremann* statt *Schneemann*. Und das tat er monatelang.

Die Aussprache der Kinder, die die Allzweckwörter bevorzugen, ist dagegen nicht nur allgemein sehr viel undeutlicher, sondern auch inkonsistent. Die einzelnen Wörter verschmelzen sehr stark miteinander, und man hat Mühe, die Kinder zu verstehen. Oft ist aber die Satzmelodie deutlich zu erkennen. Die Aussprache von einzelnen Wörtern weicht stark von der Aussprache Erwachsener ab. Eine Liste abweichender Aussprachen aus unseren Sprachdaten ist die folgende:

kindliche Aussprache	Erwachsenenwort
deibe	*gelbe*
Hau	*Frau*
Dappe	*Treppe*
Chucheu	*Flugzeug*
hassen	*waschen*
hat	*nass*
Maheschine	*Waschmaschine*
Dake	*Katze*
Dafahan	*Kofferraum*
Nuddelhase	*Nuckelflasche*
Badil	*Krokodil*
Chube	*Vogel*

Nicht nur weicht die Aussprache sehr stark ab, sondern die Kinder variieren sie auch. So kann *fahren* oder *fahr'n* wie *bahr'n, chahr'n* oder *hahr'n* ausgesprochen werden, *Trecker* wie *Decker, Kecker, Tecker, Deta* oder *Teta. Lastwagen* kann *Dawagen* oder *Badagen* sein. Diese wechselhafte Aussprache macht es natürlich schwer, die Kinder zu verstehen.

Zu der verschwommenen Aussprache dieser Kinder passt, dass sie kleine Füllwörter gebrauchen, deren Bedeutung nicht klar ist. Es sind kleine wortähnliche Elemente, die etwas auszufüllen scheinen, das rhythmisch dahin passt, aber die Bedeutung ist unklar – so wie in *auch e auto*. Das *e* in der Mitte könnte *ein* bedeuten, aber das ist unklar. Vom Rhythmus her füllt es genau die Lücke, die ein *ein* füllen würde. Offensichtlich passen die Füllwörter in den Sprachrhythmus. Sie stehen vor einem betonten Element eines Satzes. Manchmal könnte ein solches Füllwort eine Vorform eines unbestimmten Artikels sein, die Kurzform *e* oder *a* von *ein*. So sieht es in den folgenden Beispielen aus:

Tara 1;10:

Tara: *Auch e Puzzle.*
Tara: *Dies e Hase.*
Tara: *Auch e Hallo?*
»Hallo« ist Taras Wort für Telefon.
Tara: *Mama auch e Hallo.*
Tara: *Du auch e Hallo?*

Lena 1;8:

Lena: *A Puppe.*
Lena: *A Auto.*
Lena: *A Hahn da hafen* [= schlafen].

Aber es gibt auch einen Gebrauch des Füllwortes, in dem die Funktion als Artikel unwahrscheinlich scheint:

Tara 1;10:

Tara: *Auch e einer.*
Tara: *Auch e die da.*

Tara scheint die rhythmische Kombination *auch e* immer wieder zu gebrauchen, ohne dass die Wortklasse von *e* eine Rolle spielt. Bei derartigen Füllwörtern scheint die Bedeutung Nebensache zu sein. Es dominieren rhythmische und sprachmelodische Konturen, an denen sich das Kind orientiert.

Unterschiede zwischen Kindern zeigen sich auch in ihrer Herangehensweise zur Grammatik. Die Kinder, die schnell viele Substantive und andere Inhaltswörter erwerben, haben in ihren Zweiwortsätzen Kombinationen von Substantiven miteinander und von Substantiven und Verben. Die Kinder, die viel mit den »kleinen« Funktionswörtern operieren, kombinieren in ihren Zweiwortsätzen diese miteinander und auch Funktionswörter mit Inhaltswörtern. Das letztere tun allerdings alle Kinder. Beispiele solcher Zweiwortkombinationen wurden schon in Kapitel 4 aufgeführt. Dort sind sie nach inhaltlichen Kriterien gruppiert. In Tabelle 7.4 sind die Zweiwortäußerungen nach der Art der Wörter gruppiert. In der Kategorie »Funktionswort + Inhaltswort« gibt es Unterschiede. Während es sich bei den Wörtern *da, das, mehr, auch, drinnen* eindeutig um Funktionswörter handelt, so ist das bei den Wörtern *rein, raus, ab, weg* nicht so klar. Diese können auch ein Teil eines Verbs sein – von *reinmachen, raussetzen, abmachen, weglaufen*. Dann wären diese Zweiwortäußerungen auch Kombinationen von Inhaltswörtern. In der Kategorie »Funktionswort + Funktionswort« finden sich einige Kombinationen mit *ich*. Das ist typisch für Kinder, die überwiegend Allzweckwörter zu Beginn des Spracherwerbs benutzen. Sie nehmen Bezug auf sich selbst mit dem Personalpronomen *ich* und nicht mit ihrem Namen. Zwei der Kombinationen in der Kategorie »Funktionswort + Funktionswort« wurden sehr häufig gebraucht. Das sind *da auch* und *ich auch*. Diese Ausdrücke werden auch in der Sprache Erwachsener so gebraucht. Es ist ein weiteres Merkmal der Kinder, die viele Funktionswörter zu Beginn des Spracherwerbs gebrauchen, dass sie feststehende Ausdrücke aus der Erwachsenensprache übernehmen und diese häufig gebrauchen.

Tabelle 7.4: Unterschiedliche Arten von Zweiwortäußerungen kleiner Kinder

Inhaltswort + Inhaltswort:	**Funktionswort + Inhaltswort:**	**Funktionswort + Funktionswort:**
Papa Mund	*Schaf rein*	*nein da*
Bein hauen	*Pferd raus*	*ich nein*
Schaf setze	*Hund weg*	*ich auf*
Wasser habe	*Katze ab*	*ich da*
Kuh setze	*raus Katze*	*da aus*
Banane haben	*rein Puppe*	*rein da*
Stuhl setze	*das kochen*	*auch hin*
Hund bellt	*das aufmachen*	*da einer*
Hausschuhe anzieh'n	*mehr Löffel*	*ab alles*
Mund reintun	*drinnen Eis*	*da ein*
	Kuh da	*ich auch*
	da Männchen	
	auch Kinder	

Die Kinder, die viele Inhaltswörter benutzen und ihren Wortschatz schnell erweitern, neigen im grammatischen Bereich dazu, viele Fehler zu machen. Sie lernen auch die grammatischen Regelmäßigkeiten schnell und wenden sie auf neue Wörter an. Dadurch entstehen mehr Fehler als bei den Kindern, die mehr Funktionswörter benutzen. Denn diese erweitern ihren Wortschatz langsamer, wenden die grammatischen Regeln nicht auf so viele neue Wörter an, sondern benutzen wenige, aber dafür mehr korrekte grammatische Formen. Sie neigen dazu, feststehende Ausdrücke aus der Erwachsenensprache zu übernehmen, die sie nicht weiter in ihre Bestandteile analysieren. Daher sind die wenigen grammatischen Formen – wie Mehrzahl, Artikel und Verbformen in der Vergangenheit – dann häufiger korrekt. Die Kinder neigen überhaupt stärker zum Nachahmen sprachlicher Ausdrücke. Die Nachahmung ist für sie eine hilfreiche Strategie, die ihnen Sätze und Teile von Sätzen gibt, die sie etwas später erweitern und zusammenbauen können.

Kinder unterscheiden sich also auch in der Art, mit der sie an die Aufgabe des Erwerbs der Sprache herangehen. Sie haben unterschiedliche Spracherwerbsstile. Der eine Stil ist analytisch. Das Hauptmerkmal ist, dass die Kinder kleine Einheiten wählen. Sie scheinen die Sprache, die sie hören, in kleine Einheiten zu zerlegen. Das bedeutet, dass sie sprachliche Information analytisch verarbeiten. Diese Qualität zeigt sich auf verschiedenen Ebenen. Die Kinder isolieren einzelne Wörter und sprechen sie klar aus. Sie lernen schnell Wörter für einzelne Gegenstände. Auch kombinieren sie die einzelnen Inhaltswörter immer wieder neu. Sie zerlegen die einzelnen Wörter in Bestandteile und lernen schnell die grammatischen Regelhaftigkeiten. Auch diese wenden sie bei neuen Wörtern an. Das ist ein bisschen waghalsig und kann zu Fehlern führen. Der analytische Stil führt zwar zu schnellerem Lernen, aber auch zu mehr Fehlern.

Der andere Stil ist ganzheitlich. Die Kinder neigen dazu, ganze Ausdrücke zu lernen und zunächst nicht in Bestandteile zu zergliedern. Daher gebrauchen sie einzelne grammatische Formen richtig, aber sie verallgemeinern noch nicht so viel. Sie benutzen auch ihre Wörter, um ganzheitlich Bezug zu nehmen. Einzelne Funktionswörter wie *da, das, die* sind wenig spezifisch und können sich auf Allerlei beziehen. Es sind eben Allzweckwörter. Das ganzheitliche Prinzip wird auch darin deutlich, dass die Kinder sich am Rhythmus und der Sprachmelodie eines ganzen Satzes orientieren und größere Einheiten der Erwachsenensprache nachahmend lernen.

Worin sind Kinder unterschiedlich?

- Kinder unterscheiden sich sehr stark im Tempo des Spracherwerbs.
- Kinder unterscheiden sich im Stil des Spracherwerbs.
  - Die einen sind analytisch:
    - sie erweitern ihren Wortschatz schnell und gebrauchen die Wörter kontextunabhängig;
    - zergliedern die Sprache, die sie hören;

- verallgemeinern grammatische Regelhaftigkeiten schnell;
- kombinieren immer neue Inhaltswörter;
- sind gut verständlich.

• Die anderen sind ganzheitlich:
- sie benutzen Allzweckwörter;
- erweitern ihren Wortschatz nicht so schnell und benutzen Wörter kontextabhängig;
- lernen längere sprachliche Ausdrücke, die sie nicht zergliedern;
- kombinieren Allzweckwörter mit anderen und miteinander;
- sind nicht gut verständlich;
- neigen zur Nachahmung.

➢ Die Stile können unterschiedlich stark ausgeprägt sein.
➢ Sie sind vorübergehend und verlieren sich nach den Sprachanfängen.
➢ Beide führen zum Ziel.

Diese unterschiedlichen Spracherwerbsstile kann man am Beginn des Spracherwerbs beobachten, später nicht mehr. Sie sind also nur zeitweise vorhanden. Wenn auch der analytische Stil kurzfristig zu schnelleren Fortschritten führt, so haben die Stile langfristig keine Auswirkung auf die Qualität des Spracherwerbs. Sie stehen in keiner Beziehung zu späterem und dauerhaftem grammatischen Fortschritt. Es sind einfach nur andere Einstiege in die Sprache. Beide sind gleichermaßen effektiv. Die Stile schließen sich auch nicht gegenseitig aus. Im Spracherwerb kommt beides vor: analytisches und ganzheitliches Lernen. Wenn ein Kind einen analytischen Stil hat, so bedeutet das, dass es diesen überwiegend anwendet, und das Umgekehrte gilt für den ganzheitlichen Stil. Die Kinder mit deutlich erkennbarem Stil sind sozusagen an verschiedenen Enden eines Pols. Genauso können Kinder nur mäßig ausgeprägte Stile haben oder sich überhaupt den Stilen nicht klar zuordnen lassen.

Was macht Kinder schnell oder langsam?

Woher kommen die Unterschiede im Spracherwerb? Warum sind die einen Kinder schnell, die anderen langsam? Warum sind die einen analytisch, die anderen ganzheitlich? Natürlich hat die Forschung nach Antworten auf diese Fragen gesucht. Und sie hat auch einige gefunden.

Wir fangen mit dem unterschiedlichen Tempo der Kinder an. Eine Beobachtung, die immer wieder in vielen Forschungen und auch im Alltag gemacht wird, ist, dass Mädchen eine schnellere Sprachentwicklung haben als Jungen. Aber dann tauchen natürlich prompt einige Jungen auf, die eine sehr schnelle Sprachentwicklung haben und einige langsame Mädchen. Also brauchen wir Daten von sehr vielen Mädchen und Jungen, die repräsentativ für die Bevölkerung sind, um diese Frage für Jungen und Mädchen im Allgemeinen zu entscheiden. Es ist auch nützlich, den Spracherwerb bei Mädchen und Jungen in verschiedenen Sprachen und Kulturen anzuschauen. Hier sind die Ergebnisse der Studien mit dem Elternfragenbogen von Nutzen, da sie große Stichproben erfassen. Mittlerweile liegen derartige Studien aus verschiedenen Ländern und für verschiedene Sprachen vor – amerikanisches Englisch, britisches Englisch, Italienisch, Spanisch, Hebräisch, Schwedisch, Isländisch, Niederländisch und Deutsch. Sie zeigen fast alle, dass Mädchen eine schnellere Sprachentwicklung haben als Jungen. Mädchen sind im Schnitt um zwei Monate schneller in ihrer Sprachentwicklung als Jungen. Das trifft auf die Gesamtbevölkerung zu, nicht auf jeden einzelnen Fall. Es kann durchaus den einen oder anderen Jungen geben, der schneller ist, und das einen oder andere langsame Mädchen. Insgesamt jedoch ist der Unterschied in der Schnelligkeit des Spracherwerbs zwischen Mädchen und Jungen nicht sehr groß. Zwei Monate durchschnittlich ist keine große Zeitspanne, wenn man sie damit vergleicht, dass es im Verlauf des frühen Spracherwerbs Unterschiede im Sprachstand von Kindern geben kann, die bis zu 12 Monate betragen.

Eine andere Vermutung ist, dass Geschwisterrang einen Einfluss auf die Schnelligkeit der Sprachentwicklung hat. Der Grund dafür könnte sein, dass Kinder mit unterschiedlichem Geschwisterrang unterschiedliche sprachliche Umwelten haben. Erstgeborene verbringen zur Zeit ihres frühen Spracherwerbs mehr Zeit mit den Eltern allein und hören somit mehr Erwachsenensprache. Jüngere Geschwister dagegen haben auch zur Zeit des frühen Spracherwerbs eines oder mehrere andere Kinder um sich und hören auch deren Sprache neben der Sprache der Eltern. Damit ist ihre sprachliche Umwelt ein weniger perfektes Vorbild als die der Erstgeborenen. So liegt die Vermutung nahe, dass Erstgeborene eine schnellere Sprachentwicklung haben. Diese Vermutung wird durch Untersuchungen mit großen Stichproben kaum bestätigt. Zwar zeigen manche der Untersuchungen eine schnellere Sprachentwicklung von Erstgeborenen, aber die Unterschiede zwischen diesen und anderen Geschwistern sind so gering, dass sie zu vernachlässigen sind. Geschwisterrang hat keinen nennenswerten Einfluss auf die Schnelligkeit des Spracherwerbs.

Eine gut begründete Vermutung ist, dass der Bildungsstand von Eltern einen Einfluss auf die Sprachentwicklung ihrer Kinder hat. Man geht davon aus, dass Eltern mit höherem Bildungsstand einen größeren Wortschatz haben und ihren Kindern mehr Sprache anbieten. Mütter mit höherem Bildungsstand reagieren häufiger und ausgedehnter verbal auf ihre kleinen Kinder als Mütter mit geringerer Bildung. Auch verbringen sie mit ihren Kinder mehr Zeit mit dem Anschauen und Vorlesen von Büchern. Fast alle Studien mit großen Stichproben ergeben, dass der Bildungsstand der Eltern einen Einfluss bereits auf den frühen Spracherwerb hat. Kinder von Eltern mit höherem Bildungsstand haben eine schnellere frühe Sprachentwicklung, und zwar sowohl, was den Wortschatz wie die Grammatik angeht. Jedoch ist der Einfluss des Bildungsstandes in verschiedenen Ländern unterschiedlich stark ausgeprägt. Entweder gar nicht oder kaum vorhanden ist er in Israel, Großbritannien und den USA, deutlicher vorhanden ist er in den Belgien (mit niederländischer Sprache) und Deutschland. Eine unterschiedliche Kleinkinderbetreuung könnte dafür verantwortlich sein, wie stark der Einfluss des Bildungsstandes der Eltern auf die Sprachentwicklung ihrer Kinder ist. Während in Israel außerfamiliäre Kleinkinderbetreuung weit verbreitet ist, ist sie in Deutschland kaum vorhanden. Eine außerfamiliäre Kleinkinderbetreuung könnte sich aber positiv auf den Spracherwerb auswirken, insbesondere bei den Familien, die zu Hause eine weniger reichhaltige Sprache anbieten.

Das Tempo des Spracherwerbs wird zwar beeinflusst vom Geschlecht des Kindes, dem Bildungsstand der Eltern und auch dem Geschwisterrang, aber besonders stark sind diese Einflüsse nicht. Die meisten Entwicklungsphänomene zeigen eine große individuelle Variabilität. Dahinter mögen neurologische Reifungsprozesse stecken, aber welche das sind, ist uns im Falle der Sprache nicht bekannt. So kann die Frage nach den Gründen für das unterschiedliche Tempo des Spracherwerbs nicht ganz zufriedenstellend beantwortet werden.

Was macht Kinder analytisch oder ganzheitlich?

Es könnte ja sein, dass ein analytisches Kind intelligenter ist als ein ganzheitliches. Ist es nicht so, dass hinter unseren Intelligenzleistungen oft analytische Vorgänge stecken? Wir erkennen bestimmte Gesetzmäßigkeiten, verallgemeinern sie und bilden abstrakte Regeln und wenden diese auf Neues an. Wer das gut und schnell kann, hat durchaus gute Chancen, in einem Intelligenztest gut abzuschneiden. Natürlich funktioniert das nicht bewusst, weder bei Erwachsenen noch bei Kindern, aber es kennzeichnet unsere Informationsverarbeitung. Liegen derartige Intelligenzleistungen dem analytischen Vorgehen der Kinder am Beginn des Spracherwerbs zugrunde? Und sind die Kinder, die besser darin sind, auch solche Kinder, die analytisch an den frühen Spracherwerb herangehen? Unglücklicherweise gibt es keine Intelligenztests für Kinder bis zu zwei Jahren, mit denen sich die Intelligenz der Kinder verlässlich messen lässt. Bei amerikanischen Kindern kann man es mit einem gängigen Wortschatztest versuchen, von dem man weiß, dass er mit den Ergebnissen von Intelligenztests gut übereinstimmt. Das hat man getan. Das Ergebnis ist, dass es keinen Zusammenhang gibt zwischen Intelligenz und analytischem oder ganzheitlichen Spracherwerbsstil. Die analytischen Kinder sind nicht die intelligenteren.

Wenn es nicht die Intelligenz im Speziellen ist, so ist es doch möglich, dass die Spracherwerbsstile Ausdruck eines breiteren kognitiven Stils sind, der sich nicht nur in der Sprache zeigt, sondern auch in anderen Verhaltensbereichen. Es könnte eine ganz breite kognitive Orientierung sein, die wir bevorzugt anwenden, um die Welt zu erkennen. Bei vorsprachlichen Kindern und Kindern am Sprachanfang sind wichtige Verhaltensbereiche das Symbolspiel und Mittel-Zweck-Beziehungen. Sie werden sicher schon bemerkt haben, dass Eineinhalbjährige ausgeprochen ausdauernd, erfinderisch und aus Erwachsenensicht manchmal nervig sein können, wenn sie ein Ziel erreichen wollen. Und sie setzen Mittel ein, um dieses Ziel zu erreichen. Es ist beobachtet worden, dass Kinder, die besonders erfindungsreich im Erfinden von neuen Mitteln sind, im frühen Spracherwerb auch einen analytischen Stil haben. Andere Kinder dagegen setzen feststehende sprachliche Ausdrücke ein, um ein Ziel zu erreichen – etwa *geht nich, geht, komm mal, bitte.*

Eine andere häufig zu beobachtende Tätigkeit kleiner Kinder ist das Symbolspiel. Dabei funktionieren die Kinder einen Gegenstand um und geben ihm vorübergehend eine andere Bedeutung. So kann eine Schachtel zu einem Puppenwagen werden oder ein Wollknäuel zu einer Katze. Der umfunktionierte Gegenstand symbolisiert etwas Anderes als das, was er in Wirklichkeit ist. Er steht als Symbol für das, was er momentan bedeutet. Sprache ist dem nicht unähnlich. Ein Wort ist ein Symbol für einen Gegenstand. Es ist nicht der Gegenstand selbst, sondern bedeutet ihn. Nur gibt es einen wesentlichen Unterschied zwischen sprachlichen Symbolen und dem Symbolspiel. Beim Symbolspiel ist es so, dass der umfunktionierte Gegenstand – also das Symbol – irgendeine Ähnlichkeit mit dem bedeuteten Gegenstand hat. So hat die Schachtel eine Höhlung, in die man etwas legen kann, z. B. eine Puppe. Das Wollknäuel ist weich wie das Fell einer Katze. Das Wort dagegen hat keinerlei Ähnlichkeit mit dem Gegenstand, den es bedeutet. In diesem Sinne ist die Beziehung zwischen dem Wort und dem Gegenstand eine willkürliche.

Ist es vielleicht leichter für analytische Kinder, diese willkürliche Beziehung zwischen einem Symbol und seiner Bedeutung zu verstehen, weil sie unabhängiger vom Kontext sind? Wir haben schon gehört, dass diese Kinder neue Wörter schnell auf andere Mitglieder der gleichen Begriffsklasse anwenden – so das Wort *Hund* schnell auf alle möglichen Hunde. Sie nehmen das Wort also schnell aus seinem ursprünglichen Kontext, in dem sie es zum ersten Mal gelernt haben, heraus. Sie sind schnell kontextunabhängig. Man kann nun untersuchen, ob diese Kinder im Symbolspiel auch kontextunabhängig sind, und ob holistische Kinder stärker vom Kontext einer ganzen Situation abhängen. Das würde ja ihrer ganzheitlichen Herangehensweise entsprechen. Es zeigt sich, dass diese Vermutung zutrifft. In einem einfachen Experiment ließ man eineinhalb- bis zweijährige Kinder eine Essensszene spielen. Es gab nichts zu essen – insofern war die Situation simuliert – also nur symbolisch. Man sollte so tun, als ob man isst, entweder mit einem Löffel oder mit einem Kamm. Das Essen mit dem Löffel ist natürlich kontextgebundener, da es die Situation des Essens wirklichkeitsgetreuer nachahmt. Das Essen mit dem Kamm ist weniger kontextgebunden. Es ahmt nur die Handlung des Essens nach, ansonsten reißt es den Kamm völlig aus seinem Kontext. Aber man kann natürlich so tun, als sei der Kamm ein Löffel.

Es ist nicht so einfach, Eineinhalb- bis Zweijährige dazu zu bringen, das zu spielen, was die Versuchleiterin möchte. Aber es gehört zum Geschick einer Versuchsleiterin, das zu bewerkstelligen. Tatsächlich haben die Kinder die Essenszene gespielt. Aus vorhandenen Sprechdaten der Kinder ließ sich feststellen, welche der Kinder eher analytisch und welche eher ganzheitlich in ihrem Spracherwerbsstil waren. Entsprechend ihrem Spracherwerbsstil zeigten die Kinder ein unterschiedliches Symbolspiel. Die analytischen Kinder spielten mit dem Kamm viel und ausdauernd »Essen«. Es störte sie nicht, dass der Kamm als Löffel fungierte. Die holistischen Kinder dagegen zeigten mehr Symbolspiel, wenn ein Löffel in der Essenszene fungierte. Sie bevorzugten die wirklichkeitsnähere Situation. Das zeigt, dass holistische Kinder nicht nur in der Sprache, sondern auch im Symbolspiel ganzheitlich und kontextgebunden vorgehen. Sie reproduzieren eine bekannte Ganzheit, in der der Löffel in einen bekannten Kontext passt. Die analytischen Kinder dagegen nehmen den Kamm aus seinem normalen Kontext heraus und setzen ihn problemlos in einen neuen. Sie sind kontextunabhängiger.

Analytische Kinder zeigen also nicht nur in der Sprache, sondern auch im Symbolspiel eine kontextunabhängige Vorgehensweise. Ganzheitliche Kinder zeigen in Sprache und Symbolspiel eine kontextgebundene Vorgehensweise. Das spricht dafür, dass den Spracherwerbsstilen ein allgemeiner kognitiver Stil zugrunde liegt. Es wäre schön, wenn man diese Interpretation noch mit Experimenten in anderen Verhaltensbereichen untermauern könnte – etwa im Denken und Problemlösen. Aber die Kinder sind noch zu klein, um derartige Verhaltensbereiche untersuchen zu können.

Neben dem eigenen kognitiven Stil kann es auch die Art sein, wie Erwachsene mit den Kindern sprechen, die zu einem bestimmten Spracherwerbsstil führt. Besonders ein Aspekt des analytischen Stils zeigt eine starke Beziehung zur Sprache der Eltern. Das ist der Gebrauch von vielen Inhaltswörtern und die schnelle Erweiterung des Wortschatzes. Mütter von analytischen Kindern sprechen häufiger über Objekte – benennen und beschreiben sie – als die Mütter von Kindern mit einem ganzheitlichen Stil. Die soziale Interaktion und das Spiel mit ihren Kindern ist an Gegenständen und Ereignissen orientiert, und sie reden darüber. Auch ist bei diesen Müttern eine klare Artikulation beobachtet worden und ein ausgeprägter Gebrauch von übertriebenen Intonationsmustern, die die Erwachsenensprache besonders gut hörbar machen. So ist der analytische Stil, der sich durch den Gebrauch vieler verschiedener Wörter und eine gute Artikulation auszeichnet, wahrscheinlich auch durch die Art des Sprachangebots Erwachsener beeinflusst. Bei den Kindern mit ganzheitlichem Stil ist der Einfluss der Sprache Erwachsener weniger klar.

Woher kommen die Unterschiede zwischen den Kindern?

- Geschlecht und Geschwisterrang des Kindes, Bildungsstand der Eltern beeinflussen das Tempo des Spracherwerbs;
  - Geschlecht deutlich;
  - die anderen beiden nur geringfügig;
  - Mädchen sind schneller als Jungen.
- Analytische oder ganzheitliche Herangehensweisen sind Teil eines allgemeinen kognitiven Stils.
- Sie können auch durch die Sprache und Interaktion von Erwachsenen beeinflusst sein.

Man muss allerdings sagen, dass Erwachsene sich auch dem Stil der Kinder anpassen. Wenn Kinder vom häufigen Gebrauch von Inhaltswörtern zum häufigen Gebrauch von Pronomen übergehen – oder umgekehrt – so verändern Erwachsene ihre Sprache auch in diese Richtung. Spracherwerbsforscher, die ja selber am Spiel mit den Kindern teilnehmen, haben festgestellt, dass sie ihre Sprache dem jeweiligen Kind anpassen. So gebrauchen sie mehr Pronomen mit einem Kind, das viele Pronomen und Allzweckwörter benutzt, und mehr Inhaltswörter mit einem Kind, das viele Inhaltswörter benutzt. Es ist also gar nicht einfach zu bestimmen, wer wen beeinflusst. Es handelt sich vermutlich um einen wechselseitigen Einfluss von Kind und Erwachsenem.

Das Normkind ist eine Fiktion

Was ist die Bedeutung der Studien zu individuellen Unterschieden im Spracherwerb? Wenn Kinder die Sprache sowieso erwerben, egal ob flott oder langsam, dann spielt das Tempo doch eigentlich keine Rolle. Warum ist es dann erwähnenswert? Und wenn die Kinder sowieso Sprache erwerben, was spielt es für eine Rolle, wie sie an diese Aufgabe herangehen – ob analytisch oder ganzheitlich?

So gesehen spielt das keine Rolle. Aber wir sehen es nicht so. Weder in Teilen der Wissenschaft noch im Alltagsleben. Aus der Wissenschaft kam die Vorstellung, dass der Spracherwerb für alle Kinder gleich verläuft, und zwar im gleichen Tempo und auf die gleiche Art und Weise. Und im Alltagsleben neigen wir dazu, diese Idee willig anzunehmen. Wir möchten gerne festgeschrieben haben, was ein Kind in einem bestimmten Alter zu können hat. Und das soll für jedes Kind zutreffen. Wir beunruhigen uns, wenn irgendeine vermeintliche Norm auf unser Kind nicht zutrifft.

Das eigentlich Beunruhigende ist, dass Vorstellungen von Normen für den Spracherwerb, die gerne in manchen Lehrbüchern, Tabellen in Beratungsstellen und Elternzeitschriften verbreitet werden, auf sandigem – wenn überhaupt auf irgendeinem – Grund stehen. Es wird ein »Normkind« erfunden, das einen standardmäßigen frühen Spracherwerb durchläuft. Dieser beginnt mit Einwortsätzen. Im Alter von 18 Monaten hat dieses Normkind einen Wortschatz von 50 Wörtern und bildet Zweiwortäußerungen. Sehr bald durchläuft es eine Wortschatzexplosion, d. h. sein Wortschatz wächst explosionsartig an. Bald fängt es an, komplexere Grammatik zu lernen und der Wortschatz wächst weiter.

Die wichtigste Lehre aus den Studien zu individuellen Unterschieden ist, dass dieses Normkind eine Fiktion ist. Dieses Kind gibt es nicht. Es ist bestenfalls eine Idealisierung, aber im schlimmsten Fall eine Irreführung, deren Folge Beunruhigung bei Eltern sein kann. Erkennen sie die Normen in ihrem Kind nicht und liegt ihr Kind gar darunter, so könnten sie auf den Gedanken verfallen, ihr Kind habe einen sprachlichen Entwicklungsrückstand.

Der Ausweg aus dieser Situation erfordert ein bisschen Anstrengung, aber es gibt ihn. Er wurde im ersten Teil dieses Kapitels dargestellt. Man muss auf der Grundlage von Spracherwerbsdaten sehr vieler Kinder ermitteln, was die »goldene Mitte« ist und wie weit individuelle Kinder um diese Mitte herum streuen. Dann kann man die unterschiedlichen Tempi der Kinder getrost akzeptieren. Wann eine Grenze zu einer zu langsamen oder möglicherweise gestörten Sprachentwicklung zu ziehen ist, wird in Kapitel 10 diskutiert.

Auch die verschiedenen Herangehensweisen an den Spracherwerb können wir getrost akzeptieren. Wir müssen sie nicht mit »gut« oder »schlecht« bewerten. Wir haben ja schon gehört, dass sie alle zum gleichen Ziel führen. Es mag sein, dass das Nachbarskind ganz anders an die Sprache herangeht als das eigene. Aber das ist kein Grund zu fragen, was denn nun besser oder schlechter ist. Es tut gut, sich das Bewerten einfach abzugewöhnen und den individuellen Lernstil und das Lerntempo eines Kindes zu akzeptieren. Die Natur hat kleine Menschen ziemlich robust ausgestattet. Und auch ziemlich aufgeweckt und sehr lernfähig. Ebenso hat sie eine Vielfalt von Entwicklungswegen vorgesehen, sonst wären wir als Spezies möglicherweise gar nicht weit gekommen. Wir Erwachsenen sollten tolerant gegenüber Individualität sein und uns daran erfreuen. Man kann sich getrost am Spracherwerb von Kindern – einschließlich mancher seiner Eskapaden – erfreuen. Es muss schon eine Menge passieren, um ein Kind daran zu hindern, seine Muttersprache zu erwerben.

Was ist die Lehre aus der Unterschiedlichkeit der Kinder?

- Ein Normkind gibt es nicht.
- Akzeptieren Sie die unterschiedlichen Tempi des Spracherwerbs.
- Freuen Sie sich an den unterschiedlichen Lernwegen, die Kinder gehen.
- Individuelle Unterschiede sind eine Bereicherung.

8 Erwachsene: Hauptakteure oder Statisten?

Haben Sie schon einmal eine Tonaufnahme von sich gehört, wenn Sie mit einem zweijährigen Kind sprechen? Und dann gleich eine andere, auf der Sie sich mit einem erwachsenen Sprecher unterhalten? Das kann zur Verwunderung führen. Lesen Sie einmal die folgenden Auszüge aus einem unserer Transkripte, in der sich eine Mutter erst mit ihrem Kind und dann mit einer Projektmitarbeiterin unterhält. (Die Namen entsprechen nicht den wirklichen Namen.)

Mutter spricht mit ihrem zweijährigen Kind:

Henrik: *Sauber [= Hubschrauber].*
Mutter: *Ein Hubschrauber.*

Henrik macht Hubschraubergeräusche.

Henrik: *Dsch dsch dsch.*
Mutter: *Dreht sich denn da oben der Propeller?*
Mutter: *Dreht sich der Propeller da oben?*
Mutter: *Versuch mal.*
Mutter: *Der Propeller.*
Mutter: *Ja, guck, der dreht sich.*
Mutter: *Toll.*

Henrik macht weiter Hubschraubergeräusche.

Henrik: *Brimm brimm brimm.*
Henrik: *Brämm brim brim.*
Henrik: *Brrrrr.*
Henrik: *Guck mal, Sauber [= Hubschrauber].*
Mutter: *Da is auch ein Hubschrauber?*
Henrik: *Brum.*
Mutter: *Oh, ein kleiner.*
Henrik: *Oh paputt [= kaputt].*
Mutter: *Hm.*
Henrik: *Oh, paputt.*
Henrik: *Oh, klein.*
Mutter: *Mach heile.*

Eine Minute später unterhält sich die Mutter von Henrik mit einer Projektmitarbeiterin (Adele) über das Forschungsprojekt und den Spracherwerb:

Mutter: *Bei wie viel Kindern machen Sie dies hier, diese …*
Adele: *Diese Aufnahmen?*
Mutter: *Hm.*
Adele: *Bei 24.*
Adele: *In Oldenburg sind es ja auch nochmal 24, ne, – das sind dann die normal hörenden.*
Adele: *Die werden in Vergleich dazu gesetzt.*
Mutter: *Ach so, in Oldenburg sind die normal hörenden und hier in Hannover dann die implantierten.*
Adele: *Hm.*
Mutter: *Aha.*
Mutter: *Aber da müssen doch bestimmt auch gravierende Unterschiede sein, wenn ich das so bedenke …*
Mutter: *Mein Patenkind, das is im April drei geworden, und er, ja, im Mai jetzt vor kurzem grad, und, ehm …*
Mutter: *Aber was es da schon wieder, also die Lina, die spricht so viel, also die telefoniert schon und erzählt lauter Geschichten am Telefon, und ehm, dann unser, dann 'n Nachbarskind ham wa dann noch, das spricht also noch weniger wie Henrik, und der wird jetz im August drei, also da sind ja auch schon gravierende Unterschiede …*
Adele: *Ja, es gibt wirklich sehr große Unterschiede.*
Mutter: *Is das irgendwie zu, eh, zu merken, dass die Mädchen eventuell schneller sind wie die Jungs?*
Mutter: *Ich hab immer das Gefühl gehabt, die Jungs sind von …*
Mutter: *Irgendwie 'n bisschen sprechfauler als die Mädchen, die Mädchen sind irgendwie schneller auf zack.*
Mutter: *Also, so in unser'm Umkreis hab ich das jedenfalls festgestellt, un ich hab im Kindergarten mal gefragt, die sagten so, also im Großen und Ganzen, wenn wir das so beurteilen sollten, würden sie auch sagen, die Mädchen, die sind schneller, und es gibt 'n paar Jungs die halten gut mit, aber …*
Mutter: *Man würde doch merken, dass die Mädchen irgendwie …*
Mutter: *In der Beziehung schneller sind.*
Adele: *Das kann man natürlich dann …*
Mutter: *Gleich mit vergleichen so beim Auswerten 'n bisschen.*

Die Unterschiede im Sprechstil sind überdeutlich. Beim Sprechen mit dem zweijährigen Kind sind die Sätze sehr kurz, es gibt inhaltliche Wiederholungen und viele Fragen. Aber ganz schnell ist es uns möglich, in einen anderen Sprechstil zu wechseln, je nachdem, mit wem wir sprechen. Beim Sprechen mit einem anderen Erwachsenen gibt es sehr lange Sätze, deren Teile nicht so logisch aufeinander folgen wie sie das in der geschriebenen Sprache tun. Sie folgen einfach den Gedankengängen. Und diese sind nicht unbedingt geordnet. Auch werden die Sätze oft nicht vollendet. Das ist ganz typisch für die Sprache Erwachsener untereinander.
Kleinen Kindern bieten wir etwas anderes. Was das ist, wollen wir uns jetzt anschauen.

Ein ganz spezieller Code für Kinder

Wir haben einen speziellen Code für Kinder entwickelt. Das gilt für Kinder zwischen einem und drei Jahren. Wenn wir mit ihnen sprechen, sind unsere Sätze kürzer. Wir bilden einfache Sätze und kaum Satzgefüge. Meistens sind es Hauptsätze. Allerdings enthält die Sprache an kleine Kinder auch viele unvollständige Sätze und Einwortäußerungen. Wir sprechen also auch mit kleinen Kindern durchaus nicht immer »korrekt«, wenn man unter »korrekt« einen Satz versteht, der vollständig ist, d. h. mindestens ein Subjekt und ein Verb enthält. Im Gegenteil, viele der Sätze enthalten kein Verb. Die Sprache an kleine Kinder enthält viele Fragen und Aufforderungen. Auch werden Sätze wiederholt, entweder ganz oder in Teilen. Inhaltlich ist die Sprache auf die Gegenwart bezogen. Es wird wenig über Vergangenes oder Zukünftiges geredet. Es gibt viele Inhaltswörter, wovon sich die meisten auf vorhandene Gegenstände und Ereignisse beziehen. Es gibt auch viele inhaltliche Wiederholungen. Das heißt, es wird das Gleiche – mit etwas anderen Wörtern – noch einmal gesagt. Die Sprache ist also stark am Inhalt konzentriert. Neben diesen strukturellen und inhaltlichen Merkmalen gibt es auch solche, die sich auf die Melodie der Sprache beziehen. Wenn wir mit kleinen Kindern sprechen, sprechen wir in einer höheren Tonlage. Es kann allerdings auch sein, dass wir die Tonlagen und überhaupt unsere stimmlichen Möglichkeiten extrem variieren, denn auch das Sprechen ohne Stimme, das Flüstern, kommt vor. Und dann tun wir den kleinen Kindern einen großen Gefallen: wir sprechen mit ihnen langsamer, und wir trennen die Wörter und Silben auch etwas besser, als wir das sonst tun.

Im Kasten 8.1 sind Beispiele eines solchen Sprechens mit Kindern im Alter von 1;4, die noch ganz am Sprachanfang sind, gegeben. Einige der Merkmale, die gerade genannt wurden, finden Sie in der Sprache der Erwachsenen. Es ist in einem Fall der Vater, im anderen die Mutter des Kindes. (Die Namen entsprechen nicht den wirklichen Namen.) Die Erwachsenen bilden kurze Sätze, auch Einwortäußerungen. Sie wiederholen sich inhaltlich, und stellen viele Fragen. Mit dem, was sie sprechen, strukturieren sie auch die Spielsituation für das Kind und machen das Beste aus ihren Antworten – so wie im zweiten Beispiel, in dem aus einem *uh* des Kindes ein Uhu gemacht wird.

Kasten 8.1: Sprechen mit Einjährigen – ganz schön anstrengend

Beispiele von Gesprächen mit Kindern im Alter von 1;4

Ole 1;4 und sein Vater spielen mit einem Flugzeug und Passagieren:
Ole: *Ein Flugzeug?*
Vater: *Ja.*
Vater: *Da sind ja Leute drin.*
Vater sagt das flüsternd.
Vater: *Guck mal, die setzen wir da mal wieder richtig rein.*
Vater: *Denn könn'n die da raus gucken.*
Ole will losfliegen.
Vater: *Nicht losfliegen.*
Vater: *Die Leute sitzen noch nich.*
Vater: *Die Passagiere sitzen noch gar nicht richtig.*

Vater: *So.*
Vater: *Jetz.*
Vater: *So.*
Vater: *Jetz kann's logeh'n.*
Ole: *Ho.*
Vater: *Ja.*
Ole zieht das Flugzeug hinter sich her.

Nick 1;4 und seine Mutter schauen sich ein Buch an, das die Projektmitarbeiterin (Clara) ihnen gegeben hat:
Mutter: *Wo is denn die Katze?*
Nick: *Wau.*
Mutter: *Nein, die Katze mein ich.*
Mutter: *Da.*
Mutter: *Un der Fisch.*
Mutter: *Wo is denn der Fisch?*
Nick: *Ah.*
Mutter: *Da is der Hase.*
Mutter: *Und der Hund.*
Mutter: *Wo is denn der Hund?*
Nick: *Wau.*
Nick zeigt weg irgendwohin im Raum.
Mutter: *Da is jetz auch einer, aber hier auf dem Bild is auch noch einer.*
Mutter und Clara unterhalten sich kurz.
Mutter: *Wo is denn die Eule?*
Nick: *Uh.*
Mutter: *Uhu.*

Die spezielle Art des Sprechens mit kleinen Kindern ist so weit verbreitet, dass sie zu einem eigenen Namen mit einer Abkürzung gekommen ist. Dieser ist »an das Kind gerichtete Sprache« – abgekürzt als KGS. In unserer Gesellschaft spricht jeder KGS, wenn er oder sie mit einem kleinen Kind redet. Mütter und weibliche Personen, die keine Mütter sind, Väter und männliche Personen, die keine Väter sind, auch ältere Kinder. Wir müssen es nicht lernen, KGS zu sprechen. Wir machen das automatisch und merken es gar nicht. Wie automatisch wir das machen, merkt man, wenn man Spracherwerbsforscherin ist, und vieles über KGS weiß. Ich habe in den Spielsituationen mit den Kindern unserer Studie nie gemerkt, dass ich anders spreche und war beim Anhören immer wieder erstaunt, dass meine Stimmlage höher ist und wie oft ich mich wiederhole. Es scheint etwas zu sein, das von dem kleinen Kommunikationspartner ausgeht, das KGS in uns hervorruft. Vermutlich sind es die Reaktionen des kleinen Kindes, die uns signalisieren, ob es aufmerksam ist, uns zuhört und versteht. Diesen Reaktionen und auch der minimalen Sprache des kleinen Kindes passen wir unsere Sprache an. Im Übrigen ist es ganz schön anstrengend, sich lange mit einem kleinen Kind zu unterhalten. Wenn wir uns auch automatisch an das Verstehensniveau des kleinen Kindes anpassen, so erfordert das doch eine gewisse Anstrengung.

Wir produzieren KGS allerdings nicht immer gleich stark ausgeprägt. Es gibt Situationen, in der dieser Code nicht in all seinen Aspekten gleich stark ausgeprägt ist. So gebrauchen wir beim Bücher anschauen und im freien Spiel eine komplexere Sprache als in Situationen wie Baden, Essen, Anziehen. In den letzteren geht es wohl darum, dass Kinder unsere Instruktionen schnell verstehen und ausführen, während man sich beim Bücher Anschauen und freien Spiel Zeit nehmen kann. Es sind also auch die kommunikativen Erfordernisse der Situation, die dazu führen, ob und wie stark KGS gesprochen wird.

Wie sprechen wir mit Ein- und Zweijährigen?

- In kurzen Sätzen;
- mit vielen Fragen;
- und vielen Aufforderungen;
- auch mit unvollständigen Sätzen;
- mit Bezug auf die Gegenwart;
- mit inhaltlichen Wiederholungen;
- in höherer Tonlage;
- in wechselnden Tonlagen;
- langsamer und deutlicher.

Überall und nur für Kinder?

Wenn KGS in unserer Kultur auch weit verbreitet ist, so gibt es diesen speziellen Sprachcode nicht in jeder Kultur. Es gibt Kulturen und Subkulturen, in denen man Sprache selten direkt an kleine Kinder richtet, und wenn man es tut, dann verändert man seine Sprache nicht im Sinne von KGS. Derartige Kulturen sind in Mittelamerika und auf Papua-Neuguinea bekannt. Es herrschen dort andere Auffassungen von kleinen Kindern. Sprecher einer Indianersprache Mittelamerikas betrachten kleine Kinder als geistig und physisch zerbrechlich und daher ist es eher sinnvoll, sie zu beruhigen als mit ihnen viel zu sprechen. Auf Papua-Neuguinea werden kleine Kinder erst direkt angesprochen, wenn sie anfangen Zweiwortäußerungen zu produzieren. Dann werden sie auch häufig zum Imitieren aufgefordert. Auch innerhalb der USA gibt es eine ländliche afroamerikanische Subkultur, in der man kleine Kinder nicht als Gesprächspartner ansieht. Daher produziert man keine Sprache, die sich speziell an kleine Kinder richtet. All diesen Kulturen ist aber gemeinsam, dass kleine Kinder am Leben der Erwachsenen teilnehmen – anders als in unserer Gesellschaft. Sie sind in die soziale Gruppe der Großfamilie integriert und hören sehr viel Sprache, die um sie herum gesprochen wird.

In Kulturen, in denen kein KGS gesprochen wird, lernen Kinder ihre Muttersprache genauso schnell und mühelos wie in unserer Kultur. Das zeigt, dass KGS für den Spracherwerb nicht notwendig ist. Kinder vollziehen ihren Spracherwerb mit und ohne KGS. Man kann sich dann allerdings fragen, warum wir in unserer Kultur KGS wohl produzieren. Vielleicht werden die Gründe klarer, wenn wir uns anschauen, mit wem wir sonst noch in KGS sprechen.

Ein Sprachcode, der KGS ähnelt, ist nämlich nicht nur für Kinder reserviert, wenngleich wir ihn mit Kindern in einer sehr stark ausgeprägten Form sprechen. Wir sprechen aber ganz ähnlich, wenn wir mit Ausländern, alten und kranken Personen und mit unseren Haustieren sprechen. Was steht dahinter? Vermutlich ist es der Wunsch, verstanden zu werden. Bei Ausländern nehmen wir an, dass sie unserer Sprache nicht so mächtig sind und daher sprechen wir einfacher und langsamer für sie. Was wir bei alten und kranken Menschen annehmen, ist nicht so ganz klar. Aber ein Aufenthalt in einem Krankenhaus der alten Schule kann ziemlich lehrreich sein. Möglicherweise begegnen Ihnen einige Angehörige des ärztlichen und des Pflegepersonals, die davon auszugehen scheinen, dass Menschen, die krank sind und das Alter von 50 Jahren überschritten haben, eine normale Sprache Erwachsener untereinander nicht verstehen. Und dann sind da schließlich noch die Haustiere. Mit ihnen sprechen wir KGS in Vollform. Was nehmen wir von ihnen an? Vermutlich nicht, dass sie uns im wirklichen Sinne verstehen. Sie können die emotionalen Botschaften in unserer Sprachmelodie deuten, und wenn sie Hunde sind und wir sie erzogen haben, können sie auch auf bestimmte Worte hin ein bestimmtes Verhalten ausführen. Aber warum reden wir mit ihnen? Und noch obendrein in einem Sprachcode wie KGS?

Wir wenden KGS an, wenn wir davon ausgehen, dass der andere Gesprächspartner Schwierigkeiten hat uns zu verstehen, wir aber die Kommunikation unbedingt aufrecht erhalten wollen. Was die Haustiere angeht, so möchten wir ihre Aufmerksamkeit erhalten und wir möchten unsere Zuneigung ausdrücken. Bei kleinen Kindern trifft alles zu: Wir möchten ihre Aufmerksamkeit, wir möchten die Kommunikation aufrecht erhalten, und wir möchten verstanden werden und unsere Zuneigung ausdrücken. Daher ist im Gespräch mit ihnen KGS auch am stärksten ausgeprägt.

Kann man davon ausgehen, dass Kinder aus dieser Art von Sprache besonders gut lernen können? Das könnte sein, da sie Aspekte enthält, die dafür sprechen. Das sind das langsamere und deutlichere Sprechen und die inhaltlichen Wiederholungen sowie die kurzen Sätze. Aber KGS enthält nicht nur Elemente, die günstig für das Lernen von Sprache sind. Sie hat auch Aspekte, die für den Erwerb einer Sprache weniger geeignet sind. So gebrauchen wir verschiedene Satztypen alle auf einmal: Aussagesätze, Fragen und Aufforderungssätze. Das tut man in Sprachlektionen einer Fremdsprache nicht. Man führt sie nacheinander ein. Wir benutzen unvollständige Sätze, und das ist grammatisch nicht korrekt. Wir benutzen Sätze ohne Verben. Auch das ist keine gute Grammatik. KGS ist nicht in all seinen Aspekten ein gutes Lehrangebot.

Es ist gut möglich, dass KGS das Produkt einer Kultur ist, in der die Welt der Kinder und die Welt der Erwachsenen stark voneinander getrennt sind. In westlichen industrialisierten Gesellschaften sind die Kinder nicht in das Leben und die Arbeit der Erwachsenen integriert. Erwachsene schaffen aber Situationen, in denen sie sich momentan an die Welt der kleinen Kinder anpassen und die Welt von deren Standpunkt her deuten. KGS gehört dazu. Dieser Sprachcode dient möglicherweise dazu, eine Situation herzustellen, in der sprachliche Äußerungen der Welt Bedeutung geben – und zwar so, dass kleine Kinder diese Bedeutung verstehen. In Kulturen, in denen kleine Kinder ständig den Tätigkeiten der Erwachsenen nahe sind, verstehen sie diese aus den Handlungskontexten. In einer Kultur dagegen, in der Kinderwelt und Erwachsenenwelt getrennt sind, müssen wir für Kinder bedeutungsvolle kommunikative Situationen schaffen. Und KGS ist möglicherweise eines der Mittel, mit dem wir das tun.

Alles für die Katz?

Jetzt mögen Sie sich fragen, ob das denn nun alles ist. Es ist doch nahe liegend anzunehmen, dass eine vereinfachte Sprache mit kurzen Sätzen und Wiederholungen, die zudem noch langsamer und deutlicher gesprochen wird, dem Lernen von Sprache direkt etwas nützt. Das heißt, dem Lernen von Wörtern und Grammatik. Oder ist all die Anstrengung der Anpassung an den kleinen Kommunikationspartner für die Katz?

Nein, so schlimm ist es nicht. Es gibt einige formale Merkmale von KGS, die sich positiv auf den Spracherwerb auswirken. In den Studien zur Wirkung von KGS untersucht man, ob es eine Beziehung zwischen einzelnen Merkmalen von KGS und der Kindersprache einige Monate später gibt – manchmal sechs Monate, manchmal neun Monate später. Man analysiert die Sprache der Kinder zu einem späteren Zeitpunkt, da man davon ausgeht, dass KGS eine Zeit lang braucht, um seine Wirkung zu entfalten. Die Ergebnisse der Studien sind nicht immer die gleichen. Aber grob zusammengefasst kann man sagen, dass viele Fragen, Erweiterungen unvollständiger kindlicher Äußerungen, und der Wechsel in der Person bei Verbformen sich positiv auf den kindlichen Spracherwerb auswirken. Und zwar wirken diese Formen besonders auf den Erwerb von Endungen an Verben und von Hilfsverben. Wenn Eltern viele Fragen stellen, die unvollständigen Äußerungen ihrer Kinder häufig um die korrekte Form erweitern und die Person bei Verbformen häufig wechseln, lernen ihre Kinder Endungen an Verben und Hilfsverben schneller.

Die Wirkung kommt wie folgt zustande. In Fragen steht das konjugierte Verb am Satzanfang. Das trifft auf Vollverben und auf Hilfsverben zu. Beispiele sind: *Spielst du mit den Autos? Hat das Baby geschlafen?* Egal ob Vollverb oder Hilfsverb, das konjugierte Verb steht am Satzanfang. Der Satzanfang seinerseits ist aber besonders deutlich hörbar. Daher können Kinder die konjugierten Verbformen besonders gut wahrnehmen und verarbeiten. Das führt dazu, dass sie sie gut lernen können.

Der häufige Wechsel in der Person bei Verbformen bietet Kindern die verschiedenen Endungen an Verben häufiger an und führt so dazu, dass sie mehr Übung bekommen und diese schneller lernen. Etwa beim Spiel mit der Autogarage, wenn man Autos herunterfahren lässt, können die Kommentare sein: *Da rollt das Auto runter; du lässt das Auto runterfahren; lass mal das Auto runterfahren; jetzt fährt er runter* oder *ich fahr runter mit dem Auto.* In diesen Sätzen werden unterschiedliche Endungen von Verben angeboten. Das Kind kann aus der Vielfalt dieses Angebots lernen.

Am wirksamsten sind möglicherweise die Erweiterungen kindlicher Äußerungen. Was genau sind Erweiterungen? Es sind Wiederholungen kindlicher Äußerungen, bei denen der unvollständigen oder auch fehlerhaften kindlichen Äußerung die korrekte Form hinzugefügt wird. Der Erwachsene wiederholt also, was das Kind gerade gesagt hat, und macht dabei formal alles richtig. Es gibt jedoch Varianten von Erweiterungen. Manchmal wird nur die Aussprache korrekt wiederholt, manchmal eine grammatische Form und manchmal wird zusätzlich zur korrekten Form noch ein bisschen neuer Inhalt hinzugefügt. Beispiele dazu aus unseren Sprechdaten sind in Kasten 8.2.

Kasten 8.2: Das Richtige hinzufügen

Beispiele von Erweiterungen kindlicher Äußerungen durch Erwachsene

Wiederholung mit richtiger Aussprache:
Kind: *Ei Tinewade.*
Vater: *Ein Kinderwagen.*

Kind: *Schische.*
Mutter: *Sitzen, ja.*

Wiederholung mit richtiger Aussprache und Hinzufügung von richtiger Grammatik:
Kind: *Zepa.*
Mutter: *Ein Zebra.*

Kind: *Lupseut.*
Mutter: *Ein Flugzeug.*

Wiederholung unter Hinzufügung von richtiger Grammatik:
Kind: *Katze.*
Muter: *Eine Katze.*

Kind: *Die Maus schön.*
Mutter: *Die Maus is schön?*

Kind: *Zwei Bär.*
Mutter: *Zwei Bären.*

Kind:	*Kann Baby schieben.*
Vater:	*Du kannst das Baby schieben.*

Wiederholung unter Hinzufügung von richtiger Grammatik und mehr Inhalt:

Kind:	*Du den Auto tanken.*
Mutter:	*Ich soll das Auto volltanken?*
Kind:	*Ich will hier.*
Vater:	*Da willst du sitzen?*

Die Wirkung von Erweiterungen liegt darin, dass sie Kindern die grammatikalisch korrekte Form einer Äußerung dann anbieten, wenn das Kind den Inhalt der Äußerung schon kennt. Die Erweiterung ist ja eine Wiederholung der kindlichen Äußerung. Das Kind kennt also die Wörter der Äußerung, und es versteht den Inhalt, den es ja selber gerade vorher geäußert hatte. Es muss also seine Aufmerksamkeit nicht mehr auf den Inhalt verwenden, sondern kann sie der grammatischen Form widmen – wenngleich dieses natürlich nicht bewusst geschieht. Kleine Kinder haben eine eingeschränktere Kurzzeitgedächtnisspanne als Erwachsene. Erweiterungen bieten eine Gelegenheit, die formalen Aspekte der Sprache in das informationsverarbeitende System des Kindes aufzunehmen, da dieses sich nicht mehr um den Inhalt der Äußerung kümmern muss.

Kinder können auch deswegen aus Erweiterungen lernen, weil diese indirekt deutlich machen, dass das Kind eine fehlerhafte Äußerung gemacht hat. Erwachsene reagieren nämlich nur auf fehlerhafte oder unvollständige Äußerungen mit Erweiterungen. Auf korrekte kindliche Äußerungen reagieren sie anders, entweder mit einer Antwort, die einen anderen Satz bildet als den, den Kind gerade gesagt hat oder – in seltenen Fällen – mit einer wörtlichen Wiederholung. Damit machen Erwachsene aber einen Unterschied zwischen dem, was formal korrekt ist und dem, was nicht korrekt ist. Kinder bekommen also ein indirektes Signal darüber, dass sie etwas falsch gemacht haben. Und obendrein noch sofort die korrekte Version.

Untersuchungen haben gezeigt, dass der Erwerb spezifischer grammatischer Formen gefördert wird, wenn Erwachsene diese Formen, die in der Kindersprache unvollständig sind, erweitern. Das trifft auf Formen der Artikel, Verbformen und Pluralformen zu. Es kommt auch vor, dass das Kind eine erweiterte Äußerung unmittelbar imitiert. Das heißt, es imitiert die korrekte Version seiner vorher fehlerhaften Äußerung. Das sieht wie ein deutlicher Indikator dafür aus, dass Kinder aus den Erweiterungen lernen.

Zwar nur Statisten – aber höchst sensibel

Man kann die Wirkung der formalen Aspekte von KGS kaum trennen von etwas Anderem, das damit einhergeht. Und das ist der allgemeine Gesprächsstil. Viele Imperative bedeuten auch, dass dem Kind Aufforderungen in einem Stil gegeben werden, der das Kind lenkt. Viele Fragen dagegen bedeuten eine Offenheit in der Interaktion. Sie geben dem Kind die Möglichkeit zu wählen und die Situation zu steuern. Sie zeigen auch ein Interesse daran, was das Kind wohl möchte. So kann es sein, dass nicht die sprachliche Form an sich den Ausschlag gibt, sondern der allgemeine Gesprächs- und Interaktionsstil, der dahinter steht.

Erwachsene können in ihrem Spiel und ihren Gesprächen mit kleinen Kindern mehr oder weniger sensibel sein. Sie sind die kompetenteren Interaktionspartner, und daher haben sie es zum großen Teil in der Hand, wie das Gespräch verläuft. Sie können das Spiel und das Gespräch entscheidend strukturieren. Untersuchungen des Gesprächsstils haben gezeigt, dass Erwachsene sich hier unterscheiden, und dass dieses einen Einfluss auf den Spracherwerb hat.

Kleine Kinder am Sprachanfang haben die Neigung, schnell das Thema zu wechseln. Es kann für Erwachsene recht anstrengend sein, diesen Themenwechseln zu folgen, und sie mögen es tun oder auch nicht tun. Studien zeigen, dass es förderlich für den Spracherwerb ist, wenn Erwachsene dem Thema des Kindes folgen. Die förderliche Wirkung rührt daher, dass Kinder das lernen, worauf ihre Aufmerksamkeit und ihr Interesse gerichtet ist. Insistieren wir auf dem, was wir spielen und kommentieren möchten und richten uns weniger nach dem Interesse des Kindes, so wird uns und unserer Sprache weniger Aufmerksamkeit geschenkt, und folglich wird weniger daraus gelernt. Das ist insbesondere bei den ein- und zweijährigen Kindern so – also am Sprachanfang. Ihre Aufmerksamkeit auf einen Gegenstand oder ein Thema ist in der Regel recht kurz. Aber es lohnt sich, ihren wechselnden Themen zu folgen. Entwicklungspsychologisch fundierte Fernsehprogramme – wie die Teletubbies – tragen dieser Eigenschaft kleiner Kinder übrigens Rechnung, wenn sie auch von manchen pädagogischen Bewertungen in Deutschland für nicht gut befunden wurden.

Im Kasten 8.3 wird ein Beispiel der schnellen Themenwechsel eines einjährigen Kindes aus unseren Sprachdaten gegeben. Die Spielsituation ist, dass Annika und ihre Mutter mit den Zootieren spielen. Sie haben gerade die Tiger gefüttert. Die Mutter verweist auf die Zebras, aber Annika wendet sich einem Fisch zu. Die Mutter geht darauf ein. Als sie aber mit dem Fische Füttern weiter machen will, hat Annika daran kein Interesse mehr und entdeckt den Kaufmannsladen, der im Spielzimmer in einiger Entfernung steht. Sie fängt an, Dinge im Kaufsmannsladen zu benennen. Zuerst antwortet ihr Clara, die Projektmitarbeiterin, dann geht die Mutter ebenfalls auf Annikas neues Thema ein. Urplötzlich ist Annika wieder beim Zoo und bei den Knochen, mit denen sie einige Minuten früher die Tiger gefüttert hatten. Ihre Mutter macht mit den Knochen weiter.

Es ist unschwer nachvollziehbar, dass derartige Gespräche mit kleinen Kindern uns ganz schön anstrengen. Wir springen nämlich nicht innerhalb von Sekunden zu anderen Themen. Für ein- und zweijährige Kinder kann das jedoch sehr typisch sein und entspricht ihrer Aufmerksamkeitsspanne und ihrem Interesse an neuen Eindrücken. Das heißt nicht, dass sie sich nicht auch lange auf etwas konzentrieren können, das sie interessiert. Was immer sie tun, es wirkt sich günstig auf den Spracherwerb – und im Übrigen auch auf ihre Denkentwicklung – aus, wenn wir ihrem Interesse folgen. Von unserer Seite her gehört dazu eine gewisse Sensibilität und Bereitwilligkeit, dem Kind zu folgen.

Kasten 8.3: Mal hier – mal da

Themenwechsel des Kindes und Reaktionen der Erwachsenen

Annika 1;8 und ihre Mutter spielen mit dem Zoo und füttern die Tiere. Die Tiger wurden gerade mit Knochen gefüttert. Clara (Projektmitarbeiterin) sitzt am Kindertisch.

Mutter: *Und die Zebras ham auch noch nichts bekomm'n.*
Mutter: *Hm?*
Annika: *Da.*

Annika hält einen Fisch.

Mutter: *Der Fisch soll fressen?*
Annika: *Ja.*
Mutter: *Ja?*
Mutter: *Dann muss' du dem mal was geben.*
Mutter: *Ja.*
Mutter: *Guck mal, da sin ja noch mehr Fische.*
Annika: *Nein.*
Mutter: *Nein?*

Annika entdeckt den Kaufmannsladen.

Annika: *Da.*
Annika: *Auf.*
Annika: *Das?*
Annika: *Das?*
Clara: *Das is ein Topf.*

Es steht ein Topf auf der Theke.

Annika: *Topf.*
Annika: *Uhr.*
Annika: *Uhr.*

Annika fasst die Waage an, die auch auf der Theke steht.

Mutter: *Eine Uhr?*
Annika: *Ja.*
Mutter: *Das is, glaub ich, eine Waage, Annika.*

Annika: *(K)nochen?*
Mutter: *'N Knochen?*
Annika: *Ja.*

Annika ist wieder beim Zoo.

Mutter: *Guck mal, hier steh'n die Anwärter für die Knochen.*
Mutter: *Der hätte ganz gerne ein'n Knochen, Annika.*

In Forschungsarbeiten konnte gezeigt werden, dass ein allgemein akzeptierender Stil von Erwachsenen für den Spracherwerb förderlich ist. Dazu gehört, dass Erwachsen viele Fragen stellen, sich auf Gegenstände und Ereignisse beziehen und über diese reden. Es gehört sogar dazu, dass sie die falschen Benennungen ihrer Kinder akzeptieren. Dagegen ist es nicht förderlich für den Spracherwerb, wenn die Erwachsenen sich weniger auf Gegenstände und Ereignisse konzentrieren, sondern auf das Verhalten des Kindes, und wenn sie viele Befehle geben. Wenn der Stil der Erwachsenen akzeptierend ist, wächst der Wortschatz der Kinder schneller, und sie machen auch schnellere grammatische Fortschritte.

Warum ist das so? Ein akzeptierender Stil fördert ganz allgemein die begriffsbildende Tätigkeit von Kindern. Er unterstützt sie beim Entdecken der Welt. Dadurch dass die Erwachsenen viel über Objekte und Ereignisse reden, bieten sie dem Kind auch viele Wörter an. Das Kind kann aus diesem Angebot lernen, weil seine Aufmerksamkeit und Interesse gegeben sind. Das Akzeptieren der falschen Benennung ist dem Spracherwerb nicht hinderlich. Wie wir schon in Kapitel 3 gesehen haben, benennen kleine Kinder falsch, weil sie vorübergehend andere begriffliche Kategorien bilden als Erwachsene. Es nützt nichts, wenn man diese anderen begrifflichen Kategorien nicht akzeptiert. Sie sind nur Ausdruck der regen begriffsbildenden Tätigkeit von Kindern. Die Akzeptanz ist sogar förderlich für diese rege geistige Tätigkeit. Die Kinder hören die richtige Benennung häufig genug in der Erwachsenensprache und werden sie über kurz oder lang übernehmen – dann, wenn sie selbst ihre begrifflichen Kategorien gebildet haben.

Es schält sich immer mehr heraus, dass Eines entscheidend ist – und das ist die Sensibilität gegenüber den Interessen, der Aufmerksamkeit, den begriffsbildenden Aktivitäten des Kindes. Erwachsene sind vielleicht nur Statisten beim Spracherwerb der Kinder, aber sie sind sensible Statisten.

Das zeigt sich auch bei den Erweiterungen. Diese könnten ja als Korrekturen verstanden werden. In einem gewissen Sinne sind sie das auch. Sie machen richtig, was das Kind vorher falsch gemacht hat. Aber sie vermeiden eines: die direkte Korrektur und Bewertung des Kindes. Eltern korrigieren fast nie direkt. Das einzige, was einer Korrektur nahe kommt, die Erweiterungen, führen sie so ganz nebenbei und auch nur selten, aus. Das Interessante an den Erweiterungen ist ja, dass nicht jede fehlerhafte oder unvollständige kindliche Äußerung erweitert wird. Nur 15 % bis 20 % fehlerhafter und unvollständiger Äußerungen der Kinder werden durch Erwachsene unter Hinzufügung der korrekten Form wiederholt. Man fragt sich, wie es sein kann, dass derart wenig häufige Geschehnisse eine Wirkung haben können. Das ist vielleicht vom Standpunkt des Gesprächsstils erklärbar. Für das Kind bleibt das Gespräch interessanter, wenn weniger wiederholt wird. Und Erweiterungen sind nun einmal im Groben eine Wiederholung von kindlichen Äußerungen, auch dann, wenn sie neuen Inhalt hinzufügen. Würde ein solches Wiederholen zu häufig geschehen, wäre das Kind vermutlich bald gelangweilt. Zu häufiges Wiederholen stört den Kommunikationsfluss. Kinder reden nicht mit Erwachsenen, um Grammatik zu lernen, sondern um zu kommunizieren. An den Äußerungen der Erwachsenen interessiert sie in erster Linie der kommunikative Inhalt. Grammatik lernen sie beiläufig. Mit ihren gelegentlichen Erweiterungen sind Erwachsene – ohne dass ihnen das bewusst wird – sensibel genug, die Kommunikation nicht zu stören und dennoch etwas anzubieten, aus dem Grammatik gelernt werden kann.

Wenn man hochgeschraubte Erwartungen an die Rolle der Eltern und anderer Erwachsener hat, was deren Funktion als Lehrmeister für Sprache angeht, so muss man diese in gewisser Weise herunterschrauben. Lehrmeister für den Spracherwerb sind Erwachsene nicht. Sie sind überhaupt am nützlichsten, wenn sie gar nicht lehren – und erst recht nicht belehren. Dennoch haben sie eine äußerst wichtige Funktion. Diese liegt darin, dass sie mit ihrer Sprache die Welt für kleine Kinder bedeutungsvoll machen, und dass sie so sprechen, dass Kinder die sprachliche Form und Bedeutung zusammenbringen können. Die sprachliche Form lernen die Kinder dann nebenbei. Den Erwachsenen fällt die Rolle des sensibel unterstützenden Statisten zu. Das ist zwar nicht die Hauptrolle, aber sie ist genauso wichtig. Die Hauptrolle hat natürlich das Kind. Spracherwerbsforscher können Erwachsenen keine Lehrtechniken an die Hand geben. Und die sind auch gar nicht erforderlich. Einer der bedeutendsten Spracherwerbsforscher, Roger Brown, hat einmal gesagt, dass Spracherwerbsforscher Eltern ernüchternd wenig als Ratschläge geben können. Sie können ihnen nur sagen, dass sie mit Interesse und Freude an der Kommunikation ganz natürlich mit ihren Kindern sprechen sollen. Dann erfolgt der Spracherwerb mühelos von alleine.

Wieso, wozu, warum diesen Sprachcode für Kinder?

- Lehren wollen Erwachsene mit KGS nicht.
- Sie wollen die Kommunikation erhalten, verstanden werden und auch Zuneigung ausdrücken.
- KGS ist ein Mittel, sich der Welt der Kinder anzupassen und für sie Sprache bedeutungsvoll zu machen.
- Besonders förderlich sind Erweiterungen kindlicher Äußerungen und ein akzeptierender Gesprächsstil, der den Interessen des Kindes folgt.
- Erwachsene erzielen eine Wirkung dadurch, dass sie die kommunikative Situation sensibel und mit Freude an der Kommunikation strukturieren.

9 Denken wir, weil wir sprechen, oder sprechen wir, weil wir denken?

Bevor man etwas sagt, muss man wissen, was man sagt. Unsere Sprache drückt gedankliche Inhalte aus. In diesem Sinne muss man denken, bevor man spricht. Allerdings kann das, was man sagt, mehr oder weniger klare Gedanken ausdrücken. Denn wie wir alle wissen, müssen unsere Gedanken nicht klar und logisch sein, um sie in Worte fassen zu können. Wir müssen auch nicht alles verstehen, was wir sagen. Es kommt sogar recht häufig vor, dass Menschen Dinge sagen, die sie nicht oder kaum verstehen. Wie sieht es also aus mit der Beziehung zwischen Sprechen und Denken?

Die eine Seite der Medaille: vom Verstehen zur Sprache

Lange bevor Kinder sprechen, wissen sie etwas über ihre Welt. Sie wissen, wie Gegenstände aussehen und was man mit Gegenständen tun kann, und sie wissen, wie sich Menschen verhalten. Ihr Wissen über die Welt ist sensomotorisch. Sie erkennen die Welt mit ihren Sinnen und ihrer Motorik. Und damit bauen sie ein sensomotorisches Wissen über die Gegenstände, Personen und Handlungen in ihrer Umgebung auf. So wissen sie über einen Ball, dass er rund ist, rollt und man ihn werfen kann. Um das zu wissen, muss man nicht das Wort *Ball* kennen. Man muss Bälle gesehen und angefasst, mit ihnen hantiert und beobachtet haben, was andere Menschen mit ihnen tun.

Dann aber passiert etwas Erstaunliches. Spätestens im Laufe

des zweiten Lebensjahres wird Wissen über die Welt gedanklich. Und es wird mit sprachlichen Symbolen repräsentiert. Wie kann man sich das vorstellen? Bleiben wir beim Beispiel des Balles. Die Kinder wissen jetzt, was ein Ball ist, auch ohne dass sie ihn sehen oder mit ihm hantieren. Sie haben auch schon ein Wort für den Gegenstand. Dieses Wort ist ein Symbol für den Ball. Es steht sozusagen stellvertretend für den Ball selber. Es vergegenwärtigt ihn, auch wenn er nicht vorhanden ist. Das ist damit gemeint, wenn wir davon sprechen, dass sprachliche Symbole etwas repräsentieren. Sie machen präsent, was nicht vorhanden ist.

Die Fähigkeit zum gedanklichen Erkennen und zum Symbolgebrauch entwickelt sich bei kleinen Kindern, beginnend im ersten Lebensjahr und dann zunehmend mit dem Gebrauch sprachlicher Symbole im zweiten Lebensjahr. Ab dann werden sie schnell zu Wesen, die ihre Welt über Denken und Sprache erkennen. Mit dieser Art des Erkennens jedoch sind Menschen sehr verschieden von anderen Spezies. Selbst unsere nächsten Verwandten, die Schimpansen, gebrauchen Symbole nicht selbstverständlich wie wir. Menschen können ihnen zwar einen gewissen Symbolgebrauch antrainieren. Aber ohne dieses Training haben sie nur einen ansatzweisen Symbolgebrauch. Wir Menschen dagegen leben ständig in einer Welt, die sich über Gedanken und sprachliche Symbole Objekte und Ereignisse vergegenwärtigt. Wir reden ständig über Dinge und Ereignisse, die nicht anwesend sind. Wir verstehen Zusammenhänge zwischen Ereignissen, ohne dass diese gegenwärtig sein müssen. Sprache ist ein ungeheuer mächtiges Symbolsystem. Es ermöglicht uns schnell und flexibel über die Wirklichkeit zu denken. Mehr noch: Sprache schafft Wirklichkeiten. Denn mit der Sprache schaffen wir ganze Begriffssysteme, in denen wir dann denken. Dazu kommen wir jedoch erst später in diesem Kapitel.

Zunächst aber baut die Sprache auf sensomotorischem Erkennen auf. Wir haben in Kapitel 3 gesehen, dass die Bedeutungsmerkmale von Wörtern solche sind, die sich auf das Aussehen der benannten Gegenstände beziehen und darauf, was man mit den Gegenständen tun kann. Dieses Wissen haben die Kinder erworben, bevor sie die Gegenstände benennen, und die Bedeutungen der Wörter bauen darauf auf.

Aber auch die frühe Grammatik baut auf dem sensomotorischen Wissen auf. Indem Kinder mit Gegenständen hantieren, lernen sie, dass es Handlungen gibt, und was sie selber oder andere tun. Sie lernen auch, dass es Objekte von Handlungen gibt, nämlich die Gegenstände, an denen Handlungen vollzogen werden. Und sie lernen, dass es Handlungsträger gibt – sie selber oder andere Personen. Eben diese Kategorien sind unter den ersten grammatischen Kategorien von Zweiwortäußerungen – wie wir in Kapitel 5 gesehen haben. Grammatisch entspricht dem Handlungsträger das Subjekt, dem Objekt das Satzobjekt und der Handlung das Verb. Subjekt, Verb und Objekt sind nichts anderes als die Grammatikalisierung von Beziehungen, die zwischen Personen, Objekten und Handlungen bestehen.

Auch die vielen Zweiwortäußerungen mit Wörtern, die etwas über die Bewegung von Personen und Gegenständen ausdrücken, grammatikalisieren eine wichtige Erkenntnis über die Welt, die vorsprachliche Babys erworben haben. Sie haben gelernt, dass Personen und Objekte ihre Position im Raum verändern können. Diese Erkenntnis bringen sie in die Sprache ihrer Zweiwortäußerungen. Das tun sie mit einigen der Möglichkeiten, wie unsere Sprache räumliche Bewegung grammatikalisiert: mit Adverbien des Ortes, wie *da*, oder mit Vorsilben von Verben wie *rein* von *reintun*.

Die Bedeutungen von Wörtern im frühen Wortschatz und die frühe Grammatik kommen nicht aus dem Nichts. Sie bauen auf den Erkenntnissen über die Welt auf, die Babys sich mit ihren Sinneswahrnehmungen und ihrer Motorik aufgebaut haben. Was dann passiert, ist die Versprachlichung dieses Wissens. Das Wissen wird sozusagen in einen neuen mentalen Code gebracht. Gegenstände und Ereignisse werden durch lautliche Symbole – Wörter – ersetzt. Und die Beziehungen zwischen Gegenständen und Ereignissen werden zur Grammatik. Dieses Entwicklungsereignis ist in der Tat bemerkenswert. Menschen sind die einzige Spezies, bei der eine solch starke qualitative Veränderung im Erkennen der Welt geschieht. Mit dieser Veränderung werden Babys zu Kindern, mit denen wir uns unterhalten können, die in unserer Welt der Gedanken und Symbole leben.

Die andere Seite der Medaille: Sprache ordnet die Begriffswelt

Nun ist die Sache aber doch verzwickter. Es lässt sich nämlich nicht nur zeigen, dass vorhandene Begriffe der Sprache zugrunde liegen, sondern dass die sprachliche Benennung die Bildung von Begriffen beeinflusst. Und das schon bei einjährigen Kindern. Bei älteren Kindern und Erwachsenen noch mehr.

In Experimenten mit Einjährigen konnte man zeigen, dass diese schneller begriffliche Kategorien bilden, wenn man Gegenstände für sie benennt. Den Babys wurde ein Gegenstand aus der Klasse der Tiere gezeigt, z. B. ein Pferd. Für die eine Gruppe von Kindern wurde das Pferd benannt – allerdings nicht mit *Pferd*, denn dieses Wort könnte das Kind schon kennen, sondern mit *Equine*. Für eine andere Gruppe wurde das Pferd nicht benannt. Unter beiden Bedingungen wurde gemessen, wie lange das Baby das Bild anschaut. Es zeigte sich, dass die Kinder, für die das Pferd benannt wurde, kürzer schauten. In einem zweiten Schritt wurden dem Kind zwei Gegenstände gezeigt. Von diesen war eines aus der gleichen Begriffsklasse, z. B. ein Bär, das andere aus einer anderen Begriffsklasse, z. B. ein Flugzeug. Welches der beiden Objekte schaut das Baby länger an? Die Ergebnisse zeigen, dass die Kinder, für die das Pferd benannt wurde, das Flugzeug länger anschauten als den Bären. Bei den Kindern, die keine Benennung erhalten hatten, war das nicht so. Natürlich wurde dieses Experiment nicht nur mit den hier genannten Gegenständen, sondern insgesamt 10 Gegenständen durchgeführt.

Was bedeutet das? Der Bär und das Pferd gehören zur gleichen Begriffsklasse – nämlich der Begriffsklasse der Tiere. Das Flugzeug gehört aber zu einer anderen Begriffsklasse – der Begriffsklasse der Fahrzeuge. Pferde und Bären haben – jedenfalls im Vergleich zu Flugzeugen – auch Ähnlichkeiten im Aussehen. Die Ergebnisse deuten darauf hin, dass die einjährigen Kinder ähnliche Objekte in Begriffsklassen ordnen, und dass ihnen die sprachliche Benennung dabei hilft. Das kürzere Anschauen bedeutet schnellere Gewöhnung, und das wiederum bedeutet schnellere Begriffsbildung. Wenn der Bär gezeigt wird, wissen die Kinder schneller »aha, das ist so etwas Ähnliches wie ich gerade gesehen habe«. Und da Neuigkeit nun mal bevorzugt wird, wenden sie sich schneller dem Neuen zu – in diesem Fall ist es das Flugzeug. Das längere Anschauen eines Objektes bedeutet, dass das Objekt als etwas Anders klassifiziert wird. Das Flugzeug, das länger angeschaut wird, wird also als eine andere Art von Objekt als Pferd und Bär klassifiziert. Die schnellere Einordnung in eine Begriffsklasse geschieht dann, wenn das Objekt benannt wird. Das bedeutet, dass schon bei Einjährigen die Benennung der Begriffsbildung hilft.

Noch deutlicher wird der Einfluss der Benennung auf die Begriffsbildung bei etwas älteren Kindern. Bei drei- bis vierjährigen Kindern war man lange Zeit davon ausgegangen, dass sie Gegenstände nach ihrer thematischen Verwandtschaft ordnen. Also, nach dem Prinzip: was zusammen in einem Handlungskontext steht, das gehört auch in eine begriffliche Kategorie. Zum Hund gehört die Hundeleine, zur Straße gehört das Auto. Viele Experimente, in denen Kinder Gegenstände ordnen mussten, haben gezeigt, dass sie so vorgehen. Was passiert nun, wenn man Kindergartenkindern die Wahl gibt zwischen solchen kontextuellen Kriterien und sprachlichen? Das wurde bei zwei- und dreijährigen Kindern experimentell überprüft.

Man zeigte den Kindern eine Reihe von Bildserien. In jeder Serie waren drei Bilder. Die Objekte auf zwei Bildern gehörten zur gleichen Begriffsklasse, das Objekt auf dem dritten Bild war thematisch verwandt. Ein Beispiel ist: Pudel, Schäferhund (sie gehören zur Klasse der Hunde) und Hundefutter (dieses ist thematisch verwandt). Es wurde zunächst ein Bild gezeigt. Im Beispiel war das der Pudel. Dann wurden die beiden anderen Bilder gezeigt, im Beispiel also der Schäferhund und das Hundefutter. Das Kind soll nun eines der beiden Bilder dem ersten zuordnen. Allerdings gibt es hier – wie im obigen Experiment – zwei Bedingungen. Für eine Gruppe von Kindern wird der Pudel benannt, für die andere Gruppe nicht. Es gibt also einmal Benennung und einmal keine. Nun kann man den Pudel natürlich nicht mit *Pudel* bezeichnen, denn man muss ausschließen, dass der Einfluss der Sprache über schon bekannte Bezeichnungen funktioniert. Das könnte nämlich, wenn manche Kinder das Wort schon kennen und andere nicht, zu Verwirrung führen. Man erfand also eine Puppensprache. Die Bilder werden von einer Handpuppe gezeigt und den Kindern erklärt, dass die Handpuppe eine Puppensprache spricht. So sagt die Handpuppe in einer experimentellen Bedingung: *Siehst du dieses Sud?* und zeigt den Pudel. Dann zeigt sie die anderen beiden Bilder und sagt: *Finde noch ein Sud.* In der Bedingung, in der keine Benennung gegeben wird, sagt die Handpuppe: *Siehst du das da? Suche noch so eins.*

Zwei- und dreijährige Kinder reagieren unterschiedlich, je nachdem, ob eine Benennung gegeben wird oder nicht. Wenn der Pudel benannt wird, ordnen sie ihm den Schäferhund zu. Wenn er nicht benannt wird, ordnen sie ihm das Hundefutter zu. Das heißt, wenn eine Benennung gegeben wird, ordnen die Kinder nach sprachlichen Kriterien. Sie ordnen nach einer semantischen Begriffsklasse. Wenn keine Benennung gegeben wird, ordnen sie nach thematischen Kriterien. Natürlich wird nicht nur eine Dreierserie getestet, sondern mehrere, mindestens 10.

Es wurden auch Oberbegriffe getestet. Ein Beispiel ist die Dreierserie: Zug, Bus, Schienen. Zug und Bus gehören zur Oberkategorie der Fahrzeuge. Das ist die semantische Zugehörigkeit. Der Zug wurde als erstes Bild gezeigt und der Bus und die Schienen als die beiden Bilder, die danach zusammen gezeigt werden. Die beobachtbare, thematisch verwandte Zugehörigkeit zum Zug sind die Schienen. Auch bei Oberbegriffen ordnen die Kinder wie im Experiment zuvor. Wenn das erste Objekt benannt wird, ordnen die Kinder nach semantischen Kriterien, wenn es nicht benannt wird, nach thematischen.

Das zeigt also, dass schon Kinder im Alter von zwei und drei Jahren eine »Welt der Sprache« aufgebaut haben. Es ist die Sprache, die die begriffliche Einordnung von Hund zu Hund und von Zug zu Bus geschaffen hat. In der Welt der beobachtbaren Handlungen gibt es andere Zugehörigkeiten. Da frisst der Pudel sein Futter, der Zug fährt auf Schienen und der Bus auf der Straße. Es gibt keinen Grund über derartige Zusammengehörigkeiten hinaus zu gehen. Außer man bewegt sich in einer von menschlichem Denken geschaffenen Wirklichkeit. Diese Wirklichkeit kümmert sich wenig darum, was man unmittelbar beobachtet. Sie hat ihre eigenen Kategorien geschaffen, nach denen die Dinge zusammengehören. So etwas bringt man nur mit Hilfe eines Symbolssystems wie Sprache zustande. Die Symbole funktionieren unabhängig vom tatsächlich vorhandenen Objekt. Sie verselbstständigen sich sozusagen und schaffen ihre eigene Welt. Diese von der Sprache geschaffene Welt beeinflusst unser Denken.

Logik und Sprache

In der Entwicklungspsychologie weiß man seit langem, dass Kinder manchmal recht eigentümlich und aus Erwachsenensicht amüsant denken. Manchmal ist es nicht nur eigentümlich, sondern falsch. Amüsant jedoch immer – wie Sie gleich merken werden. Das Denken kleiner Kinder – etwa im Alter von zwei bis fünf Jahren – haftet stärker an der unmittelbar wahrnehmbaren Realität als unseres. Sie können sich nicht vom unmittelbaren Sinneseindruck lösen und kommen daher zu falschen Schlussfolgerungen. Ich möchte das am Zahlbegriff kleiner Kinder verdeutlichen.

Beim Zahlbegriff geht es nicht etwa darum, dass man zählen kann. Das kann man auswendig lernen und dennoch nicht verstehen. Es geht darum, dass man erkennt, dass zwei Sätze von Gegenständen die gleiche Anzahl von Elementen enthalten oder nicht. Ist in einer Dose mit blauen Bonbons die gleiche Anzahl von Bonbons wie in einer anderen Dose mit weißen Bonbons? Wie kriege ich das raus? Richtig, ich kann die Bonbons zählen. Es gibt aber noch eine andere Methode. Ich kann jedem blauen Bonbon ein weißes Bonbon zuordnen. Wir wollen dieses Verfahren wählen. Die Ausgangssituation ist diese:

Blaue und weiße Bonbons – gleich viele?

Eine Versuchsleiterin bittet ein dreijähriges Kind jedem blauen Bonbon ein weißes zuzuordnen: *Lege zu jedem blauen Bonbon ein weißes. Mach es, so das es gleich viele Bonbons sind*. Das dreijährige Kind legt zu den blauen die weißen Bonbons und macht dieses:

Ein dreijähriges Kind ordnet jedem blauen Bonbon ein weißes zu:

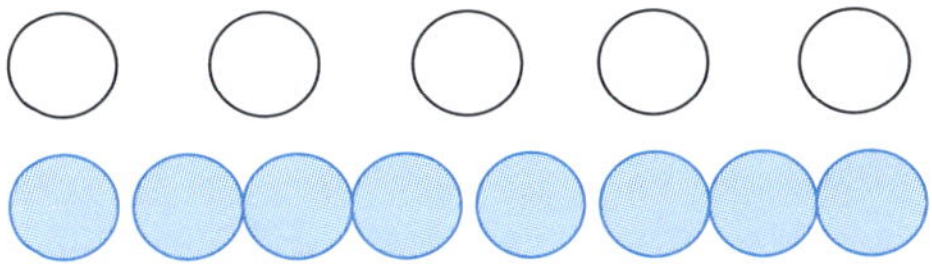

Auf die Frage, ob das jetzt gleich viele blaue wie weiße Bonbons sind, antwortet das dreijährige Kind voller Überzeugung mit *ja.* Wenn die Versuchsleiterin fragt, warum das denn gleich viele Bonbons sind, wird es mit den Händen an die Enden der beiden Reihen gehen und sagen: *weil das so ist.* Das Kind hat darauf geachtet, dass die Reihen gleich lang sind. Wenn das der Fall ist, meint es, es handele sich um gleich viele Bonbons.

Jetzt bittet die Versuchsleiterin ein sechsjähriges Kind, jedem blauen Bonbon ein weißes zuzuordnen. Das sechsjährige Kind macht dieses:

Ein sechsjähriges Kind ordnet jedem blauen Bonbon ein weißes zu:

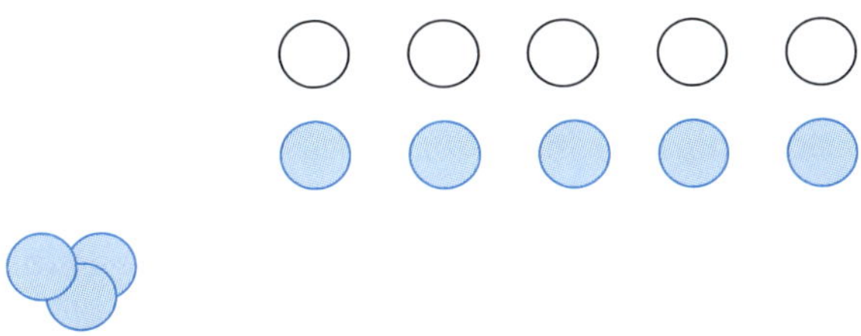

Es legt auch gleich lange Reihen. Es ordnet aber wirklich jedem blauen ein weißes Bonbon zu. Dabei bleiben drei weiße Bonbons übrig.

Jetzt schreitet die Versuchsleiterin selber zur Tat. Sie legt die blauen und die weißen Bonbons in zwei Reihen. In jeder Reihe sind gleich viele Bonbons, und jedem blauen Bonbon ist ein weißes zugeordnet. Die übrigen Bonbons legt sie weg. Das ist diese Situation:

zwei Sätze mit gleicher Anzahl von Bonbons und gleich langen Reihen:

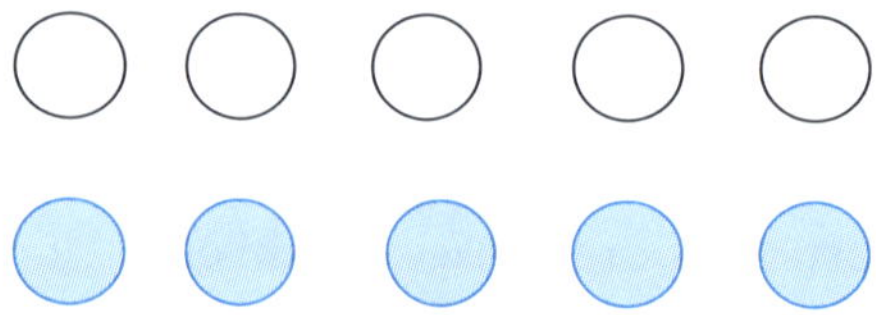

Die Versuchsleiterin fragt das dreijährige Kind: *Sind das gleich viele blaue wie weiße Bonbons?* Das Kind bejaht. Dann macht die Versuchleiterin etwas. Sie ändert die Anordnung der weißen Bonbons und legt sie einfach weiter auseinander – so:

zwei Sätze mit gleicher Anzahl von Bonbons und ungleich langen Reihen:

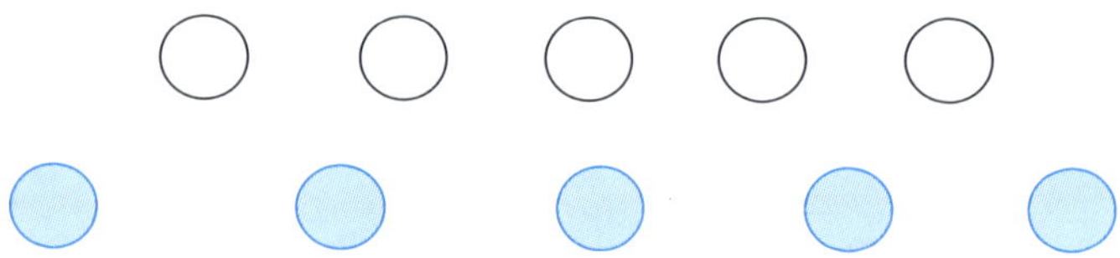

Sie fragt dann das dreijährige Kind: *Gibt es gleich viel blaue Bonbons wie weiße?* Das Kind behauptet: *Nein, mehr blaue.* Auf die Frage: *Warum?* sagt es: *weil es länger ist* und zeigt auf die Reihe mit den blauen Bonbons. Vielleicht kann es die Begründung sprachlich nicht so gewandt ausdrücken. Es zeigt nur auf die Enden der Reihe mit den blauen Bonbons und sagt: *weil das so ist.*

Die Versuchsleiterin legt dem sechsjährigen Kind die gleichen Situationen vor und stellt die gleichen Fragen. Auch beim Anblick der ungleich langen Reihen von Bonbons behauptet das sechsjährige Kind, dass es gleich viele Bonbons sind: *Man hat keine weggenommen. Es ist nur länger.*

Man kann nun noch einige Variationen vornehmen. So kann

man die weißen Bonbons enger zusammenlegen oder man kann sie auf einen Haufen legen. Man kann natürlich auch die Farben wechseln. Die Antworten bleiben immer die gleichen. Die jüngeren Kinder meinen, dass sich mit dem Aussehen auch die Anzahl verändert, die älteren Kinder erkennen, dass das nicht der Fall ist und amüsieren sich teilweise darüber, dass man sie überhaupt so etwas fragt.

Was ist hier los? Es ist doch offensichtlich, dass sich an der Anzahl der Bonbons in den beiden Sätzen nichts geändert hat. Warum geben Dreijährige solch merkwürdige, wenn auch amüsante, Antworten? Sie orientieren sich an dem unmittelbar Wahrnehmbaren und bilden ihr Urteil über die Menge der Bonbons auf dieser Basis. Was gleich lang ist, ist auch gleich viel. Sie können ihr vorhergehendes Urteil, dass es sich um gleich viele Bonbons handelt, nicht in Beziehung setzen zur zweiten Situation und dem zweiten Urteil. Wenn die räumliche Anordnung der Bonbons sich verändert hat, hat sich für sie auch die Anzahl verändert.

Etwas ältere Kinder dagegen haben sich in ihrer Urteilsbildung vom »Schein« gelöst. Sie sind nicht nur von dem abhängig, was in der Wahrnehmung der Situation dominiert. Ihr Urteil über die Anzahl ist nicht von der räumlichen Anordnung der Bonbons abhängig. Sie können davon absehen und nur die Anzahl erkennen. Das bedarf nicht des Abzählens, und es ist unabhängig von der tatsächlichen Anzahl. Auch wenn es sich um sehr viele Bonbons handeln würde, kämen sie zu dem gleichen Urteil. Das ist, weil sie die dahinter stehende Logik erkannt haben. Sie haben in der ersten Situation der Stück-für-Stück-Anordnung erkannt, dass es sich um gleich viele Bonbons handelt. Folglich muss es sich in der zweiten Situation auch um gleich viele Bonbons handeln, da man keine weggenommen oder hinzugefügt hat.

Es ist offensichtlich, dass es sich hier um zwei unterschiedliche Arten des Denkens handelt. Die dreijährigen Kinder bilden kein logisches Urteil. Die sechsjährigen Kinder erkennen die logische Notwendigkeit der Zahl. Derartige Unterschiede im Denken bei Kindern sind gut bekannt und finden sich auch in anderen Bereichen. So z. B. bei Mengen von Wasser oder Saft. Wenn man gleiche Mengen Saft in zwei gleich geformte Gläser schüttet, ist der Flüssigkeitsspiegel in beiden Gläsern gleich hoch. Das beurteilen auch Dreijährige so. Schüttet man aber den Saft aus einem Glas vor ihren Augen in ein breiteres Glas und der Flüssigkeitsspiegel ist dann niedriger, werden sie behaupten, dass es jetzt weniger Saft ist. Passen Sie also auf, wenn Sie Saft verteilen. Es könnte zu Streitigkeiten kommen!

Die Frage ist nun, ob man diese Art von logischem bzw. unlogischem Denken durch Sprache beeinflussen kann. Würden z. B. die Dreijährigen davon profitieren, wenn man ihnen sprachliche Ausdrücke für Unterschiede antrainiert? In diesem Fall handelt es sich um Komparative wie *länger, kürzer, höher, niedriger*. Derartige Trainings wurden durchgeführt. Die Kinder profitieren kaum davon. Nur etwa 10 % der Kinder, die ein unlogisches Urteil bilden, veränderten dieses in ein logisches nach einem Sprachtraining. Logik scheint also nicht bedeutsam vom sprachlichen Ausdruck abzuhängen.

Es gibt ein anderes Gebiet unseres Denkens, wo auch manchmal wir Erwachsenen so unsere Schwierigkeiten haben. Und das ist die Klasseninklusion. In unserem Denken bilden wir Hierarchien und fassen Begriffsklassen zusammen in immer höher geordnete. So sind Pudel, Labradore, Schäferhunde, Dackel und viele andere Hunde. Hunde sind Säugetiere, und Säugetiere sind Tiere. Tiere gehören zur Klasse der Lebewesen. Das ist eine ökonomische Ordnung der Welt. Wenn wir wissen, dass ein Tier ein Säugetier ist, so wissen wir gleichzeitig, dass es seine Jungen mit Milch des Muttertieres füttert und dass Jungtiere von Alttieren versorgt werden. Wir müssen uns das nicht für jedes Säugetier einzeln merken. Darin liegt die Ökonomie der Oberbegriffe. Eine gewisse Schwierigkeit liegt darin, dass wir nicht immer unbedingt verstehen, dass eine übergeordnete Klasse mehr Elemente enthält als eine untergeordnete. Das wollen wir uns jetzt mal bei Kindern ansehen. Eine klassische Klasseninklusionsaufgabe enthält folgende Situation: Ein Satz blauer Quadrate und ein Satz roter Quadrate liegen vor dem Kind. Man kann über die Quadrate folgende Aussagen machen:

- Alle Quadrate sind entweder blau oder rot.
- Es gibt mehr Quadrate als blaue Quadrate.
- Es gibt mehr Quadrate als rote Quadrate.

Das ist eigentlich eine klare Situation. Die Kinder haben die verschiedenen Sätze von Quadraten vor sich. Fragt man nun: *Gibt es mehr blaue Quadrate als Quadrate?* oder das gleiche für die roten Quadrate, kann man sich über vier- und fünfjährige Kinder manchmal wundern. Sie wissen die Antwort nicht. Ihnen ist die Inklusion der untergeordneten Klasse in der übergeordneten Klasse nicht klar. Das Gleiche passiert nicht nur mit künstlichen Objekten wie Quadraten, sondern auch mit natürlichen Objekten. So wissen Kinder, dass Amseln Vögel sind. Fragt man sie aber, ob es mehr Amseln oder Vögel gibt, so kann es passieren, dass ein fünfjähriges Kind sagt, das könne man nicht wissen, da man ja nicht alle Vögel zählen könne. Jüngere Kinder können kein Urteil fällen, bei dem sie die untergeordnete und die übergeordnete Klasse gleichzeitig geistig präsent haben und in Beziehung setzen.

Hier hat aber unsere Sprache eine Hilfe gebaut. Dann nämlich, wenn die Klasseninklusionsbeziehung als Teil-Ganzes-Beziehung verstanden werden kann, bei der das Ganze eine Benennung erhält, die man auf die Teile nicht anwenden kann. Jüngere Kinder verstehen eine Teil-Ganzes-Beziehung besser, wenn das der Fall ist. Sehen wir uns ein Beispiel an. Eine Aufgabe, die wie eine Klasseninklusionsaufgabe ist, sieht so aus: *Hier sind Kinder. Dies sind die Mädchen, dies sind die Jungen, und dies sind die Kinder. Wer würde eine größere Geburtsparty haben, wer die Mädchen einlädt oder die Kinder?* Diese Frage verwirrt jüngere Kinder, ähnlich wie die Frage nach den blauen und allen Quadraten.

Nun aber kommt der rettende Engel des sprachlichen Ausdrucks. Die Aufgabe wird anders formuliert. Alles bleibt gleich, bis auf das Wort *Kinder*. Das wird ersetzt durch *Kindergartengruppe*. Jetzt wird gefragt. *Hier ist die Kindergartengruppe. Dies sind die Mädchen, dies sind die Jungen, und dies ist die Kindergartengruppe. Wer würde eine größere Geburtsparty haben, wer die Mädchen einlädt oder die Kindergartengruppe?* Und siehe da! Es zeigt sich, dass die jüngeren Kinder diesen Vergleich wesentlich besser verstehen. Ein sprachlicher Ausdruck hat dem Denkvorgang geholfen. Wenn das Ganze, oder die übergeordnete Klasse, mit einem Kollektivnomen benannt wird, so wird die Teil-Ganzes-Beziehung besser verstanden. Sprache kann also dem logischen Denken wesentlich helfen.

Spätestens jetzt merken wir, wie verzahnt Sprache und Denken miteinander sind.

Wörter und Weltbilder

Es kommt aber noch schlimmer. Sprache und Denken können schließlich so eng miteinander verquickt sein, dass es unmöglich wird, sie auseinander zu halten. Das merkt man bei den Begriffshierarchien, wenn Oberbegriffe gebildet werden. Wir hatten schon das Beispiel der Hierarchie Hund – Säugetier – Tier – Lebewesen. Ganz oben in dieser Klassenhierarchie steht der Begriff vom Lebewesen oder vom Leben. Natürlich gehören zu diesem Begriff noch sehr viel mehr Verzweigungen in Ober- und Unterklassen als die eine Linie vom Lebewesen zum Hund. Das ist so in unserem Alltagsbegriff vom Lebewesen und natürlich noch viel mehr in der Fachsprache von Biologen. Hier sind die Einzelheiten nicht wichtig, sondern die Einsicht, dass eine solche Ordnung nur mit Sprache möglich ist. In der tatsächlich beobachtbaren Welt gibt es sie nicht. Es gibt sie nur in einer vom menschlichen Denken geschaffenen Wirklichkeit. Und das ist eine Wirklichkeit, die ohne das Symbolsystem der Sprache nicht möglich ist.

Alle unsere abstrakten Begriffe sind ohne Sprache nicht denkbar. Ein Begriff wie Arbeit ist mit der Sprache geschaffen. Arbeit kann man nicht beobachten. Man kann nur verschiedene Tätigkeiten beobachten, die Menschen ausführen und die ihre Arbeit sind. Aber auch nur einen Teil davon. Die Straße kehren ist Arbeit, kochen ist Arbeit, am Schreibtisch sitzen und in den Computer tippen ist Arbeit, mit Kindern im Kindergarten spielen ist Arbeit, in der Schule in einer Klasse Kindern etwas erklären ist Arbeit, im Supermarkt an der Kasse die Preise der Artikel im Einkaufswagen eingeben ist Arbeit, usw. Was haben diese Tätigkeiten gemeinsam? Dass sie bezahlt werden? Dass in unserer Gesellschaft Erwachsene arbeiten und Kinder nicht? Dass es jemanden gibt, der die Arbeit austeilt und jemand anderen, der sie ausführt? Nicht immer. Kochen zu Hause wird nicht bezahlt, und es gibt auch keinen Arbeitgeber. Warum fassen wir das alles zusammen in den Begriff von der Arbeit?

Wenn wir abstrakte Begriffe bilden, fassen wir viele einzelne Erfahrungen und Tatbestände auf der Basis von erklärenden Prinzipien zusammen. Wir verbinden eine Ansammlung von Merkmalen, Faktenwissen und Aussagen miteinander, so dass sie zu einer sinnvollen begrifflichen Einheit werden. Die erklärenden Prinzipien sind es, die den Begriff als eine Einheit zusammenhalten. Sie herauszufinden, ist allerdings gar nicht so einfach. Sie sind uns nicht bewusst. Abstrakte Begriffe werden allmählich über viele Jahre aufgebaut. Sie werden aus vielen Erfahrungen mit der Wirklichkeit und der Sprache aufgebaut. Die erklärenden Prinzipien von Kindern mögen sich stark von denen der Erwachsenen unterscheiden, und sie verändern sich auch im Laufe der Kindheit.

An einem Beispiel soll deutlich werden, wie man sich das vorstellen kann. Wie kommen Kinder dazu, den Begriff »Leben« und »Lebewesen« zu bilden? Ist es die Ähnlichkeit zwischen Lebewesen, die dazu führt? Wohl kaum, denn viele Lebewesen sind sich überhaupt nicht ähnlich. Ein Kind eignet sich Wissen über einzelne Tiere und Pflanzen an, die für Erwachsene in die Kategorie der Lebewesen gehören. Es weiß, dass Hunde und Katzen fressen und trinken, dass sie Babys haben, dass sie sich bewegen und herumrennen. Es weiß auch, dass kleine Hunde und kleine Katzen wachsen. Bäume und Gras fressen nicht, haben auch keine Babys, aber Bäume und Gras wachsen. Sie haben Samen, und es gibt neue Bäume und neue Gräser. Aber Bäume und Gräser rennen nicht herum. Katzen und Hunde sind den Menschen ziemlich ähnlich. Sie haben Beine, mit denen sie laufen, sie essen und trinken, sie haben Babys, sie spielen, können freundlich oder böse sein. Kinder betrachten sie als lebendig, weil sie Ähnliches tun wie die Menschen. Und sie sind beseelt. Das erklärende Prinzip für das Lebendige ist die Beseeltheit. Danach würden Bäume und Gras nicht zu den Lebewesen gehören. Da aber Bäume und Gras wachsen und neue Bäume und Gras aus Samen entstehen, mögen Kinder irgendwann schließen, dass Bäume und Gras auch lebendig sind. Die erklärenden und zusammenhaltenden Prinzipien sind Wachstum und Fortpflanzung. Es sind solche Zusammenhänge und Erklärungen, die den Begriff vom Lebendigen ausmachen.

Der kindliche Begriff vom Leben ist einer, der recht systematisch und mehrfach untersucht worden ist. Dabei zeigt sich, dass vierjährige Kinder eine etwas andere Vorstellung vom Lebendigen haben als ältere Kinder und Erwachsene. Für sie ist der Prototyp des Lebewesens der Mensch. Tiere werden als lebendig klassifiziert, je nachdem, wie ähnlich sie dem Menschen sind. Je ähnlicher sie ihm sind, desto höher ist die Wahrscheinlichkeit, dass Vierjährige sie als lebendig betrachten. Die Ähnlichkeit zum Menschen besteht in ähnlichen Eigenschaften und Verhaltensweisen und ähnlichem Aussehen. Die Kinder wurden – mit einer einfachen Ausdrucksweise – danach gefragt, ob verschiedene Lebewesen und auch Nicht-Lebewesen die Kriterien des Lebendigen aufweisen, d. h. ob sie Babys haben (Fortpflanzung), essen und atmen (Stoffwechsel), ein Herz und Knochen haben (körperbauliche Eigenschaften), sich bewegen (Eigenbewegung), verletzbar sind und denken (Empfindung, Bewusstsein haben). Die verschiedenen Lebewesen und Nicht-Lebewesen, nach denen gefragt wurde, waren: Mensch, Hund, Fisch, Fliege, Wurm, Baum, Blume, Auto, Tisch, Sonne, Wolke, Hammer. Dabei zeigt sich, dass die meisten Vierjährigen den unbelebten Gegenständen keine Eigenschaften des Lebendigen zugestehen. Bei den Lebewesen hingegen sieht das schon anders aus. Alle biologischen Eigenschaften werden nur dem Menschen zugestanden. Bei den anderen Lebewesen gibt es eine Systematik: je ähnlicher im Aussehen sie dem Menschen sind, desto mehr Eigenschaften des Lebendigen gestehen die Kinder ihnen zu. Das ist in gewisser Weise natürlich zutreffend. So haben ein Wurm und ein Baum keine Knochen. Das interessante ist aber, dass ein großer Teil der Vierjährigen dann auch verneint, dass der Wurm ein Lebewesen ist.

Vierjährige scheinen Lebewesen am Menschen zu messen. Ist ein Wesen dem Menschen ähnlich, dann lebt es, ist es sehr unähnlich, dann lebt es wohl eher nicht. Interessant ist auch, dass nicht alle, aber viele Vierjährige meinen, dass die Sonne und die Wolken leben. Oft wird als Begründung gegeben, weil sie sich bewegen und das ganz von alleine machen. Die Eigenbewegung scheint einen Sonderstatus als Kriterium des Lebendigen zu haben. Sie wird sehr oft als Erklärungsprinzip bemüht, warum etwas lebt oder nicht lebt. Der Begriff vom Leben erhält für Vierjährige seinen logischen Zusammenhalt über die erklärenden Prinzipien der Beseeltheit, der Ähnlichkeit zum Menschen und der Eigenbewegung. Das sind die erklärenden Prinzipien. Schlüssigerweise werden dann bestimmte Lebewesen nicht als lebendig angesehen, und bestimmte unbelebte Objekte als lebendig. Beispiele von Antworten Vierjähriger aus einem Interview zum Begriff »Leben« werden weiter unten gegeben. Wenn es Not tut, erfinden die Kinder auch einen menschenähnlichen Zug – nämlich ein Gesicht. Im Beispiel unten passiert das mit der Sonne. Allerdings mag der Ursprung dessen bei den bildlichen Darstellungen für Kinder, die Erwachsene produzieren, liegen.

Junge 4;9: (I = Interviewerin, K = Kind):

I: *Was lebt?*
K: *Menschen, Tiere, Elefanten, Gorillas, Riesens.*
I: *Blume?*
K: *Nee.*
I: *Warum nicht?*
K: *Weil sie ja auf einer Wiese is … und die Bienen holen aus'm Kopf so … aus'm Blumenkopf Honig.*
I: *Leben die Bienen?*
K: *Ja.*
I: *Warum?*
K: *Weil se doch aus dem Blumenkopf Honig holen müssen.*
I: *Lebt die Sonne?*
K: *Ja.*
I: *Warum?*
K: *Also, weil … die hat ein Gesicht, weißte.*

Mädchen 4;7:

I: *Was lebt?*
K: *Tiere …*
I: *Lebt eine Blume?*
K: *Nee, weil die ja keine Beine haben.*
I: *Lebt ein Stein?*
K: *Nee, die ham ja auch keine Beine.*
I: *Lebt der Wind?*
K: *Nee, weil der ja auch keine Füße hat.*

Bei älteren Kindern werden die Kriterien des Lebendigen verändert und differenzieren sich auch. So werden die biologischen Kriterien des Stoffwechsels, der Fortpflanzung, des Wachstums, der Eigenbewegung und der Empfindung zunehmend verbunden. Aber die Verbindung dieser Kriterien und ihre Anwendung auf Lebewesen geschieht erst allmählich. Einzelne Kriterien können auch noch alleine Anwendung finden. Ganz resistent ist das Kriterium der Eigenbewegung bei Gestirnen, Wolken und dem Wind. Die Kinder gestehen diesen oft noch zu, dass sie ihre Bewegung spüren, und daher sind sie lebendig. Beispiele für solche Antworten sind:

Junge 6;4:

I: *Ist der Wind lebendig?*
K: *Ja.*
I: *Warum?*
K: *Ja, der Wind spürt es, weil er sich selbst bewegt. Ja, der kann … dass sein Wind selber weht, der kann seinen Wind fühlen.*

Die Kombination aller biologischen Eigenschaften und zusätzlich deren eingeschränkte Anwendung auf manche Lebewesen und nicht andere, charakterisieren den Begriff der zehnjährigen Kinder und der Erwachsenen. So werden jetzt den Gestirnen, Wolken und dem Wind kein Leben mehr zugestanden. Und die Empfindung und das Bewusstsein, sowie körperbauliche Eigenschaften wie »Knochen haben« werden den Tieren differenziert zugeordnet.

Der Begriff vom Lebewesen hat seinen Ursprung in einer Vermenschlichung des Lebendigen. Kleine Kinder haben eine psychologische Theorie des Lebendigen, in der die Beseeltheit und die Ähnlichkeit zum Menschen das Ausschlaggebende sind. Der Begriff vom Lebendigen wird verändert, weil ältere Kinder zunehmend biologisches Wissen über das Lebendige aufbauen. Das ermöglicht ihnen dann schließlich, so unterschiedliche Lebewesen wie Menschen, Hunde, Bäume und Blumen durch erklärende Prinzipien zusammenzufassen. Sie haben dann eine eher biologische Theorie vom Leben. Diese fungiert auch für Erwachsene. Aber bis sie so weit sind, schaffen sie sich ihren eigenen sinnvollen begrifflichen Zusammenhalt.

Der Begriff vom Leben zeigt auch, dass abstrakte Begriffe beeinflusst sind vom Denken und dem Weltbild einer Kultur. In unseren Alltagsbegriff vom Leben fließen naturwissenschaftlich biologische Kriterien des Lebendigen ein. Das mag in einer anderen Kultur weniger der Fall sein. Wir lernen abstrakte Begriffe im Kontext einer Kultur. In diesem Sinne stehen hinter Wörtern Weltbilder. Es gilt aber auch, dass Wörter Wirklichkeit und Weltbilder schaffen. Wir kombinieren Begriffe miteinander und schaffen so eine Wirklichkeit, die über die unmittelbar beobachtbare und in tatsächliche Ereignisse eingebettete Erfahrung hinausgeht. Ohne Sprache wäre eine solche Realität nicht möglich. Das sprachliche System wird von der unmittelbaren Erfahrung unabhängig und verselbstständigt sich. Es schafft Symbole, die anderen Symbolen übergeordnet sind. Es schafft organisierte begriffliche Welten. So wirkt die Sprache darauf, wie wir über die Wirklichkeit denken. Menschliche Kulturen geben ihr begriffliches Wissen über die Generationen weiter. Sprache hat daher eine sehr große Bedeutung für den Aufbau von Wissen in einer Kultur.

Wie beeinflussen sich Sprache und Denken gegenseitig?

- Menschen sind eine symbolische Spezies.
- Im zweiten Lebensjahr bringen wir unser sensomotorisches Weltwissen in einen symbolischen Code.
- Sprache ist ein mächtiger symbolischer Code.
- Sie erlaubt es uns, Wirklichkeiten zu vergegenwärtigen.
- Sprache ordnet unsere Begriffswelt, ökonomisiert sie und macht sie flexibel.
- Sprache verselbstständigt sich, schafft Begriffswelten und damit Wirklichkeiten.
- Logik wird nicht von Sprache erschaffen, aber die Sprache kann ihr auf die Sprünge helfen.
- Sprache und Denken sind so eng miteinander verquickt, dass man beide kaum auseinander halten kann.

10 Wenn es nicht so läuft: Spracherwerbsstörungen

Es gehört fast schon zum guten Ton, von den schlechten sprachlichen Kenntnissen unserer Kinder zu reden. Angeblich sprechen unsere Kinder nicht nur viel schlechter als früher, sondern ein großer Prozentsatz von ihnen soll eine handfeste Spracherwerbsstörung aufweisen. Ist das wahr? Oder sind diese Behauptungen eine Variante des beliebten Themas »früher war alles besser«?

Das wollen wir versuchen in diesem Kapitel zu entschlüsseln.

Spracherwerbsstörungen – eine Epidemie?

Aus verschiedenen Richtungen wird seit einigen Jahren verbreitet, dass bis zu 25 % der deutschsprachigen Kinder im Vorschulalter spracherwerbsgestört sind. An derartigen Meldungen sind einzelne Vertreter verschiedener wissenschaftlicher Disziplinen, z. B. Medizin, Psychologie, Pädagogik, Linguistik beteiligt. Und ihre Verlautbarungen werden von den Medien willig aufgegriffen. Damit haben die Spracherwerbsstörungen den Status einer Epidemie erlangt.

Das alleine reicht aber nicht. Auch die Ursachen für die Spracherwerbsstörungen wollen erkannt sein, und sie werden gleich mit verbreitet. Diese liegen bei den Eltern – und damit sind dann in der Regel die Mütter gemeint –, die ihren Kindern nicht genug sprachliche Zuwendung zukommen lassen. Sie lesen ihnen nicht genug vor, sie erzählen ihnen keine Märchen, sie sprechen keine Reime mit ihnen und einiges mehr bzw. weniger, das die Eltern nicht tun. Das mag an der schlechten wirtschaftlichen Situation liegen, an der Berufstätigkeit von Müttern, an zu wenig Interesse am Kind, oder an nicht intakten Familien. Als zweiter Verursacher fungiert das Fernsehen. Kindern wird angeblich statt Kommunikation mit Menschen Unterhaltung über das Fernsehen geboten. Früher war das anders. Da gab es das Fernsehen nicht, und Mütter haben sich um ihre Kinder in liebevoller Zuwendung und mit Vorlesen und Reime Sprechen gekümmert.

Es mag manche Menschen glücklich machen, die Welt so einfach zu erklären. Aber Zweifel melden sich schon bei nur ein wenig Nachdenken an. Wann war diese Zeit »früher«, als alles besser war? Vor 50 Jahren? Vor 100 Jahren? Oder noch früher? Nicht nur wird das meistens nicht genannt, sondern es existieren auch keine systematischen Datenerhebungen von »früher«. Womit wird also verglichen? Wir wissen es nicht. Und wie sah die soziale Umwelt der Kinder von »früher« aus? Gab es keine wirtschaftlich schwierigen Situationen – etwa nicht im 19. Jahrhundert, in dem es noch Kinderarbeit gab, oder in der Zeit vor und nach den Weltkriegen? Waren alle Mütter mit ihren Kindern zu Hause, haben sich ihnen liebevoll zugewandt, ihnen vorgelesen und Märchen erzählt und mit ihnen Reime gesprochen? War es nicht vielleicht eher so, dass in den meisten Familien viel Armut herrschte, die Mütter schwere körperliche Arbeit verrichteten, da sie über keine Waschmaschinen, Staubsauger, Zentralheizungen und diverse Elektrogeräte verfügten, die für sie arbeiteten? Bei weitem nicht alle Familien hatten dafür Dienstpersonal. Hatten diese Mütter wohl wirklich viel Zeit zum Vorlesen, Reime sprechen und Märchen erzählen?

Und noch ein anderer Vergleich hinkt. Dieser betrifft das Fernsehen. In einem Land wie den USA verbringen kleine Kinder vor dem Fernsehen weit mehr Zeit als in Deutschland. Dennoch berichtet man in den USA nicht von 25 % spracherwerbsgestörten Kindern, sondern von lediglich 5 % bis allenfalls 10 %.

Diese kleinen Gedankenspiele bringen das Bild ins Wanken. Hier stimmt etwas nicht. Und was ist das?

- Es herrscht Unklarheit darüber, was eine Spracherwerbsstörung ist.
- Wir vermengen die Probleme von Kindern, die eine wirkliche Spracherwerbsstörung haben, mit den Problemen von Kindern weniger gebildeter Schichten und den Problemen von Migrantenkindern.
- Wir haben unsere Standards verschoben. Wir bewerten mindere sprachliche Fertigkeiten negativer, als wir das »früher« getan haben.
- Wir bewerten Kinder mit den falschen Methoden.

Begriffliche Unklarheit ist nie gut. Und so ist es vom intellektuellen Standpunkt wenig zufrieden stellend, wenn wir keine klare Vorstellung davon haben, was eine wirkliche Spracherwerbsstörung ist. Es ist aber auch vom praktischen Standpunkt aus nicht hilfreich. Spracherwerbsgestörte Kinder haben Probleme mit dem natürlichen Spracherwerb. Das ist weitgehend unabhängig davon, ob ihre Eltern ihnen ein gutes Sprachangebot machen oder nicht. Kinder bildungsferner Schichten haben keine Probleme mit Sprache als Kommunikationsmittel, möglicherweise aber ein Problem mit der Sprache des Bildungssystems. Die Probleme von Migrantenkindern rühren daher, dass sie zu wenig Zugang zu einer deutschsprachigen Umwelt haben und möglicherweise auch daher, dass sie sich nicht mit der deutschen Kultur identifizieren. Das letztere ist kein sprachliches, sondern ein gesellschaftspolitisches Problem. Wir dürfen die Probleme dieser Kinder nicht vermengen und alle als »spracherwerbsgestört« bezeichnen. Denn die Kinder bedürfen einer unterschiedlichen Förderung.

Dass wir mindere sprachliche Leistungen heute negativer bewerten als vor etwa 10 Jahren, zeigen Vergleiche der Bewertungen sprachlicher Leistungen von Kindern bei der Einschulungsuntersuchung in den 1990er Jahren und heute. Die größere Wichtigkeit, die sprachlichen Fertigkeiten heute beigemessen wird, hängt vermutlich mit den höheren sprachlichen Anforderungen im Berufsleben zusammen.

Bedauerlicherweise werden in vielen Einrichtungen, in denen die sprachlichen Leistungen von Kindern beurteilt werden, noch immer Tests verwendet, die einer psycholinguistischen Grundlage sowie einer Normierung entbehren. Teilweise kommt eine Diagnose als »spracherwerbsgestört« auch durch intuitive Urteile zustande. Die Aufsehen erregende Behauptung, dass bis zu 20 % der Zweijährigen Gefahr laufen, eine Spracherwerbsstörung zu entwickeln, basiert auf der Setzung willkürlicher Kriterien für das, was vom Sprachstand Zweijähriger zu erwarten ist. Hier wird die große Variabilität im frühen Spracherwerb, die bis zu 12 Monaten Altersunterschied ausmachen kann, unberücksichtigt gelassen. Wenn psycholinguistisch fundierte Tests eingesetzt werden, die sich an Bevölkerungsnormen orientieren, ergeben sich auch in Deutschland nicht mehr als zwischen 5 % und 10 % spracherwerbsgestörter Kinder. Das entspricht den Befunden in anderen Ländern.

Die epidemieartige Verbreitung von Spracherwerbsstörungen ist ein Mythos. Was diesen Mythos nährt, ist nicht der Sprachstand von Kindern, sondern begriffliche Unklarheit darüber, was eine wirkliche Spracherwerbsstörung ist im Gegensatz zu minderen sprachlichen Fertigkeiten, sowie unzureichende Diagnosemethoden. Es wird höchste Zeit, dass der Mythos aufgeklärt wird und einer angemessenen Betrachtungsweise der sprachlichen Fähigkeiten unserer Kinder weicht.

Was ist eine Spracherwerbsstörung?

Eines der wesentlichen Merkmale der Entwicklungsstörung, die man als »spezifische Spracherwerbsstörung« bezeichnet ist, dass fast nur die Sprache und kaum andere Verhaltensbereiche betroffen sind. Die Kinder, die von dieser Störung betroffen sind, haben keine hirnorganischen Schäden, keine Hörstörungen und keine massiven emotionalen Störungen. Ihre allgemeinen intellektuellen Leistungen rangieren im Normalbereich.

Das Störungsbild ist bei einzelnen Kindern unterschiedlich. Oft wird unterschieden zwischen einer Störung im Verstehen von Sprache und einer Störung in der Sprachproduktion. Diese beiden Bereiche können unterschiedlich stark betroffen sein. Die Störungen liegen auch in verschiedenen sprachlichen Bereichen, so in der Grammatik, dem Wortschatz, der Aussprache, und auch dem Verstehen des Kontextes von sprachlichen Äußerungen. Diese Bereiche können ebenfalls unterschiedlich stark betroffen sein. Bei den meisten Kindern ist der Grammatikbereich stark betroffen, Aussprache und Wortschatz unterschiedlich stark. Und eine kleine Gruppe der spracherwerbsgestörten Kinder hat Probleme beim situationsgerechten Verstehen und Produzieren von Sprache. Im grammatischen Bereich findet sich das Auslassen von Wörtern, besonders von Funktionswörtern wie Artikeln, Präpositionen und Konjunktionen. Es finden sich Wortstellungsfehler und Fehler in den Wortendungen. Sowohl Verben wie Mehrzahlformen werden falsch gebildet. Das sind aber nicht nur die gelegentlichen Fehler der Kinder mit normaler Sprachentwicklung, sondern diese Fehlbildungen sind gehäuft, auch vielfach anders, und sie verschwinden nicht mit zunehmendem Alter.

Damit Sie eine bessere Vorstellung davon bekommen, wie das Störungsbild aussieht, möchte ich einige Beispiele von sprachlichen Äußerungen spracherwerbsgestörter Kinder anführen, die im Alter von vier bis neun Jahren sind. Die Beispiele sind in drei Kategorien geordnet, um auf verschiede Arten von Fehlern aufmerksam zu machen, obgleich auch gelegentlich mehrere verschiedene Fehlertypen im Satz auftauchen.

Falsche Wortendungen an Verben und Substantiven:

Mein Baume fall.
Das is Puppen.
Ich einfach gegeht in Schiff.
Du dann runterfällt.

Falsche Wortstellung:

Is [= ich] Haus mach jetz.
Un jetz du wieder schreibst.
Mama auch Kindergarten ist.
Da umzieht der Mann.
Ich des guck an will.
Der des macht auf.

Falsche Artikel:

Ich die Lehrer bin.
Ein Tür is [= ich] hab nich.
Die Tind [= Kind] auch ein Bauch.
Und den dosse [= grosse] Tomme [= Trommel].
Den da is delb [= gelb].
Aber ich der hund spiel.

Die Beispiele zeigen, wie massiv die Fehler sind. Das geht über das hinaus, was Kinder mit normaler Sprachentwicklung an Fehlern produzieren, sowohl in der Art wie der Häufung der Fehler. Vor allem ist zu bedenken, dass diese Äußerungen von Kindern sind, die über vier Jahre und bis zu 9 Jahren alt sind. Dies ist eine Art von Sprache, die man als stark beeinträchtigt oder gestört betrachten muss.

Was kennzeichnet eine spezifische Spracherwerbsstörung?

- Die Störung berührt nur die Sprache.
  - Grammatik ist immer betroffen;
  - Wortschatz, Aussprache und situatives Sprachverständnis können unterschiedlich stark betroffen sein.
- Stark fehlerhaft sind:
  - Wortendungen an Verben und Substantiven;
  - Wortstellung;
  - Artikel und andere Funktionswörter.
- Die Kinder haben
  - keine hirnorganischen Schäden;

- keine Hörstörungen;
- keine massiven emotionalen Störungen;
- eine normale Intelligenz.

Es ist vielleicht interessant zu fragen, ob es Faktoren gibt, die mit einer Spracherwerbsstörung einhergehen. Diese mögen zwar nicht ursächlich sein, aber könnten doch Anhaltspunkte für Ursachen der Spracherwerbsstörung geben. Ein solch diskutierter Faktor ist das Geschlecht des Kindes. Jungen sind weitaus häufiger betroffen als Mädchen. Zwei- bis dreimal so viele Jungen wie Mädchen weisen eine spezifische Spracherwerbsstörung auf. Diese Tatsache erklärt leider nichts, es sei denn, man findet eine biologische Erklärung für die Spracherwerbsstörung, die mit Geschlechtsunterschieden zu tun hat, etwa hormonelle Abnormalitäten des Fötus. Aber das ist nicht der Fall. Der Geschwisterrang eines Kindes in der Familie hat nichts mit dem Auftreten einer Spracherwerbsstörung zu tun.

Ein Faktor, der von besonderem Interesse ist, ist das Bildungsniveau der Familie bzw. der Eltern. Oft hört man, dass spracherwerbsgestörte Kinder aus Familien mit niedrigem Bildungsniveau kommen. Allerdings kann das empirisch nicht zweifelsfrei belegt werden. Es finden sich spracherwerbsgestörte Kinder ebenso in Familien mit hohem Bildungsniveau. Unterschiedliche empirische Untersuchungen zum Einfluss des Bildungsniveaus geben unterschiedliche Ergebnisse. Mal findet sich ein Einfluss, mal nicht. Das mag damit zusammenhängen, welche Tests bei der Diagnosestellung verwendet wurden. Die Testsituation ist nämlich durchaus nicht einheitlich. Es werden sogar überwiegend Tests benutzt, die die Sprache der Kinder nicht differenziert genug beurteilen – schlimmer noch, oft werden subjektive, intuitive Urteile über die Sprache der Kinder abgegeben. Wenn man differenzierte Tests verwendet, die verschiedene, klar umrissene sprachliche Fertigkeiten überprüfen, so findet man bei Kindern aus bildungsfernen Schichten zwar einen weniger reichhaltigen Wortschatz und weniger ausgeprägte Erzählfähigkeiten, aber die Grammatik ist grundsätzlich intakt. Das Letztere ist bei den wirklich spracherwerbsgestörten Kindern nicht der Fall. Es ist wichtig, diese unterschiedlichen Schwächen und Defizite herauszufinden. Es vermeidet die zu Beginn des Kapitels beschriebene Vermengung sprachlicher Schwächen mit einer handfesten Spracherwerbsstörung, und damit das Hochschnellen des Anteils von spracherwerbsgestörten Kindern zu epidemieartigen Zahlen, die auf Fehldiagnosen beruhen. Was die spezifische Spracherwerbsstörung angeht, so geht sie nicht so deutlich mit dem Bildungsniveau der Eltern einher, dass man dieses als ursächlich vermuten könnte. Das bedeutet, dass die sprachliche Umwelt des Kindes kaum einen Einfluss auf die Entstehung einer spezifischen Spracherwerbsstörung ausübt.

Obwohl die spezifische Spracherwerbsstörung per Definition spezifisch für einen Verhaltensbereich, nämlich die Sprache, ist, finden sich Schwächen in manchen anderen Verhaltensbereichen, die mit ihren Symptomen einhergehen. So wird häufig berichtet, dass spracherwerbsgestörte Kinder schwache Leistungen in Aufgaben bringen, die motorische Koordination verlangen. Weiter bringen sie schwache Leistungen bei der Unterscheidung ähnlicher Formen und beim Erinnern von räumlichen Anordnungen von Objekten. Auch Rhythmen können diese Kinder schlecht unterscheiden und nachahmen. Schließlich wird von einem großen Teil der spracherwerbsgestörten Kinder berichtet, dass sie eine Aufmerksamkeitsschwäche vorweisen. Es können auch Verhaltensauffälligkeiten auftreten, die vermutlich eine Folgeerscheinung der sprachlichen Probleme sind. Die sprachlichen Schwierigkeiten können dazu führen, dass die Kinder in ihrer Gruppe weniger akzeptiert oder gar ausgelacht werden, und dieses mag zu einem geringen Selbstwertgefühl, Rückzug oder Aggression führen.

Eine letzte Frage ist, ob die spezifische Spracherwerbsstörung genetisch bedingt ist. Weil es über den Einfluss von Genen viele Missverständnisse gibt, möchte ich diese zunächst aus dem Weg räumen. Wir neigen zu dem Glauben, dass Gene einen direkten Einfluss auf menschliche Eigenschaften haben, der nicht modifizierbar ist. Wir glauben, dass, wenn etwas genetisch bestimmt ist, die Umwelt keine Rolle mehr spielt. Das ist ein schwer wiegendes Missverständnis. Gene wirken nicht in Isolation und sie wirken auch nicht direkt bestimmend auf ein Verhalten. Sie sind lediglich biochemische Boten, die bestimmen, welche Substanzen im wachsenden Organismus wann produziert werden. Aber diese Boten wirken nicht allein. Gene wirken im Zusammenhang mit anderen Faktoren. Das sind Faktoren im Organismus und Faktoren in der Umwelt eines Organismus. Das menschliche Verhalten ist das Produkt komplizierter Wechselwirkungen zwischen den biochemischen Geschehnissen und Erfahrungen, die der Mensch mit der Umwelt macht. Sowohl die Gene wie die Umwelt bringen unser Verhalten hervor.

Ein Beispiel für das Missverständnis der Wirkung von Genen auf Spracherwerbsstörungen war die vor einigen Jahren aufgestellte Behauptung, eine Spracherwerbsstörung wäre die direkte Auswirkung eines defekten Grammatikgens. Aufgrund der Tatsache, dass in einer Familie die Verteilung des Auftretens einer Spracherwerbsstörung über mehrere Generationen einem klassischen Vererbungsmuster entsprach, wurde behauptet, dass ein einzelnes dominantes Gen verantwortlich sei für die Entwicklung von Grammatik beim Menschen. Wenn dieses Gen defekt ist, folgt daraus eine grammatische Störung. Bisher ist dieses Gen nicht gefunden, und es ist auch schwer vorstellbar, dass man es findet, genauso wie es schwer vorstellbar ist, dass ein so komplexes Verhalten wie Grammatik direkt von einem Gen bestimmt wird. Allerdings wurde übersehen, dass in der besagten Familie nicht nur eine Störung der Grammatik vorlag, sondern auch andere Verhaltensbereiche betroffen waren. Das waren motorische Störungen bei Sprechbewegungen, und die betroffenen Familienmitglieder hatten auch eine niedrige verbale und nichtverbale Intelligenz. So hat sich das vermeintliche Grammatikgen wohl erledigt.

Nicht aber ein genetischer Einfluss auf Spracherwerbsstörungen. Wenn man diesen bestimmen möchte, sind die Untersuchungsverfahren der Verhaltensgenetiker nützlich. Das sind Vergleiche von eineiigen mit zweieiigen Zwillingen. Bei solchen Vergleichen wird untersucht, inwieweit Unterschiede im Verhalten von Zwillingspaaren auf den Einfluss von Genen im Vergleich zum Einfluss von Umwelterfahrung zurückzuführen sind. Zwillinge machen viele Umwelterfahrungen gemeinsam. Man geht davon aus, dass sie identische Umwelten haben. Sie unterscheiden sich aber in ihrer genetischen Ausstattung. Eineiige Zwillinge haben eine identische genetische Ausstattung. Zweieiige Zwillinge sind wie andere Geschwister. Sie haben durchschnittlich nur die Hälfte ihrer genetischen Ausstattung gemeinsam. In einigen Studien hat man eineiige und zweieiige Zwillingspaare mit Spracherwerbsstörungen verglichen. Dabei zeigt sich, dass die Spracherwerbsstörung in Zwillingspaaren deutlich häufiger bei beiden Zwillingen auftritt, wenn sie eineiige Zwillinge sind. Das bedeutet, dass Gene an einer Spracherwerbsstörung stärker beteiligt sind als die Umwelterfahrung. Es bedeutet nicht, dass Spracherwerbsstörungen ausschließlich durch den Einfluss von Genen bestimmt sind, oder dass sie nicht durch Umwelteinflüsse – etwa Therapie – günstig zu beeinflussen wären.

Was geht einher mit einer spezifischen Spracherwerbsstörung?

- Jungen sind häufiger betroffen als Mädchen.
- Elterliches Bildungsniveau hat kaum einen Einfluss.
- Kinder mit einer spezifischen Spracherwerbsstörung haben oft:
  - schlechte motorische Koordination;
  - Schwierigkeiten bei räumlichen Anordnungen;
  - beim Unterscheiden ähnlicher Formen;

- beim Erkennen und Erinnern von Rhythmen;
- Aufmerksamkeitsschwäche.

➤ Die spezifische Spracherwerbstörung ist teilweise genetisch bedingt.

Woher kommt die Spracherwerbsstörung?

Es gibt verschiedene Antworten auf die Frage nach den Ursachen der spezifischen Spracherwerbsstörung. Eine Erklärung, die von allen Wissenschaftlern gleichermaßen akzeptiert wird, gibt es z. Zt. nicht.

Eine Ursache für die spezifische Spracherwerbsstörung könnte sein, dass die Kinder Sprachlaute nicht schnell genug erkennen und daher nicht schnell genug zwischen ihnen unterscheiden. Unser Sprechen ist recht schnell. Unterschiedliche Sprachlaute müssen wir innerhalb von Millisekunden unterscheiden. Wenn jemand spricht, erzeugt er Schallwellen, und diese Schallwellen erreichen unser Ohr, werden von diesem an das Gehirn weitergegeben und interpretiert. Das, was wir als ein *a* und ein *o* hören, sind auf der Ebene der Schallwellen unterschiedliche Muster. Diese Muster unterscheiden sich in der Häufigkeit der Schallwellen, ihrer Intensität und ihrer Dauer. Von dieser Ebene der Analyse merken wir nichts, da unser Gehirn in Windeseile – nämlich in Millisekunden – aus diesen Mustern etwas macht, das wir als Sprachlaut wahrnehmen. Wir haben den Mustern in den Schallwellen eine Interpretation gegeben. Dazu ist unser Gehirn da. Es interpretiert physikalische Reize – hier Schallwellen – so, dass sie für uns bedeutungsvoll sind.

Nun gibt es lange und kurze Sprachlaute. Sie können sicher unmittelbar nachvollziehen, dass Vokale wie *a* und *o* lange Sprachlaute sind. Sie dauern lang genug, so dass wir sie gut hören können. Das ist bei Konsonanten wie *b* und *p* anders. Diese können wir alleine gar nicht aussprechen. Wir fügen ein *e* an, und sprechen also *beh* und *peh*. Man kann die Muster der Schallwellen, die unsere Laute auf der physikalischen Ebene ausmachen, bildlich darstellen. Wenn man das tut, sieht man klar und deutlich unterscheidbare Muster für *a* und *o*, und man sieht auch, dass sie über mehrere hundert Millisekunden dauern. Bei *b* und *p* ist das ganz anders. Hier sieht man keine klar erkennbaren Muster, und die Dauer der beiden Laute ist kurz – weniger als 50 Millisekunden.

Nun hat man getestet, ob Kinder mit einer spezifischen Spracherwerbsstörung Sprachlaute genauso gut unterscheiden können wie Kinder mit normaler Sprachentwicklung. Wenn es sich um Vokale handelt, können sie das. Wenn es sich aber Konsonanten handelt, die sehr kurz sind, können sie das nicht. So können sie die Silben *ba* und *pa* nicht so gut unterscheiden wie Kinder mit normaler Sprachentwicklung. Auch *da* und *ta* und *ga* und *ka* unterscheiden sie schlechter. Noch schlimmer wird das Ganze, wenn man den Kindern *ba* und *pa* in wechselnder Reihenfolge anbietet – z. B. *ba – pa, ba – ba, pa – ba, pa – pa*. Die Kinder lernen vorher, auf einem Touchscreen anzuzeigen, um welche der beiden Silben es sich handelt. Wenn die Pause zwischen den beiden Silben lang genug ist, meistern die Kinder die Aufgabe einigermaßen. Wenn die Pause zwischen den beiden Silben aber kürzer wird – und auch hier handelt es sich um Millisekunden –, meistern Kinder mit einer Spracherwerbsstörung die Aufgabe nicht. Neunjährige Kinder mit einer Spracherwerbsstörung sind in einer solchen Aufgabe schlechter als vierjährige Kinder mit normaler Sprachentwicklung.

Kinder mit einer spezifischen Spracherwerbsstörung haben also Schwierigkeiten, Laute zu erkennen, die eine kurze Dauer haben. Das sind vor allem *b, p, d, t, g* und *k*. Sie haben aber auch Schwierigkeiten, Laute zu erkennen, wenn diese schnell aufeinander folgen. Für das Erkennen von Sprache ist das sehr hinderlich. In der gesprochenen Sprache folgen die Sprachlaute schnell aufeinander. Auch wenn KGS etwas langsamer gesprochen wird, folgen die Sprachlaute dennoch schnell aufeinander. Und Laute wie *b, p, d, t, g* und *k* können wir gar nicht langsam sprechen. Eine Schwäche beim schnellen Erkennen von Sprachlauten und ihrer Reihenfolge könnte es schwieriger machen, Wörter und Wortendungen zu erkennen. Und es könnte auch zur Verwirrung bei der Reihenfolge von Wörtern in Sätzen führen. So kann man sich vorstellen, dass aus dieser Schwäche beim schnellen Erkennen von Sprachlauten eine Störung des Spracherwerbs entsteht.

Spracherwerbsstörungen könnten auch eine andere Ursache haben. Das ist eine Schwäche des Kurzzeitgedächtnisses. Das Kurzzeitgedächtnis ist ein Speicher für Information, der nur eine bestimmte Menge aufnehmen kann. Das sind bei den meisten Menschen um die 7 Elemente. Sie können das sicher leicht nachvollziehen, wenn sie an Telefonnummern denken. Diese haben oft 7 Zahlen. Wenn man Ihnen eine Telefonnummer mit 7 Zahlen sagt und Sie fangen sofort an, diese Zahlen innerlich zu wiederholen, dann können Sie sich die Telefonnummer merken. Das wird bei 9 oder 10 Zahlen schon sehr viel schwieriger und bei noch mehr unmöglich. Das ist so, weil unser Kurzzeitgedächtnis der Einschränkung auf ca. 7 Elemente unterliegt. Was das für Elemente sind, spielt keine Rolle. Es können Zahlen, Wörter und auch grammatische Einheiten in Sätzen sein.

Man kann das Kurzzeitgedächtnis so testen, dass man Personen unbekannte Wörter vorgibt und sie diese nachsprechen müssen. Dazu nimmt man Kunstwörter, damit man sicher gehen kann, dass die Wörter unbekannt sind. Beispiele sind: *kufa, dogepi, neribalu.* Solche Kunstwörter sind Serien von Lauten, und je länger die Kunstwörter werden, desto mehr Elemente von Lauten muss man sich merken. Das heißt, für das Kurzzeitgedächtnis wird die Aufgabe immer schwieriger. Es hat sich herausgestellt, dass Kinder mit einer spezifischen Spracherwerbsstörung sehr viel schlechter mit einer solchen Aufgabe fertig werden als Kinder mit normalem Spracherwerb. Sie können weniger Kunstwörter korrekt nachsprechen, und das wird immer schlechter, je länger die Wörter sind. Daraus schließt man, dass

Kinder mit einer Spracherwerbsstörung eine Schwäche des Kurzzeitgedächtnisses haben. Diese Schwäche wird als ursächlich für ihre Spracherwerbsstörung gesehen.

Wie kann man sich das vorstellen? Wenn man Kunstwörter unmittelbar nachsprechen muss, muss man sie sich im Kurzgedächtnis vorübergehend merken. Die Kunstwortaufgabe ist aber dem Aufschnappen von neuen Wörtern beim Spracherwerb ähnlich. Kinder hören neue Wörter, und diese sind zunächst nur Lautfolgen – wie bei Kunstwörtern. Sie merken sich die Lautfolge eines neuen Wortes zunächst vorübergehend im Kurzzeitgedächtnis. Natürlich wird der Erwerb von Wörtern im wirklichen Spracherwerb dann entscheidend anders. Die Lautfolge eines neuen Wortes wird mit einer Bedeutung verbunden, das Wort wird wiederholt gebraucht mit dieser Bedeutung. Und es geht in das Langzeitgedächtnis über. Das ist das Gedächtnis, in dem wir unser Wissen permanent speichern. Wenn aber diese weiteren Schritte schon dadurch verhindert werden, dass eine neue Lautfolge bereits am Kurzzeitgedächtnis scheitert, so kann diese auch nicht langfristig erinnert werden. Das heißt also, dass weniger Wörter gelernt werden. Auch auf den Erwerb von Grammatik würde sich eine Schwäche im Kurzzeitgedächtnis auswirken. Kinder können sich weniger Elemente von Sätzen und daher auch weniger Beziehungen zwischen den Satzteilen merken. Das würde den Erwerb von Grammatik erschweren.

Wie schon erwähnt, ist sich die Wissenschaft nicht einig über die Ursachen der spezifischen Spracherwerbsstörung. Darüber hinaus ist es so, dass es bei unterschiedlichen Kindern unterschiedliche Ursachen für ihre Spracherwerbsstörung gibt. Das haben empirische Untersuchungen gezeigt. Und wie hängt das zusammen mit dem Einfluss von Genen auf das Vorliegen einer Spracherwerbsstörung, der ja nachgewiesen ist? Oder ist das eine dritte Erklärung? Ein genetischer Einfluss ist durchaus in Einklang zu bringen mit Schwächen in der Informationsverarbeitung. Wenn Kinder schnell aufeinander folgende Laute schlecht unterscheiden können oder sie schlechter im Kurzzeitgedächtnis behalten können, so können solche Schwächen durchaus genetisch bedingt sein. Die Wirkung von Genen auf unsere Informationsverarbeitung allgemein ist jedenfalls leichter vorstellbar als ein defektes Grammatikgen. Wie jedoch diese Wirkung aussehen könnte, ist nicht – oder noch nicht – bekannt.

Eine wirkliche Spracherwerbsstörung ist ein deutlich ernsteres Problem als nur schlechtes Deutsch, das den Anforderungen des Deutschlehrers nicht genügt. Schlechtes Deutsch kann man verbessern, besonders dann, wenn man gefördert wird und irgendwann einsieht, dass gewisse sprachliche Fertigkeiten nun einmal unabdingbar sind, wenn man einen vernünftigen Job – und damit ein brauchbares Einkommen – haben möchte. Eine spezifische Spracherwerbsstörung dagegen bedarf der Therapie. Sofern man die Ursache der Spracherwerbsstörung im individuellen Fall ermitteln kann, ist es förderlich, die Therapie der Ursache der Störung anzupassen.

Eine spezifische Spracherwerbsstörung zu diagnostizieren bedarf umfangreicher, sorgfältiger Tests. Nur das ist für die betroffenen Kinder hilfreich. Für Kinder, die keine derartige Entwicklungsstörung haben, ist es nicht hilfreich, ihre sprachlichen Probleme als spracherwerbsgestört zu charakterisieren. Sie bedürfen nicht der Therapie, sondern für sie ist eine soziale Umgebung hilfreich, die ihnen in einem möglichst frühen Alter eine reichhaltige Sprache anbietet.

Was sind Ursachen der spezifischen Spracherwerbsstörung?

- Ursache kann sein:
  - eine Schwäche in der Verarbeitung schnell aufeinander folgender Laute – so wie sie in der gesprochenen Sprache vorkommen;
  - eine Schwäche des Kurzzeitgedächtnisses.
- Bei unterschiedlichen Kindern kann es unterschiedliche Ursachen geben.

11 Noch Fragen?

Ich habe mich bemüht in diesem kleinen Buch die Grundzüge des Spracherwerbs bei Kindern darzustellen. Am Schluss möchte ich häufig gestellte Fragen nennen und beantworten. Zum Teil sind ähnliche Inhalte schon in den vorigen Kapiteln angesprochen worden. So ist ein bisschen Wiederholung unausweichlich.

1) Was ist normal im Spracherwerb?

- Kinder fangen ungefähr ab ihrem ersten Geburtstag an, einzelne Wörter zu sprechen.
- Zwischen ungefähr 18 und 24 Monaten fangen sie an, Zweiwortsätze zu bilden.
- Sowohl der Wortschatz wie die Satzlänge wachsen an – aber in sehr unterschiedlichem Tempo bei individuellen Kindern.
- Mit ihren Satzbildungen fangen Kinder auch an, Endungen an Wörtern zu lernen.
- Mehrzahlbildung und das grammatische Geschlecht der Artikel lernen sie früh.
- Dem folgen im dritten Lebensjahr Endungen an Verben, Vergangenheitsformen, Hilfsverben und die Kasusformen der Artikel.
- Fehler bei diesen Formen sind normal. Besonders viele Fehler machen die Kinder bei den Kasusformen. Bei den anderen Formen kommen Fehler eher gelegentlich vor.
- Im dritten Lebensjahr lernen die Kinder verschiedene Satzmuster mit der korrekten Verbstellung in Aussagesätzen, Fragen und Verneinung.
- Die meisten Kinder verfügen im Alter von vier Jahren über eine grundlegende Grammatik.

2) Was müssen Kinder in einem bestimmten Alter können?

Bei Kindern bis ca. zweieinhalb Jahren sollte man sich darüber wenig Gedanken machen. Während des frühen Spracherwerbs sind die Unterschiede zwischen den Kindern sehr groß. Manche Kinder sind sehr schnell, andere sehr langsam, und wieder andere liegen dazwischen. Der Unterschied im Sprachstand kann bis zu zwölf Monaten betragen. Das heißt, dass ein eineinhalbjähriges Kind und ein zweieinhalbjähriges Kind auf dem gleichen Sprachstand sein können. Derartige Unterschiede liegen im Bereich der Normalität. Die langsamen Kinder können sehr schnell aufholen, und die Kinder, die zunächst sehr schnell waren, verlangsamen manchmal das Tempo ihres Fortschritts. Kinder müssen nicht exakt im gleichen Alter das Gleiche können. Unterschiedlichkeit gehört zur Normalität.

3) Warum ist mein Kind anders?

Es ist zwar ganz natürlich, dass wir uns vergleichen mit anderen, aber meistens wenig hilfreich. Wir sind nun einmal individuell sehr unterschiedlich. Und das trifft auch auf die Art und Weise zu, wie Kinder ihre Muttersprache erwerben. Zwar kommen sie alle zum gleichen Ziel, aber die Wege dahin können stark unterschiedlich sein. Das eine Kind macht viele Fehler, das andere nur wenige. Das eine Kind lernt schnell viele Wörter, besonders Benennungen von Objekten, das andere kommuniziert mit *da* und *das*. Ein Kind ahmt gerne und viel nach, das andere gar nicht. Ein Kind spricht schön klar, ein anderes undeutlich. Wir können gegenüber solchen Vorlieben nur tolerant sein. Das eine ist nicht besser oder schlechter als das andere. Am besten, wir akzeptieren den Stil, den unser Kind bevorzugt, und damit seine Individualität. Es bleibt uns sowieso nichts anderes übrig. Beunruhigen müssen uns solche Unterschiede nicht. Wir müssen auch damit leben, dass es auf das »Warum« möglicherweise keine Antwort gibt.

4) Wie gehe ich mit Fehlern um?

Kinder machen Benennungsfehler und Grammatikfehler. Benennungsfehler beruhen entweder auf unfertigen Begriffsklassen oder einfach darauf, dass die Kinder mit Wörtern spielen. Beides ist in keiner Weise beunruhigend. Sie können die Benennungsfehler ihres Kindes akzeptieren. Ihr Kind korrigiert sie von alleine. Es hört ja die richtige Benennung immer wieder in Ihrer Sprache. Es muss vielleicht erst seine Begriffe den Erwachsenenbegriffen annähern.

Auch Grammatikfehler müssen Sie nicht beunruhigen. Sie sind sogar oft Ausdruck des Lernprozesses, der in Ihrem Kind vorgeht, dann nämlich, wenn sie eine Systematik der Sprache offenbaren, die eben bloß noch nicht so verwendet wird wie in der Erwachsenensprache. Obwohl die Regeln schon entschlüsselt sind, klappt es eben noch nicht immer mit der Anwendung. Direkte Korrekturen bewirken gar nichts. Die Kinder müssen sich das Regelwerk der Grammatik selber konstruieren.

Manchmal macht es ihnen ihre Muttersprache dabei nicht leicht. Dann nämlich, wenn sie über grammatische Markierungen verfügt, die man im Redefluss der gesprochenen Sprache nicht gut unterscheiden kann, weil sie ähnlich klingen, unbetont oder sehr verkürzt gesprochen werden. So etwas trifft auf das deutsche Kasussystem zu. Kein Wunder also, dass die Fehler der Kinder gehäufter auftreten und ziemlich lange erhalten bleiben. Manches ist eben einfach schwer zu lernen.

5) Wie fördere ich den Spracherwerb meines Kindes?

Man kann die Antwort zu dieser Frage knapp in einer einfachen Maxime fassen:

- Sprechen Sie ganz natürlich mit Ihrem Kind.
- Haben Sie Interesse und Freude an der Kommunikation.

Natürlich bedeutet das nicht, dass sie in jeder Minute der Kommunikation mit Ihrem Kind ein perfektes Verhalten zeigen, immer nur von überschwänglichem Interesse strotzen und in ständiger freudiger Erregung mit ihrem Kind sprechen. Eine derartige Perfektion ist ebenso künstlich wie vermutlich unmöglich. Die Maxime ist eher eine Leitlinie für eine grundsätzliche Einstellung. Diese besagt, dass Sie sich keine Gedanken über Ihre Sprache machen und diese in keiner Weise verstellen müssen. Die Anpassungen an die Sprache kleiner Kinder, die in Kap. 8 dargestellt wurden, machen Sie sowieso unbewusst von selber. Sie können also ganz natürlich sprechen. Der zweite Teil der Maxime bedeutet nicht, dass sie niemals etwas anderes als Interesse und Freude zeigen dürfen. Natürlich haben Sie manchmal kein Interesse an dem, was Ihr Kind Ihnen als Kommunikationsangebot macht. Natürlich sind Sie auch manchmal sauer oder schimpfen oder möchten Ihre Ruhe haben. Mit der Maxime ist lediglich eine überwiegende grundsätzliche Einstellung gemeint.

Etwas spezifischer ausgedrückt, kann man aus der allgemeinen Maxime ableiten:

- Folgen Sie den Interessen ihres kleinen Kindes.
- Sprechen Sie über das, worauf das Kind gerade seine Aufmerksamkeit richtet und worüber es sprechen will.
- Ob Sie zusätzlich zu den Merkmalen der an das Kind gerichteten Sprache (KGS) noch Verniedlichungen der »Babysprache« – wie etwa *Püppchen, Händchen* oder Ausdrücke wie *heia* – benutzen oder nicht, spielt keine Rolle.
- Drängen Sie sich nicht auf. Es genügt, wenn Sie mit Ihrem Kind dann sprechen, wenn es mit Ihnen kommunizieren will. Dabei kann das Kommunikationsangebot sowohl vom Kind wie von Ihnen ausgehen. Nicht Masse ist gut, sondern Sprache im richtigen Moment. Ihr Kind hört neben der Sprache, die Sie direkt an es richten, die Sprache, die in seiner Umgebung gesprochen wird. Auch aus dieser Sprache lernt Ihr Kind.
- Seien Sie kein Lehrmeister. Ihr Kind spricht nicht, um

Sprache zu lernen, sondern weil es mit Ihnen kommunizieren will. Die Sprache lernt es dabei ganz nebenbei.

Sie fördern die Sprachentwicklung Ihres Kindes, indem Sie ein sensibler Gesprächspartner sind. Denken Sie daran, dass Erwachsene im Wesentlichen die Rolle des sensiblen Statisten haben. Sie geben den regen geistigen Aktivitäten Ihres Kindes, zu denen auch der Spracherwerb gehört, das Gerüst im Hintergrund. Der Hauptakteur ist das Kind. Neugier, gekoppelt mit Wissensdrang liegt in der Natur von kleinen Kindern. Gehen Sie von der Aufgewecktheit und Initiative Ihres Kindes aus. Es will die Welt kennen lernen und es will kommunizieren. Es konstruiert sich sein Weltbild und die Regeln der Sprache selbst. Sie sind nur der sensible Hintergrund, auf dem das geschieht – aber als solcher unerlässlich und förderlich. Wie bei jedem Lernvorgang muss jedoch auch die Sprache vom Lerner selber konstruiert werden.

6) Wann muss ich aufmerken?

Manchmal nimmt der Spracherwerb nicht seinen üblichen Verlauf. Hier ist nicht der Ort für Einzelheiten der Diagnostizierung einer Spracherwerbsstörung. Ich möchte aber einige grobe Richtlinien geben, die andeuten, wann Eltern aufmerken und sich professionellen Rat holen sollten. Dabei kann es um das Testen des Hörvermögens durch Phoniater und Pädaudiologen gehen oder um die Durchführung einer systematischen Bestandsaufnahme des Sprachstandes in einer Beratungsstelle mit entwicklungspsychologisch, sprachpsychologisch oder logopädisch geschultem Personal.

Für Babys ist es natürlich, dass Sie mit Erwachsenen kommunizieren – über Anschauen, Lautierungen, Lächeln, später auch Gesten. Wenn Sie meinen, dass Ihr Baby sehr wenig mit Ihnen kommuniziert und auf Ihre Kommunikationsangebote überwiegend nicht reagiert oder sich gar dadurch gestört fühlt, sollten Sie den Rat eines Experten einholen. Es ist möglich, dass eine Kommunikationsstörung vorliegt. Wenn Sie meinen, dass Ihr Baby weder auf Geräusche noch sprachliche Laute reagiert, sollten Sie das Hörvermögen ihres Kindes untersuchen lassen.

Wie wir gesehen haben, verläuft der Spracherwerb in sehr unterschiedlichem Tempo. Bei Kindern zwischen eineinhalb und zweieinhalb Jahren ist es kaum möglich, zwischen dem zu unterscheiden, was nur langsam oder was zu langsam ist. Wenn Ihr Kind allerdings mit zweieinhalb bis drei Jahren nur über einen Wortschatz von 100 bis 200 Wörtern verfügt und noch keinerlei Satzbildungen und Wortendungen produziert, sollten Sie den Sprachstand Ihres Kindes überprüfen lassen. Jedenfalls dann, wenn das Kind einsprachig aufwächst. Bei Mehrsprachigkeit kann es sein, dass Kinder einen etwas verzögerten Spracherwerb haben.

Wenn sich bei Kindern im Kindergartenalter hartnäckig auffallend viele Grammatikfehler halten, ist auch das ein Grund, den Sprachstand überprüfen zu lassen. Das trifft aber nur zu, wenn die Fehler über das übliche Maß hinausgehen. Man merkt es daran, dass die Äußerungen des Kindes nur schwer zu verstehen sind, weil sie so ungrammatisch konstruiert und auch oft sehr schlecht artikuliert sind. Für Kinder im Kindergartenalter und darüber hinaus stehen eine Reihe von standardisierten Tests zur Verfügung.

7) Gibt es denn nicht ein frühes Zeitfenster für den Spracherwerb, das unwiderruflich verpasst sein kann?

Behauptungen über ein frühes Zeitfenster für den Spracherwerb, das sich etwa mit drei Jahren schließt, mögen zwar ebenso medienwirksam sein wie die Behauptung von den 25 % spracherwerbsgestörten Kindern, aber durch methodisch einwandfreie Studien fundiert sind sie nicht. Wie in Kap. 6 dargestellt, gibt es weder Belege für eine neurologische Entsprechung der sensiblen Phase für Sprache noch Belege dafür, dass die sensible Phase sehr früh und abrupt endet. Die sensible Phase für Sprache ist eine Annahme, die sinnvoll ist. Forschungen sprechen dafür, dass eine solche sensible Phase nicht früh und abrupt endet, sondern ab dem Lebensalter von ungefähr sieben Jahren allmählich schwächer wird.

Behauptungen, dass mögliche Spracherwerbsstörungen schon bei Ein- und Zweijährigen erkannt und eine Therapie bereits dann begonnen werden muss, um die sensible Phase für sprachliches Lernen nicht zu verpassen, entbehren solider wissenschaftlicher Belege. Sie können aber dazu führen, dass insbesondere solche Eltern, die sich leicht beunruhigen lassen, die Sprachentwicklung ihres Kindes nicht mehr mit Freude, sondern mit Besorgnis beobachten. Sie könnten auch zu einem übertriebenen Aktionismus verleitet werden, der seinerseits das Sprechen und Spielen mit dem Kind nur stört. Eltern sei geraten, derartige Aufsehen erregende Behauptungen kritisch auf Beweise zu hinterfragen.

8) »Schlechtes Deutsch« oder Spracherwerbsstörung?

Eine Spracherwerbstörung im Sinne der spezifischen Spracherwerbsstörung tritt bei 5 % bis 10 % der Bevölkerung auf. Das alleine macht es nicht sehr wahrscheinlich, dass mindere Sprachleistungen eines Kindes auf eine Spracherwerbsstörung hindeuten. Ob eine spezifische Spracherwerbsstörung oder lediglich mindere Sprachleistungen vorliegen, muss jedoch sprachdiagnostisch abgeklärt werden.

Während der Sozialstatus der Eltern bei einer spezifischen Spracherwerbsstörung kaum eine Rolle spielt, so hat er einen Einfluss bei Kindern mit normaler Sprachentwicklung. Kinder aus sozial schwächerem Milieu erbringen häufig schwächere sprachliche Leistungen als Kinder von Eltern mit höherem Sozialstatus. Auch viele Migrantenkinder sprechen unzureichendes Deutsch oder verfügen nur über schwache sprachliche Leistungen. Die Sprache dieser Kinder mag in ihrem Alltagsleben außerhalb der Schule kein Problem sein. Die Kinder können in ihrer sozialen Umwelt angemessen kommunizieren. Das Problem entsteht in der Schule. Mindere sprachliche Leistungen führen zu weniger guten schulischen Leistungen, und diese zu schlechteren Schulabschlüssen und damit zu schlechteren Berufsaussichten. Das Bildungssystem erfordert die Hochsprache. Und auch in unserem Berufsleben sind sprachliche Fertigkeiten zunehmend wichtiger geworden. Somit können sprachliche Fertigkeiten entscheidend für das ganze Leben sein.

Wie wichtig sprachliche Fertigkeiten in unserer Gesellschaft sind, zeigt sich auch daran, dass sich unsere Standards bei der Bewertung dieser Fertigkeiten bei Kindern verschoben haben. Bei Einschulungstests haben sich die Leistungen der Kinder heute gegenüber denen von vor 10 Jahren nicht verschlechtert. Dennoch werden wesentlich mehr Kinder für eine Sprachförderung vorgeschlagen. Unsere Erwachsenenstandards darüber, was wir an sprachlichen Fertigkeiten erwarten, haben sich erhöht.

9) Wo und mit wem läuft der Spracherwerb am besten ab?

Auch wenn es sich bei den Kindern, die ein »schlechtes Deutsch« sprechen, nicht um spracherwerbsgestörte Kinder handelt, so haben sie ein gravierendes Problem. Und sie bedürfen einer Förderung. Was die Kinder fördert, wissen wir auch. Das ist der möglichst frühe Besuch eines Kindergartens bzw. schon einer Einrichtung für Kleinkinderbetreuung für Kinder unter drei Jahren. Es ist daher höchst bedauerlich, dass Deutschland zu den Ländern gehört, die viel zu wenige Einrichtungen für die Betreuung von Kleinkindern haben. Zudem findet sich immer noch der Glaube, der teilweise auch von Fachleuten genährt wird, dass die Mutter allein die beste Betreuung eines Kleinkindes biete und auch von ihr die Sprache am besten zu lernen sei. Dem ist nicht so. Gerade in einem sozialen Milieu, in dem die Familie und die Mutter ein weniger günstiges Sprachangebot machen, ist eine außerfamiliäre Kleinkinderbetreuung ausgesprochen förderlich. Wenn also eine nicht unbeträchtliche Anzahl von Kindern schwache sprachliche Leistungen zeigen, so könnte dem Abhilfe geschaffen werden, indem man die entsprechenden Kindereinrichtungen mit qualifiziertem Fachpersonal zur Verfügung stellt. Auch den sprachlichen Problemen von Migrantenkindern könnte so begegnet werden, da sie durch den Besuch solcher Einrichtungen Zugang zur deutschsprachigen Umwelt hätten.

10) Zweisprachigkeit – geht das?

Zweisprachigkeit ist sicherlich eine gute Sache. Und sie gehört auch zunehmend zur Normalität in einer Welt, in der Mobilität zwischen verschiedenen Ländern normal ist. Wie weit Kinder erfolgreich zwei- oder sogar mehrsprachig aufwachsen, ist sehr schwer zu beurteilen. Das liegt daran, dass die Studien zur Zwei- und Mehrsprachigkeit von Kindern sehr unterschiedlich durchgeführt wurden und kaum vergleichbar sind. Auch sind die Standards für das Beherrschen einer Sprache durchaus unterschiedlich. Wie gut muss man in beiden Sprachen sein, um als zweisprachig zu gelten? Das ist durchaus nicht einheitlich definiert.

Bei all diesen Schwierigkeiten lässt sich jedoch sagen, dass es für Kinder möglich ist, zwei oder sogar drei Sprachen gleichzeitig zu erwerben. Es ist nicht nur möglich, sondern sie profitieren davon. Es eröffnen sich ihnen mit den Sprachen auch mehr kulturelle Welten. Die Kinder mögen zwar vorübergehend etwas langsamer in ihrem Spracherwerb sein und auch die Sprachen gelegentlich vermengen. Aber das geht vorbei. Sie sind sehr gut in der Lage, die Sprachen zu trennen und jede zu beherrschen.

Ein Modell, dass sich gut bewährt hat, ist, dass eine Sprache konsistent von einer Person und die andere von einer anderen Person gesprochen wird. So etwa Deutsch von der Mutter und Arabisch vom Vater. Aber andere Modelle funktionieren auch. Es ist kaum möglich, eine allgemeine Richtlinie zu geben oder zu sagen, was in jedem Falle negativ wirkt.

Ähnlich wie beim »schlechten Deutsch« liegen die Probleme

bei der Zweisprachigkeit nicht im Lernen der Sprachen. Auch nicht darin, ob die Sprachen sich ähnlich oder sehr unähnlich sind. Unser Gehirn kann all diese Aufgaben meistern. Die Probleme liegen auch hier im gesellschaftspolitischen Bereich. Es ist wichtig, dass die Gesellschaft beide Sprachen und Kulturen akzeptiert. Daraus folgt, dass der Sprecher beide Sprachen und Kulturen akzeptiert. Dies kann besonders bei Migrantenfamilien ein Problem werden, wenn die neue Kultur und Gesellschaft abgelehnt wird oder wenn die neue Gesellschaft ihrerseits die Migranten und ihre Kultur abwertend einschätzt.

Das Sprechen von Dialekt und Hochsprache ist der Zweisprachigkeit ähnlich. Es kann beides gelingen. Dann wenden die Kinder im entsprechenden sozialen Kontext die entsprechende Sprache an – etwa Dialekt zu Hause und Hochsprache in der Schule. Eine Abwertung von Dialekt ist unnötig.

Letztlich sei noch die Gebärdensprache erwähnt. Es ist für uns üblich, unter Sprache die Lautsprache zu verstehen. Das kommt daher, weil es die häufigste Form der Kommunikation ist. Sprache ist jedoch ebenso mit einem System visueller Symbole möglich. Das sind die Gebärdensprachen, die – ebenso wie jede Lautsprache – unterschiedlich sind. Gebärdensprachen sind vollwertige Sprachen mit einem Wortschatz und einer Grammatik. Zweisprachigkeit mit Lautsprache und Gebärdensprache ist genauso möglich wie Zweisprachigkeit mit zwei Lautsprachen. Für manche gehörlosen Kinder bietet der Weg über die Gebärdensprache einen Weg in die Lautsprache, die nach oder mit der Gebärdensprache gelernt werden kann. In Deutschland erfreut sich die Gebärdensprache leider immer noch einer geringen Akzeptanz. Es hält sich sogar hartnäckig der Glaube, dass sie den Erwerb der Lautsprache verhindere. Das ist ein Irrglaube. Man muss nur in die Länder schauen – USA, Großbritannien, Israel und zunehmend die Niederlande –, die Gebärdensprache und Lautsprache gleichermaßen für gehörlose Kinder akzeptieren, um zu sehen, dass Kinder beides erwerben können.

Das Fazit für jede Art von Zweisprachigkeit ist, dass ihr Gelingen entscheidend von der gesellschaftlichen Akzeptanz abhängt. Toleranz gegenüber Mehrsprachigkeit und kultureller Vielfalt ist hier der Schlüssel zum Gelingen. Neben der Akzeptanz durch die Gesellschaft ist es wichtig, dass das Kind sich mit beiden Kulturen identifiziert. Identifikation mit einer Kultur führt dazu, dass man die Sprache dieser Kultur gut lernt. Das mag bei kleinen Kindern noch weniger wichtig sein, wird aber zunehmend wichtig, je älter das Kind wird. Dann ist es entscheidend, mit welcher Kultur es sich identifiziert, auch um eine schon gelernte Sprache auch beizubehalten. Das Gelingen von Zweisprachigkeit und das Leben in zwei Kulturen sind sicher als Bereicherung zu verstehen und sollten daher unsere Unterstützung finden.

Literaturhinweise zu den einzelnen Kapiteln

Pro Kapitel werden hier Literaturhinweise gegeben, die Sie aufgreifen können, wenn Sie mehr zum Thema eines Kapitels wissen möchten. Es wird deutsche und englische Literatur angegeben. Viele der Originalforschungsarbeiten sind in englischer Sprache, da überwiegend Englisch die Sprache der wissenschaftlichen Veröffentlichungen ist.

Kapitel 1

deutsch:

Szagun, G. (2006). *Sprachentwicklung beim Kind: Ein Lehrbuch*. Weinheim: Beltz, Vollständig überarbeitete Neuauflage. Kapitel 2.

englisch:

Fernald, A. (1993). Human maternal vocalizations to infants as biologically relevant signals: An evolutionary perspective. In P. Bloom (Ed.), Language acquisition: Core readings, pp. 51–94. New York: Harvester Wheatsheaf.

Kaye, K. (1980). *Why we don't talk »baby-talk« to babies. Journal of Child Language, 7*, 489–507.

Kapitel 2

deutsch:

Höhle, B. (2004). Sprachwahrnehmung und Spracherwerb im ersten Lebensjahr. *Sprache – Stimme – Gehör, 28*, 2–7.

Szagun, G. (2006). *Sprachentwicklung beim Kind: Ein Lehrbuch.* Weinheim: Beltz, Vollständig überarbeitete Neuauflage. Kapitel 2.

englisch:

Aslin, R., Saffran, J. & Newport, E. (1999). Statistical learning in linguistic and nonlinguistic domains. In B. MacWinney (Ed.), *The emergence of language*, pp. 359–380. Mahwah, New Jersey: Erlbaum.

Jusczyk, P., Houston, D. & Goodman, M. (1998). Speech perception during the first year. In A. Slater (Ed.), *Perceptual development*, pp. 357–388. Hove: Psychology Press.

Kapitel 3

deutsch:

Szagun, G. (2002). Wörter lernen in der Muttersprache: Der ontogenetische Vokabularerwerb. In J. Dittmann, & C. Schmidt (Hersg.), *Über Wörter* (S. 311–333). Freiburg: Rombach Verlag.

Szagun, G. (2006). *Sprachentwicklung beim Kind: Ein Lehrbuch.* Weinheim: Beltz, Vollständig überarbeitete Neuauflage. Kapitel 3, 5, 6.

Szagun, G. & Steinbrink, C. (2004). Typikalität und Variabilität in der frühkindlichen Sprachentwicklung: eine Studie mit einem Elternfragebogen. *Sprache – Stimme – Gehör, 28*, 137–145.

englisch:

Dromi, E. (1999) Early lexical development. In M. Barrett (Ed.), *The development of language*, pp. 99–131. Hove: Psychology Press.

Kapitel 4

deutsch:

Stern, C. & Stern, W. (1928). *Die Kindersprache.* Leipzig: Barth (Nachdruck 1981 durch Wissenschaftliche Buchgesellschaft, Darmstadt).

Szagun, G. (2006). *Sprachentwicklung beim Kind: Ein Lehrbuch.* Weinheim: Beltz, Vollständig überarbeitete Neuauflage. Kapitel 3.

englisch:

Mills, A. E. (1985). The acquisition of German. In D. I. Slobin (Ed.), *The crosslinguistic study of language acquisition*, pp. 141–254. Hillsdale, N. J.: Erlbaum.

Kapitel 5

deutsch:

Köpcke, K.-M. & Zubin, D. (1984). Sechs Prinzipien für die Genuszuweisung im Deutschen: Ein Beitrag zur natürlichen Klassifikation. *Linguistische Berichte, 93*, 26–50.

Szagun, G. (2006). *Sprachentwicklung beim Kind: Ein Lehrbuch.* Weinheim: Beltz, Vollständig überarbeitete Neuauflage. Kapitel 3, 4 und 9.

englisch:

Köpcke, K.-M. (1988). Schemas in German plural formation. *Lingua, 74*, 303–335.

Szagun, G. (2001). Learning different regularities: The acquisition of noun plurals by German-speaking children. *First Language, 21*, 109–141.

Kapitel 6

deutsch:

Szagun, G. (2006). *Sprachentwicklung beim Kind: Ein Lehrbuch.* Weinheim: Beltz, Vollständig überarbeitete Neuauflage. Kapitel 9.

englisch:

Michel, G. & Moore, C. (1995). *Developmental psychobiology: An interdisciplinary science.* Cambridge, MA: A Bradford book. Chapter 1.

Kapitel 7

deutsch:

Szagun, G. (2006). *Sprachentwicklung beim Kind: Ein Lehrbuch.* Weinheim: Beltz, Vollständig überarbeitete Neuauflage. Kapitel 8.

englisch:

Shore, C. (1995). *Individual differences in language development.* Thousand Oaks, Ca.: Sage Publications.

Kapitel 8

deutsch:

Szagun, G. (2006). *Sprachentwicklung beim Kind: Ein Lehrbuch.* Weinheim: Beltz, Vollständig überarbeitete Neuauflage. Kapitel 7.

englisch:

Richards, B. (1994). Child-directed speech and influences on language acquisition: methodology and interpretation. In C. Gallaway, & B. Richards (Eds.), *Input and interaction in language acquisition*, pp. 74–106. Cambridge: Cambridge University Press.

Kapitel 9

deutsch:

Szagun, G. (2006). *Sprachentwicklung beim Kind: Ein Lehrbuch.* Weinheim: Beltz, Vollständig überarbeitete Neuauflage. Kapitel 6.

englisch:

Carey, S. (1985). *Conceptual change in childhood.* Cambridge, Mass.: Bradford.

Kapitel 10

deutsch:

Schöler, H. (1999). *IDIS – Inventar diagnostischer Informationen bei Sprachentwicklungsauffälligkeiten.* Heidelberg: Universitätsverlag C. Winter.

englisch:

Bishop, D. (1997). *Uncommon understanding: Development and disorders of language comprehension in childhood.* Hove: Psychology Press.

Glossar

Begriff: Ein Begriff ist verallgemeinertes Wissen über eine Klasse von ähnlichen Gegenständen oder Handlungen. Menschen bilden Begriffe aus ihrer Lebenserfahrung. So werden Erfahrungen mit verschiedenen Tischen zum Begriff von Tisch. Begriffe haben eine **Begriffsstruktur**. Diese besteht aus den Merkmalen des Begriffs und deren Beziehungen. Da der Begriff unsere Erfahrungen in Kategorien einteilt, spricht man auch von einer **Begriffskategorie**.

Erweiterungen: Erweiterungen sind Äußerungen Erwachsener, die eine kindliche Äußerung wiederholen und ihr dabei die korrekte Form hinzufügen oder auch etwas an neuem Inhalt.

Funktionswörter: Funktionswörter bezeichnen grammatische Funktionen, oder Beziehungen zwischen Wörtern. Dazu gehören Artikel, Pronomen, Präpositionen, Konjunktionen und Auxiliare. Die Anzahl der Funktionswörter in einer Sprache ist klein. Sie ist außerdem geschlossen, d. h. es kommen keine neuen Wörter hinzu.

Gewöhnung: Der Fachterminus für Gewöhnung ist **Habituation**. Habituation tritt ein, wenn die Orientierung eines Menschen auf einen Stimulus (Umweltreiz) nachlässt. Der Mensch verliert das Interesse, er sieht den Stimulus nicht mehr an. Der Stimulus ist jetzt bekannt. Wird ein neuer Stimulus präsentiert, so tritt **Dishabituation** ein. Der Mensch orientiert sich auf den neuen Stimulus.

Großfamilie: Eine Großfamilie ist eine soziale Gruppe bestehend aus mehreren Generationen, also Eltern, Kinder und Großeltern. In vielen Kulturen besteht die Großfamilie daneben auch aus den Familien von Geschwistern und Großeltern. Das heißt, Kinder wachsen mit ihren Eltern, Großeltern, Tanten und Onkeln auf.

Informationsverarbeitung: Informationsverarbeitung bezieht sich darauf, wie unsere Sinnessysteme und unser zentrales Nervensystem Umweltreize, die auf uns einwirken, aufnehmen und deuten. Am Beispiel von Sprachlauten kann man das etwa so darstellen: Sprachlaute sind als Schallwellen physikalische Reize. Erst die Aufnahme durch unsere Sinneszellen im Ohr und die Weiterleitung über den Hörnerv and das Gehirn machen daraus Reize, die wir als Sprachlaute erkennen, und die dann für uns bedeutungsvoll sind. Es ist diese Verarbeitung vom physikalischen zum für den Menschen bedeutsamen Reiz, die wir als Informationsverarbeitung bezeichnen.

Inhaltswörter: Inhaltswörter bezeichnen lexikalische Inhalte. Zur Klasse der Inhaltswörter gehören Substantive oder Nomen, Verben und Adjektive. Die Anzahl der Inhaltswörter in einer Sprache ist groß. Sie ist offen, d. h. es kommen neue Wörter hinzu.

KGS: = an das Kind gerichtete Sprache: KGS ist eine Art des Sprechens, bei der wir die Sätze strukturell und inhaltlich vereinfachen. Die Sprache enthält allerdings auch viele Fragen, die strukturell keine Vereinfachung darstellen. Inhaltlich wird bei dieser Art des Sprechens vieles wiederholt. Die Sprache hat eine übertriebene Intonation.

Kleinfamilie: Eine Kleinfamilie besteht aus Eltern und deren Kindern. Eine Einelternfamilie ist auch eine Kleinfamilie.

Kognition, kognitiv: Kognition bedeutet Erkenntnis. Damit sind geistige Aktivitäten wie Denken, Symbolbildung, Symbolspiel, Sprache und auch intuitive Prozesse gemeint. Erkennen beinhaltet analytische und ganzheitliche Prozesse. In diesem Sinne spricht man auch von einem **kognitiven Stil**, der mehr oder weniger analytisch oder holistisch sein kann.

Kurzzeitgedächtnis: Das Kurzzeitgedächtnis ist ein Gedächtnisspeicher, der eine begrenzte Anzahl von Elementen aufnehmen kann. Das sind 7 ± 2, also zwischen 5 und 9 Elementen. Die Art der Elemente spielt keine Rolle. Beispiele sind Zahlen, Wörter, Satzglieder. Im Kurzzeitgedächtnis wird diesen Elementen Bedeutung gegeben. Das ermöglicht ihre Weiterleitung ins Langzeitgedächtnis. Wenn die Elemente im Kurzzeitgedächtnis nicht bedeutungsvoll interpretiert werden, gehen sie verloren. Die Vorgänge im Kurzzeitgedächtnis sind uns in der Regel nicht bewusst.

Langzeitgedächtnis: Das Langzeitgedächtnis ist ein Gedächtnisspeicher, der unser Wissen und unsere persönlichen Erinnerungen dauerhaft speichert. Beispiele von Wissenssystemen sind das mentale Lexikon für Wörter, semantische und Begriffssysteme, Regeln des Rechnens. Wir können unsere Wissenssysteme aktivieren und unsere Erinnerungen aus dem Langzeitgedächtnis abrufen.

Laute als Funktionsträger : In einer Sprache sind Laute Funktionsträger. Menschen hören Sprachlaute nicht als Einheiten auf der physikalischen Ebene des Schalls, sondern als eine Einheit, die in der Sprache Funktion hat. Eine solche Einheit nennt man **Phonem**. Ein Phonem ist eine Lauteinheit, die in der gleichen Lautumgebung einen Bedeutungsunterschied zwischen Wörtern signalisiert. So sind *l* und *r* Phoneme, denn sie unterscheiden zwischen *Lampe* und *Rampe*. Weiter ist im Deutschen Vokallänge phonemisch: *Beet* (langes *e*) und *Bett* (kurzes *e*) sind unterschiedliche Wörter.

Lernen: In der Psychologie versteht man unter Lernen eine mehr oder weniger stabile Veränderung im Verhalten. Lernen geschieht als Resultat unserer Erfahrung. Lernen im psychologischen Sinne unterscheidet sich also von dem instruierten Lernen, das in der Schule stattfindet.

Prototyp: Eine Begriffsklasse enthält die verschiedenen Exemplare des Begriffs, z. B. enthält die Begriffsklasse der Vögel alle Vögel. Nicht alle Vögel sind gleich typisch für die Begriffsklasse. Es gibt Vögel, die typischer für die Klasse der Vögel sind als andere. Das sind die Prototypen. Sie vereinen mehr Merkmale des Vogelartigen auf sich als die weniger prototypischen Vögel.

Repräsentation: Menschen vergegenwärtigen sich die äußere Welt über eine innere Darstellung. Das ist die Repräsentation.

Sie besteht aus inneren Bildern, Symbolen, Regeln, wie wir Symbole verbinden und Denkoperationen.

Sensible Phase: Eine sensible Phase ist eine Zeitspanne, in der ein junges Tier eine erhöhte Sensibilität für das Erlernen eines bestimmten Verhaltens hat. Außerhalb dieser Zeitspanne wird das Verhalten weniger schnell und gut gelernt. Die Grenzen der Zeitspanne sind nicht exakt bestimmbar. Eine sensible Phase wird durch neurologische Reifungsprozesse und Erfahrung bestimmt.

Sensomotorisch: Sensomotorisches Erkennen der Welt ist ein Erkennen über Sinnesleistungen und Wahrnehmung und über Motorik. In der Entwicklung des Menschen geht das sensomotorische Erkennen dem Erkennen durch Symbole und Denken voraus.

Stichprobe: Eine Stichprobe ist eine Auswahl von Personen für eine wissenschaftliche Untersuchung. In einer Forschungsarbeit kann man nicht die gesamte Bevölkerung untersuchen. Daher trifft man eine Auswahl. Diese ist entweder zufällig, oder sie erfolgt nach bestimmten Kriterien, die für die Untersuchung wichtig sind. Statistische Verfahren machen es möglich festzustellen, inwieweit die an einer Stichprobe gewonnenen Ergebnisse repräsentativ für die Bevölkerung sind.

Symbol: Ein Symbol steht für einen Gegenstand. Es macht den Gegenstand geistig gegenwärtig. Wir haben verschiedene Arten von Symbolen: Verkehrszeichen, mathematische Zeichen, Wörter der Sprache. Die Wörter der Sprache sind unsere gebräuchlichsten Symbole. Sie sind Symbole mit einer festen Bedeutung.

Symbolspiel: Im Symbolspiel werden Gegenstände benutzt mit einer subjektiven, wechselnden Bedeutung. Das Symbolspiel ist typisch für jüngere Kinder. Sie benutzen Gegenstände mit wechselnden Bedeutungen im Spiel. So kann eine Schachtel heute als Kinderwagen, morgen als Kochtopf benutzt werden.

Überdehnung: Überdehnung ist die Anwendung eines Wortes

auf eine Begriffsklasse, die breiter ist als die Begriffsklasse, auf die Erwachsene das Wort anwenden.

Umweltreiz: Jede Art von Ereignis, das unsere Sinnesorgane und unser informationsverarbeitendes System aufnehmen, stellt einen **Umweltreiz** oder **Stimulus** dar. Das kann ein Licht, ein Ton oder auch ein komplexerer Reiz sein.

Verhaltensbereich: In der Psychologie sind alle Reaktionen von Menschen ein Verhalten. Das menschliche **Verhalten** wird in Verhaltensbereiche eingeteilt, so etwas Sozialverhalten, Problemlösen, Sprache und viele andere.

Wortteil: Ein Wort ist nicht die kleinste bedeutungstragende Einheit. So besteht das Wort *Katzen* aus zwei bedeutungstragenden Einheiten: *Katze* und *–n. Katze* drückt die lexikalische Bedeutung und *–n* drückt die Mehrzahl aus. *Katzen* besteht also in diesem Sinne aus zwei Wortteilen. Solche Teile nennt man **Morphem**. Es gibt Basismorpheme, die den Wortstamm und den lexikalisch-begrifflichen Kern ausdrücken. Im Beispiel hier ist das *Katze*. Und es gibt grammatische Morpheme, die eine grammatische Funktion haben. Im Beispiel hier ist das *–n*. Es drückt Mehrzahl aus. Morpheme sind die kleinsten bedeutungstragenden Einheiten auf der Wortebene.

Die Autorin

Gisela Szagun studierte Psychologie an der London School of Economics, University of London. Im Jahre 1972 graduierte sie dort mit einem Bachelor of Science, und promovierte – ebenfalls an der London School of Economics – mit einer Arbeit über den Spracherwerb bei deutschsprachigen und englischsprachigen Kindern. Von 1978 bis 1983 war sie wissenschaftliche Assistentin am Institut für Psychologie der Technischen Universität Berlin, wo sie im Jahre 1984 habilitierte. Von 1984 bis 2006 war sie Professorin für Entwicklungspsychologie am Institut für Psychologie, Abteilung Kognitionsforschung, der Universität Oldenburg.

Gisela Szagun gehört zu den renommiertesten Spracherwerbsforscherinnen Deutschlands. Ihre zahlreichen Publikationen zum Spracherwerb bei Kindern mit typischer Sprachentwicklung und bei gehörlosen Kindern mit Cochlea-Implantat genießen international große Anerkennung.

Im Beltz Verlag ist von Gisela Szagun lieferbar: Sprachentwicklung beim Kind. Ein Lehrbuch. (Vollständig überarbeitete Neuausgabe 2006)

Ui!
Nudelhase!
Aufgegesst!
Dake!